KB069629

4차 산업혁명시대를 위한

서비스 심리학

SUCCESSFUL
SERVICE
WITH NLP

4차 산업혁명시대를 위한

서비스 심리학

SUCCESSFUL
SERVICE
WITH NLP

손정필 저

학지사

머리말

서비스라는 말이 어느 순간부터 우리 사회에서 익숙한 용어로 사용되고 있다. 조그마한 식당에서부터 백화점과 은행 같은 기업체는 물론이고 병원, 관공서 그리고 학교에서도 서비스라는 말을 사용한다. 이처럼 서비스라는 용어가 사회 전반에 많이 쓰이고 있다는 것은 그만큼 서비스의 중요성과 전문성이 필요하다는 것을 방증하는 것이다.

그러나 서비스라는 용어가 널리 통용되고 있는 반면에 그에 대한 전문적인 이론이나 연구는 상대적으로 소홀하다. 물론 많은 기업체나 조직에서 서비스에 대한 교육을 강조하고 시도하고는 있으나, 이론에 근거한 내용을 바탕으로 체계적인 교육이 진행되기보다는 강사의 개인적인 경험이나 상식적으로 통용되는 생각들에 의하여 대부분의 교육이 이루어지고 있다. 그러다 보니 서비스교육에 대한 관심과 투자에 비하여 그 효과가 적게 나타나고, 서비스의 필요성과는 다르게 교육적 투자를 등한시하는 현상이 생기기도 한다.

서비스라는 분야는 보다 과학적이고 체계적인 관점에서 인간관계를 다루어야 하는 전문적인 영역임에도 불구하고 그동안 너무 평범하게 다루어져 왔다. 항공사나 백화점 혹은 호텔과 같은 영역에서 해 왔던 친절교육이나 매너교육이 서비스의 전부인 것처럼 과장되기도 하여 아직도 서비스교육을 이러한 교육으로 생각하는 경우도 있다. 물론 서비스 영역 안에 친절이나 매너와 같은 부분도 포함되어야 하지만 그것은 서비스 영역의 일부일 뿐이지 그 자체가 서비스는 아니다.

실제로 필자는 1990년대 말 모 기업으로부터 고객의 변화, 즉 긍정적인 변화를 이끌어 내기 위한 서비스교육과정에 대한 개발을 제안받고 NLP 심리학을 바탕으로 서비스교육과정을 개발하여 강의를 진행하였다. 그러면서 이제까지의 서비스가 매뉴얼 중심으로 진행되었고, 그로 인해 서비스교육이 현장에 적용되는 데 많은 문제와 한계가 있다는 것을 알게 되었다. 그러한 이유에서 필자는 획일화된 친절교육이 아닌 심리학 이론에 바탕을 둔 효과적인 접근방법을 통해 고객과의 친밀한 관계를 형성하는 것부터 'Matching/Mismatching'이라는 NLP 심리학 이론의 기법에 기초를 두고 비언어적 의사소통과 언어적 의사소통을 BMW, 즉 Body(표정, 눈빛, 자세, 움직임), Mood(목소리의 음정, 음색, 빠르기, 높낮이), Word(말의 내용)로 구분하여 설명하는 기법을 개발하였다. 현재 대한민국의 서비스 강사는 물론이고 의사소통을 주제로 강의하는 강사들도 이 'BMW'라는 용어를 자연스럽게 사용하고 있다.

매뉴얼 중심의 서비스교육과 차별을 두어 심리학 이론에 바탕을 둔 인간관계의 역학에 대한 기법을 새로이 도입하였다는 점에서 자부심을 느끼지만, 여전히 서비스 현장에서 Matching/Mismatching은 물론이고 BMW에 대한 의미도 제대로 이해하지 못해 오용하고 있는 현실이 안타까웠다. 그래서 전자업체·자동차업체와 같은 제조업, 은행·보험회사·증권회사와 같은 금융업 그리고 백화점·대형할인매장과 같은 유통업의 세 가지 산업 영역에서부터 콜센터, 방문센터(Incoming), 출장서비스(Reaching Out)라는 세 가지 형태의 서비스까지 다방면에서 교육과정을 개발하고 강의하였던 경험과 지식 그리고 서비스과정을 평가해 온 실무경험을 바탕으로 서비스에 관해 보다 실제적이고 체계적인 책을 집필하기로 결심하였다.

더군다나 4차 산업혁명이라는 기술의 발전이 머지않아 서비스 형태를 양분화할 것이다. 편의성과 차별성 그리고 가격의 저렴성을 원하는 동시에 이성적이고 논리적인 접근을 원하는 고객들에 대해서는 인공지능과 같은 기술이 사람을 대신하여 서비스할 것이고, 반면 기술의 발전에도 불구하고 존재의 가치를 확인하고 싶어 감성적 접근을 원하는 고객들에게는 보다 세심하고 전문적인 관계중심의 서비스가 요구될 것이다. 그러므로 사람중심, 즉 관계중심의 서비스에 대한 준비가 더욱 필요하다.

이러한 관계중심의 서비스를 해 나가는 데 있어서 감성적 접근을 원하는 고객과의 관계를 잘 만들어 가는 것(Interpersonal Skills)도 중요하지만, 서비스 담당자 자신의 심리적 안정감과 자기존중감이 우선적으로 요구된다. 집필의 방향을 이러한 두 가지 관점에 초점을 두고서 심리학을 바탕으로, 그중에서도 NLP 심리학을 바탕으로 하여 서비스 담당자들이 고객과의 관계에서 상처받지 않고 나아가 고객만족을 이끌어 낼 수 있도록 하기 위하여 '서비스에 대한 이해' '고객만족을 위한 서비스 기법' '코칭 서비스(서비스 코칭)' 그리고 '서비스 심리상담'의 네 영역으로 나누어서 내용을 전개하였다.

현장에서 근무하는 서비스 담당자들이 이 책을 읽고 숙지하면 매우 좋겠지만, 우선적으로 현장에서 서비스를 관리하고 지도하는 매니저와 경영자 그리고 서비스교육을 담당하는 서비스 강사들이 내용을 숙지하여 바르게 적용하기를 기대한다.

현재 대한민국에서는 많은 사람이 서비스 업종에 종사하고 있다. 하지만 서비스라는 직무 특성상 무조건적인 친절을 강요받다 보니 본의 아니게 심리적으로 상처를 받게 된다. 아무리 머리가 좋고 똑똑한 아이라도 몸이 아프면 학교생활을 성실히 할 수 없고 좋은 학업성적을 기대하기도 어렵다. 열이 나거나 기침을 하거나 다리가 부러진 것처럼 몸이 아픈 증상은 겉으로 드러나기 때문에 금방 조치를 취할 수 있지만, 마음이 아픈 것은 잘 드러나지 않아 적절한 대응을 하기가 쉽지 않다. 지금 우리 사회 전반의 분위기도 비슷하다고 생각한다. 특히 산업의 근간이 되는 서비스 업종에 종사하는 사람들이 자신이 맡은 업무에 대해 잘 몰라서 제대로 하지 못하는 경우도 있겠지만 고객들에게 받은 상처 때문에 아파서 못하는 경우가 많은 것 같아 안타깝다. 백화점에서는 판매사원이, 은행에서는 은행원이, 학교에서는 교사가, 병원에서는 의사와 간호사가 심리적 상처를 안은 채 오늘도 서비스 현장에서 일을 하고 있다…….

병이 생기면 치료를 하는 것도 중요하지만 병이 재발하지 않게 하거나 상처를 받지 않도록 사전에 예방하는 것이 더 중요하다. 이러한 관점에서 볼 때 서비스도 비슷한 것 같다. 서비스 장면에서 받은 마음의 상처를 치유하는 것도 필요하지만 아울러 상처를 받지 않게 하기 위한 방안도 필요하기 때문이다. 이는 서비스에 대한 올바른 이해에서 출발한다.

서비스를 제공하는 사람의 몸과 마음이 건강하고 자신이 하는 일이 즐거워야 좋은 서비스가 나오며, 나아가 고객과 서비스 담당자 모두가 만족하게 된다. 우리나라의 서비스 산업이 한층 더 성숙되고 전문화되는 데 이 책이 도움이 되길 간절히 바란다.

그동안 원고 검토를 꼼꼼하게 도와준 평택대학교 상담대학원 허선희 선생, 이미화 선생 그리고 학지사의 관계자분들에게도 감사의 말을 전한다. 끝으로 상담에 입문할 당시 서비스 산업에 상담을 접목시키고자 한 젊은 시절의 나에게 한없는 지지와 격려를 해 주신 하늘에 계신 이형득 은사님에게 출간의 영광을 돌린다.

2018년 8월

저자 손정필

차례

CONTENTS

Chapter 02
고객만족을 위한 서비스 기법

Chapter 03
코칭 서비스
-서비스교육(강사)을 위한 지침서-

프롤로그

4차 산업혁명 시대에 맞는 High-Touch 서비스

▶ 대한민국 대부분의 업종은 서비스업이다.

▶ 이직률이 가장 높은 업종이 서비스업이다.

▶ 앞으로 대한민국을 이끌어 갈 분야는 서비스업이다.

기술발전이 이전과는 다르게 전개되고 있는 지금의 상황을 4차 산업혁명 시대라고 한다. 각 분야의 전문가들은 인공지능의 발전으로 앞으로 많은 직업들이 사라질 것이라고 예견하고 있다. 이미 몇몇 나라에서는 로봇이 사람이 하는 일을 대체하고 있는 경우가 점차 늘어나고 있는 추세다. 건설이나 산업현장에서 사람을 대신

하여 로봇이 위험한 일을 하는 경우에서부터 백화점이나 관공서에서 행하고 있는 정보 안내와 같은 서비스 영역까지 우리들의 삶 전반에 인공지능이 적용될 것이라고 한다. 사람이 하는 일을 인공지능 로봇이 한다는 것도 놀라운 일이지만, 주로 사람이 하는 영역이라고 생각하는 서비스 분야를 로봇이 대체할 것이라는 예견에 더 많은 관심을 가지고 지켜봐야 할 것이다. 서비스는 인간의 전유물로 생각되는 영역인데 그것을 기술이 대체할 수 있다는 점이 좀 의아하기도 하다. 특히 서비스의 목적이 고객만족을 추구하기 위한 행위인데 그러한 관점에서 인공지능 로봇이 어떻게 사람을 만족시키고 어떤 분야에서 적용 가능할 것인가를 고민해야 한다.

현재 인공지능 로봇으로 대체 가능한 서비스 영역은 사람들이 해 왔던 분야 중에서도 기계적인 의사소통이 이루어지는 영역이고, 일부에서는 실제 적용되고 있다. 예를 들어, 대형할인점의 서비스 현장에서 수많은 사람이 일을 하고 있지만, 그 사람들이 고객의 구매에 절대적인 영향을 미치지는 않는다. 상품 진열이나 단순한 구매정보를 주는 정도의 도움이 대부분이다. 이처럼 사람의 감정보다도 상품에 대한 정보를 제공하고 좀 더 편리하게 이용할 수 있도록 도와주는 분야는 꼭 사람이 아닌 인공지능과 로봇으로 대체하더라도 큰 문제가 없다. 앞으로 이러한 분야는 인공지능이나 로봇 그리고 스마트폰으로 대체될 것이다.

반면, 사람의 감정을 담당하는 부분, 특히 존중받고 이해받고자 하는 욕구는 인공지능이나 로봇과 같은 기술로는 충족시키기 어려울 것이다. 왜냐하면 서비스나 세일즈의 궁극적인 목적이 단순한 정보 제공이나 상품 판매를 넘어서 사람의 긍정적인 정서적 감정인 만족을 남기는 것이기 때문이다. 따라서 서비스 담당자의 역할이 더욱 중요하다. 4차 산업혁명 시대에 서비스를 잘해 나갈 수 있는 방법은 로봇이나 인공지능이 상품에 대한 정보 제공이나 상품 판매 등의 단순하고 기계적인 일을 담당하고, 사람은 고객과의 친밀한 관계를 통하여 서비스 과정을 만들어 가는 것이다. 이러한 친밀한 관계가 형성될 때 고객은 서비스 담당자를 다시 찾게 되고, 흔히 말하는 충성고객, 즉 단골이 된다. 그래서 앞으로의 시대에서는 서비스나 세일즈의 목적인 관계 형성이 더욱 중요한 쟁점이 될 것이다.

정리하자면 정보 제공이나 상품 판매와 같은 단순 서비스는 일반적인 서비스(general service)로 분류되어 인공지능이나 로봇이 담당하고, 사람과의 관계를 중요시하는 서비스는 감성서비스(high-touch service)라는 차원이 다른 영역으로 분류되어 관계심리 교육을 통하여 양성된 서비스 전문가에 의해 진행될 것이다. 따라서 4차 산업혁명 시대에 전개되는 서비스는 이전과는 다른 전문적이고 체계적인 관계심리 교육과정을 통하여 사람을 육성함으로써 인공지능과 차별을 둔 차원이 다른 서비스를 진행해야 할 필요가 있다.

저희 제품은……

저희 제품은……

Chapter 01

서비스에 대한 이해

-서비스의 참과 거짓-

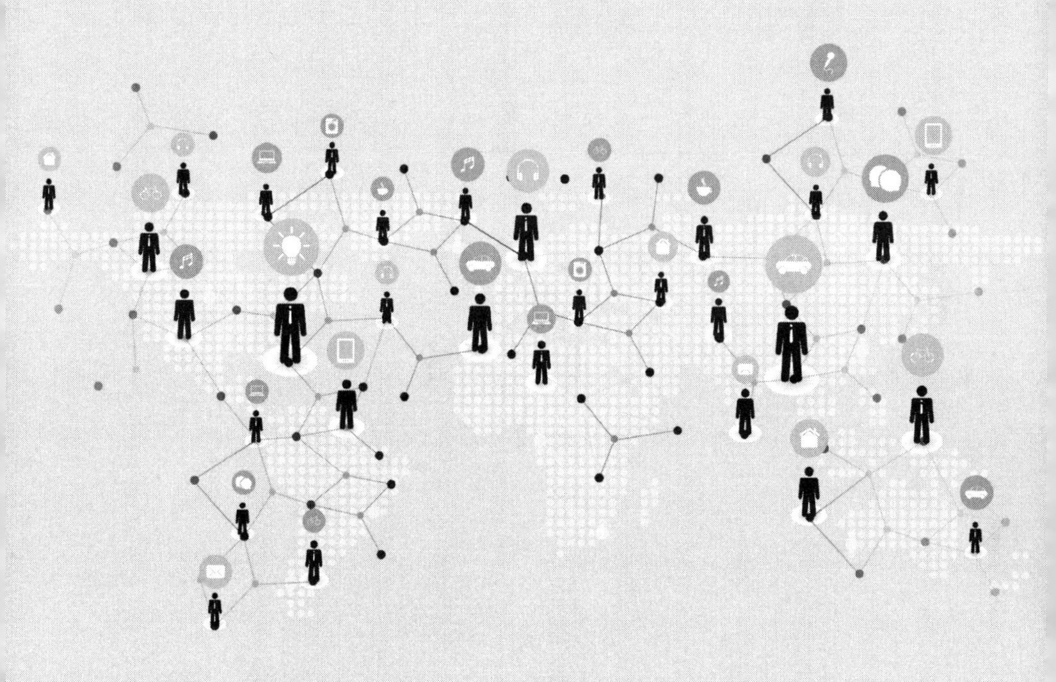

서비스는 사람을 만나고 관계를 만들어 가는 과정이다. 그러므로 사람의 심리에 대한 이해를 바탕으로 접근해야 할 필요가 있다. 고객과 단순히 돈과 물건을 주고받는 과정으로서 서비스에 접근한다면 그것은 서비스를 잘못 이해하고 있는 것이다. 서비스에 대한 올바른 이해를 위해서는 일반적인 사람의 심리를 이해하는 것을 넘어서 고객이라는 관점으로 사람을 이해하고 접근할 때 보다 효과적이다. 그래서 '서비스에 대한 이해'라는 영역에서는 서비스의 필요성과 목적을 비롯하여 고객의 심리분석, 특히 서비스 장면에서 오해되어 적용되고 있는 점들에 대해 다루고자 한다.

왜 서비스가 시작되었는가

- ▶ 동네에 식당이 하나밖에 없다. 중국집도 없고, 분식집도 없고, 그냥 국밥만 파는 그 식당이 동네 주민들이 유일하게 이용할 수 있는 식당이다.
- ▶ 집에 자동차를 가지고 있는 사람이 아무도 없다. 버스를 타려고 해도 하루에 몇 번의 기회밖에 없다. 그리고 그 버스가 아니면 다른 곳으로 이동하는 것이 거의 불가능하다.
- ▶ 배가 아프거나 혹은 다쳐서 상처가 깊어도 갈 수 있는 병원은 동네에 딱 한 군데밖에 없다.

이와 같은 상황에서는 우리가 생각하고 있는 서비스라는 것을 기대하기 어려울 것이다. 왜냐하면 제공하는 공급이 한정되어 있기 때문에 이용할 수 있다는 것만으로도 그저 감사한 일이기 때문이다. 가족들과 오랜만에 외식을 하려고 해도 갈 수 있는 식당이 동네에 단 한 군데밖에 없고, 교통수단을 이용하려고 해도 나의 의지와는 상관없이 정해진 시간에 이용할 수밖에 없으며, 혹은 병이 났을 때 의지할 수 있는 병원이 단 하나밖에 없는 경우에는 그것을 이용할 수 있다는 것만으로도 감사한 일이다. 이용하려는 수요보다 공급이 절대적으로 부족하거나 거의 독점적이기 때문이다.

옛날 영화를 보면 음식점에서 배달을 거절하거나 택시나 버스가 승차를 거부하는 장면이 나오는 경우가 있다. 아마 지금의 관점에서는 그러한 현상들을 이해하기 어렵고 또한 그러한 순간에 거절하거나 거부하는 사람들이 있다면 비난하고 처벌할 수도 있다. 하지만 이러한 현상들은 옛날 영화에서 일어난 에피소드가 아니라 대한민국의 과거에 실제 존재하였던 현실이다. 한밤중에 아픈 아기를 데리고 병원을 가려는 부모는 택시를 이용하려고 하지만 원하는 시간에 곧바로 이용하기 어려웠고, 설령 탑승한다고 하더라도 어떤 경우에는 정상 요금보다 몇 곱절에 달하는 부당한 요금을 지불할 수밖에 없었다. 간혹 특별한 날에 가는 식당은 청결이나 서비스를 기대하기는커녕 이용한다는 것만으로도 감사하고 행복하게 생각하였던 시절이 있었다. 지금의 관점에서 그러한 부당함은 이해하기도 어렵고 받아들일 수도 없지만, 과거에는 가능하였을 뿐만 아니라 당연한 것으로 여겨졌다. 그 이유는 제공되는 공급이 대부분 독점이었기 때문이다. 공급이 존재한다는 것만으로도 다행스러운 일이었고 또한 모든 수요를 감당하기도 어려웠기에 과정상에 일어나는 요구나 불만을 잠식시킬 수 있었다. 그래서 그 시절에는 서비스란 단어가 존재하지도, 존재할 필요도 없었다. 즉, 서비스라는 단어의 시작은 어떠한 것을 이용하려는 수요와 그것을 제공하려는 공급의 균형이 무너지면서 사용되기 시작하였다고 보아야 할 것이다. 엄격히 말하자면 공급이 수요에 비하여 독점적일 때에는 서비스가 필요 없었으며, 서비스라는 말은 결국 수요에 비하여 제공하려는 공급이 과다해지면서 생겨난 일종의 공급자 생존 경쟁 방법이라고 볼 수 있다. 따라서 서비스라는 단어를 떠올리면 일반적으로 '덤으로 준다' 혹은 '친절하게 대해 준다'라는 느낌이 들며, 그것은 결국 다른 공급자와는 뭔가 다르게 제공한다는 일종의 마케팅 전략이라고 할 수 있다. 하지만 사회문명의 발달 흐름으로 볼 때 서비스의 출발점은 항공사, 백화점,

호텔 같은 분야에서 시작되었다고 할 수 있는데, 현재는 이러한 분야가 경쟁체제이기 때문에 서비스가 더욱 강조된다고 하지만 과거에는 거의 독점을 하였던 분야에서 어떻게 서비스가 강조되고 시작되었는지에 대한 이유를 단순히 수요와 공급의 원리로 설명하기는 어렵다.

1960~1970년대에는 항공사나 백화점 그리고 호텔의 공급은 거의 독점이었지만 그 수요 또한 극소수였다. 그리고 극소수의 수요를 가지고 이용하는 사람들은 대부분 우리 사회의 부유층이거나 특수한 계층에 있는 사람들이었다. 그렇기 때문에 그러한 사람들을 좀 더 친절하고 정성껏 모셔야 한다는 암묵적인 요구가 서비스를 발달시켰으며, 사용료도 엄청난 고가였기 때문에 거기에 상응하는 충분한 보상으로 서비스가 제공되었다.

이러한 특수한 상황에서 시작된 서비스가 산업의 발달에 따라 전자회사, 식품회사, 은행, 병원, 심지어는 학교나 관공서까지 사회 전반에 확산되고 있다는 것은 그만큼 현대사회에서 서비스를 제공받는 사람들이 이제는 특정 계층에서 벗어나서, 각각의 서비스 장면에 대한 수요보다도 제공하려는 공급이 훨씬 많아지고 있다는 것을 방증하는 것이다.

이처럼 서비스는 이용하려는 수요보다 공급이 많아져서 그 균형이 무너졌을 때 시작되는 현상으로서 공급자들의 생존전략방법으로 시작된 일종의 마케팅 행위라고 볼 수 있다. 그리고 이러한 마케팅 행위는 공급자의 생존을 위한 것이므로 한 번으로 그치는 것이 아니라 계속 지속해 나가는 과정이 될 수밖에 없다. 그래서 서비스의 의미는 항상 고객의 수요, 즉 요구에 초점을 두고 응대해

가는 일련의 행위과정(process)이라고 정의할 수 있다. 여기서 중요한 점은 서비스라는 것은 한 번의 행사로 끝나는 이벤트(event)가 아닌 지속적으로 행하여지는 과정(process)이므로 단순한 이벤트와 같은 행사들을 서비스라고 생각하는 것은 현대사회에서 서비스를 잘못 이해하고 접근하는 행위다. 그럼에도 불구하고 아직도 이벤트와 같은 행사들을 서비스라 생각하고 고객에게 접근하는 경우가 있는데 이러한 관점은 시대에 뒤처지는 발상이다.

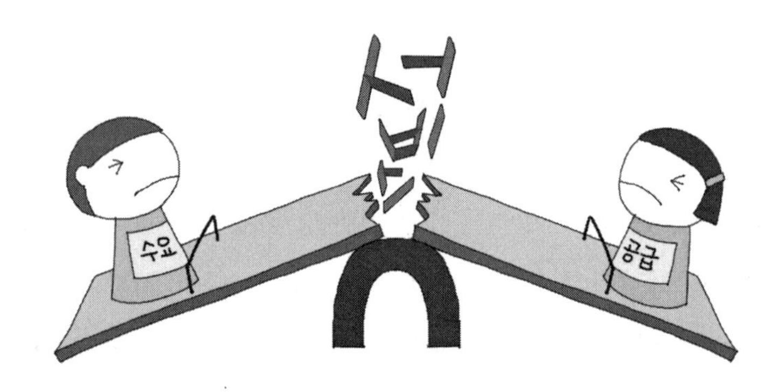

더 이상 먹히지 않는 서비스 (사회문화 발달단계)

- 기존 가격보다 파격적인 할인가격으로 판매합니다.
- 지금 구매하는 경우 똑같은 제품을 하나 더 드립니다.
- 열 번을 이용하는 경우 한 번을 무료로 이용할 수 있습니다.

이와 같은 문구들은 분명 소비자들의 수요를 자극하는 전략이다. 그리고 이러한 전략은 과거의 어느 시점에서는 그 효과가 상당했다. 물론 지금도 이러한 전략을 사용하는 경우도 있지만 그 효과성은 이전만큼 나타나지 않는다. 이처럼 현재 대한민국 사회에서 서비스에 대한 이해를 수요와 공급의 불균형에 대한 단순한 공급자들의 생존전략으로만 받아들여서는 한계가 있다. 단순한 수요와 공급의 불균형에 대한 관점으로 서비스를 받아들인다면 공급자가 제공하는 상품의 가격이 싸거나 혹은 덤으로 다른 상품을 사은품으로 주는 경우나 친절한 용어로 고객을 대하는 서비스가 수요자들의 요구를 충족시켜야 하지만, 막상 지금의 현실은 그것과는 조금 다른 양상으로 가고 있는 것 같다.

분명 가격이 다른 곳보다 저렴하고 공짜로 사은품을 지급하는데도 불구하고 만족은커녕 불만이 생겨나는 현상이 나타나곤 한다. 물론 가격을 싸게 해서 혹은 사은품을 주는 서비스를 제공하여 고객들의 수요를 이끌어 내는 경우도 있었지만, 지금의 우리 사회에서 이러한 서비스로는 더 이상 고객의 관심을 집중시키는 데 한계가 있다. 이러한 사회적 현상이 나타나는 이유는 우리의 사회문화가 이전과 많이 바뀌었기 때문이다. 이러한 사회문화의 변화를 '사회문화 발달단계'라고 한다.

사회문화 발달단계는 다음 네 가지 단계로 설명할 수 있다.

무지의 단계: 주종관계

이 단계에서는 수요에 대한 공급이 절대적으로 부족하고 공급 자체가 독점이었다. 또한 사람들은 자신의 수요에 대한 공급을 얻기 위하여 모든 수단과 방법을 사용하더라도 그 공급을 얻기가 힘들었던 단계다. 심지어는 가족의 생계를 책임지기 위하여 어떤 일도 마다하지 않는 상황 속에서 살아가는 시대를 이야기하기도 한다. 이 단계에서는 이성이나 감정이 존재하는 것이 아니라 본능적이고 보편적인 수요인 생존을 위한 것만이 중요하다. 그러므로 먹고 살기 위하여 모든 지시에 대해 그저 복종해야만 하고, 공급자는 그러한 수요자들에게는 절대적 권력이었다. 지금의 관점에서 보면 이해할 수 없는 행동이지만 그 당시에는 지시와 복종이 당연한 사회현상이었다. 그래서 이러한 사회문화 단계를 무지의 단계 혹은 주종관계라고 한다.

이성의 단계: 거래관계

지시와 복종이 강요되는 무지의 단계에서는 항상 부당함이 존재하였다. 수요에 비하여 공급이 절대적으로 독점적이었기 때문에 공급자의 횡포가 있어도 수요자들은 어쩔 수 없이 묵인해야만 했기 때문이다. 그래서 소수의 사람들이 모여서 자신들이 겪는 부당함을 해소하고 권익을 지키기 위한 활동을 재개하기 시작하였다. 이러한 활동이 바로 노동조합(union)의 시작이고 태동이다. 이성의 단계에서는 일한 만큼 돈을 받고 돈을 받은 만큼 일을 한다는 철저한 이성과 논리적인 판단하에 행해지는 거래의 관계가 시작되었다. 그래서 사용자도 이전과는 다르게 함부로 노동자를 부릴 수가 없었고 항상 이성적이고 논리적으로 설명하고 제안을 해야만 하였다. 그러므로 이러한 사회문화 단계를 이성의 단계 혹은 거래관계라고 한다.

감성의 단계: 감정관계

일한 만큼 돈을 받는 거래를 바탕으로 하는 이성의 단계는 산업사회를 한층 더 성장시키는 계기가 되었다. 하지만 산업사회를 통하여 성장하고 모든 것들이 이전보다 풍요로워진 이후에는 더 이상 이성을 바탕으로 하는 거래만으로는 사람들이 행동하지 않게 된다. 더 많은 돈을 지급한다고 하여도 혹은 정말 어려운 경쟁을 뚫고서 들어간 직장임에도 불구하고 그 일을 사양하거나 포기하는 기이한 현상들이 발생하기 시작하였다. 과거 이성의 단계에서와는 다른 이유로 불만을 토로하고 새로운 요구를 강조하였다. 그것이 바로 감정이다. 어떤 일의 불만과 만족의 기준이 다름 아닌 자신의 감정에 따라 달라진다. 즉, 사람들은 같은 일을 하더라도 자신의 감정에 따라서 그 수행도가 달라졌으며, 사용자도 더 이상 이성과 논리에 바탕을 둔 거래만으로는 어떤 지시나 요구를 하기가 어려워졌다. 그래서 보다 나은 성과를 위하여 개인 간 그리고 집단 간 소통을 강조하게 된다. 왜냐하면 소통이 원활하고 관계가 돈독한 개인이나 조직은 훨씬 더 많은 성과를 내게 되고, 반대로

소통이 단절된 상태에서는 더 이상의 성과를 기대하기 어려울 뿐더러 무기력, 우울증 등과 같은 이전과는 다른 문제들에 직면하게 되었다. 그래서 이 단계는 이성과 논리보다 개개인의 감정이 더 중요시되는 시대다. 이러한 사회문화 단계를 감성의 단계 혹은 감정관계라고 한다.

의미의 단계: 가치중심의 관계

개인 간 그리고 집단 간 소통이 잘 되고 관계도 좋아지고 나면 자신이 하는 일에 의미를 두려고 한다. 만약 자신이 하는 일에 의미를 두지 않으면 아무런 가치를 찾을 수가 없고 결국에는 무기력해지거나 우울해진다. 의미란 상황이나 환경의 문제라기보다는 개인의 주관적인 관점이다. 어떤 일과 상황에 긍정적인 의미를 부여하게 되면 그 일과 상황은 가치가 향상된다. 예를 들어, 가정에 긍정적인 의미를 부여하면 가정이 가치 있기 때문에 더 많은 애정과 노력을 쏟겠지만, 긍정적인 의미를 두지 않으면 가치가 없기 때문에 가정을 가치 있게 대하지 않게 될 것이다. 의미는 사회문화 발달단계의 가장 상위단계에 해당하며, 의미와 가치를 바탕으로 일을 하게 됨으로써 자신의 정체성과 나아가서는 영성(spirituality)을 발달시키게 된다. 즉, 이러한 의미의 단계가 될 때 비로소 자신의 가치를 실현시키려는 자아실현 경향성이 나타나게 되고 자발성이 발현된다. 그래서 이러한 사회문화 단계를 의미의 단계 혹은 가치중심의 관계라고 한다.

이러한 사회문화 발달단계를 살펴볼 때 지금의 우리 사회는 논리를 중요시하는 이성의 단계를 벗어나 감성의 단계에 돌입하고 있는 것 같다. 가격, 편의성, 사은품 등과 같은 차별적인 서비스는 이성의 단계에서는 이미 그 효과를 보았지만 감성의 단계에서는 이전만큼의 효과를 내지 못하고 있다. 모든 서비스 현장에서 가장 힘든 부분이 바로 고객의 감성에 대한 부분이다. 이는 우리 사회가 이성의 단계를 넘어 이제는 감성의 단계로 발달하였다는 것을 의미한다.

기존의 이성의 단계에서 해 왔던 획일적인 친절, 가격 인하, 사은품과 같은 서비스는 더 이상 그 효과를 기대하기 어려우며, 이러한 접근방법은 지금 대한민국의 상황인 감성의 시대에서는 더 이상 고객에게 감동을 줄 수 없다. 그래서 많은 서비스 현장에서는 감성불만, 고객의 까다로움, 서비스 요구의 다양화 등과 같은 과도기적인 현상이 새로운 문제로 대두되고 있다. 서비스는 단순한 행위과정이 아니라 사회문화 발달단계에 기초하여 이루어지는 상호역동적인 행위과정이다. 그래서 서비스를 획일적인 행위로 이해하는 것이 아니라 사회문화 발달단계에 기초하여 이해하고 적용하여야 하는 것이다.

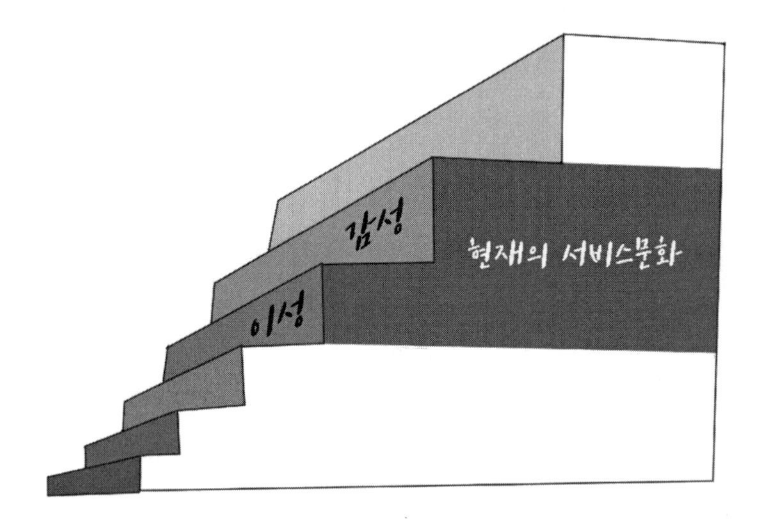
감성
이성
현재의 서비스문화

진정한 서비스의 목적

▶ 고객만족을 넘어서 고객감동

▶ 고객감동을 넘어서 고객졸도

▶ 고객이 OK할 때까지 최선을 다하겠습니다.

서비스교육을 하는 사람들 혹은 서비스 현장에서 근무하는 사람들이라면 이와 같은 표현을 수없이 듣고 또 현장에서 실천해 왔을 것이다. 그래서 서비스 현장에서는 고객이 말하는 모든 것은 마치 절대적으로 수용해 주어야 하는 것처럼 교육을 받는다. 하지만 서비스를 제공하는 입장에서는 고객만족이라는 단어를 고객감동 혹은 고객졸도라는 극단적인 표현을 쓰면서까지 강조하는 이유가 무엇인지 그 목적을 정확히 알아야 한다.

우선 서비스 장면에서 이야기하는 고객이란 자신을 제외한 모든 사람들을 의미한다. 함께 일하는 동료들은 내부고객이라고 하고 서비스 현장을 방문하는 사람들을 외부고객이라고 한다. 여기서 중요한 것은 만족이라는 단어다. 만족(satisfaction)이라는 단어는 감정을 뜻한다. 그중에서도 긍정적인 정서적 감정의 상태를 뜻하는 단어가 만족이다. 즉, 진정한 서비스란 자신을 만난 사람이 서비스 담당자에 대하여 긍정적인 정서적 감정인 만족을 느껴야 한다. 함께 일하는 내부고객이라면 담당자 자신에게 "함께 일하는 것이 너무 즐겁다.", "당신과 일해서 너무 든든하다." 등과 같은 반응이 나와야 하며, 직접 서비스 현장에서 접하는 외부고객들에게는 "여기는 올 때마다 반갑게 맞이하여 주어서 참 기분이 좋아요.", "처음인데 마음을 편안하게 해 주어서 참 인상적이고 고마워요." 라는 반응들이 나와야 한다. 만약 이러한 반응과는 달리 만족을 느끼지 않는 반응이 나온다면 그것은 참 서비스라고 말할 수 없다.

그렇다면 이러한 서비스의 목적인 고객만족이 중요하고 필요한 이유를 살펴보자. 서비스 현장에서의 고객만족이 중요한 이유는 고객만족 경험의 결과인 감정들이 다음 행동을 선택하는 기준이 되는 일종의 마케팅과 관련이 있기 때문이다. 고객만족과 관련된 마케팅은 두 가지 측면에서 살펴볼 수 있다.

하나, 항상성의 법칙 때문이다

사람은 긍정적이든 부정적이든 어떤 경험에 대하여 감정을 가지면 그 감정에 대한 경험을 계속해서 유지하려고 한다. 만약 새로 생긴 식당에 가서 음식을 먹는 경험을 하는 동안 음식 맛도 괜찮고, 가격도 괜찮은데다 서비스 담당자에게 좋은 인상을 가지게 되었다면 그 식당을 나오면서 무슨 생각을 하게 되겠는가? 아마도 지금의 긍정적인 정서적 감정의 경험을 떠올리면서 '다음에 또 와야지.'라고 마음속으로 말할 것이다. 이렇게 해서 다시 찾아오는 고객을 고정고객이라고 한다. 내부고객도 마찬가지다. 조직 내의 생활이 즐겁고 만족스러우면 좀 더 자신의 일을 성실히 하려는 욕구가 생긴다. 이러한 긍정적인 정서적 감정의 경험을 지속적으로 유지하려는 사람을 충성고객이라고 한다.

둘, 감정 노출의 욕구 때문이다

사람은 어떤 경험에 대한 감정을 느끼게 되면 다른 사람에게 그 감정을 전달하려는 욕구가 있다. 어떤 경험에 대한 감정을 느꼈는데 그 감정을 표현하지 못하고 가슴에 담아 두어 생기는 것이 '화병(火病)'이다. 이러한 감정 노출의 욕구는 서비스 장면에서도 동일하게 적용된다. 앞의 식당 사례와 같이 긍정적인 경험을 한 사람은 자신의 지인들을 만나면 그 식당을 추천하고 권유할 것이다. 지인의 추천과 권유를 통하여 그 식당을 찾는 고객을 신규고객이라고 한다. 그렇게 되면 자연스럽게 매출은 높아진다. 내부고객도 마찬가지다. 우리가 기업선호도 조사를 하는 이유는 여러 가지가 있겠지만 근무하는 직원들의 만족도가 높을 때 다른 친구나 지인들에게 자신의 만족스러운 회사생활을 이야기할 것이고, 그 이야기가 기업선호도에 상당한 영향을 미치게 된다.

서비스 과정을 통하여 마케팅을 하는 경영방침을 고객만족경영이라고 한다. 여기서 직접적인 긍정적 정서적 감정을 가지고 이용하는 고정고객의 비율을 '유지율'이라고 한다. 모든 조직은 고객만족경영뿐만 아니라 고정고객인 유지율과 그로 인한 신규고객의 균형을 상당히 중요시한다. 무작정 신규고객이 많다고 좋은 것도 아니고, 유지율만 높다고 바람직한 것도 아니다. 중요한 것은 고정고객인 유지율과 신규고객의 상관관계와 균형이다.

고객을 처음 유치하기 위해서는 일정 비용이 발생하게 된다. 하지만 그 고객이 서비스의 경험을 좋게 받아들여서 고정고객이 되면 그 고객을 유치하기 위한 비용이 줄어들게 된다. 또한 고정고객의 소개로 신규고객이 유치되면 그만큼 초기 고객유치비용이 줄어드는 경제적 효과가 나타난다. 그래서 고객만족경영에서는 고정고객의 초기경험이 중요하다.

일반적으로 고정고객을 풀이하자면 단골이라고 표현할 수 있다. 사람들은 저마다의 단골집이 있다. 중요한 점은 '사람들은 어떤 집을 단골로 정하는가?' 하는 것이다. 가격이 싸면 단골이 되는가? 교통이 편리하면 단골이 되는가? 아니면 시설이 깨끗하면 단골이 되는가? 물론 이러한 조건을 갖추면 단골이 될 가능성은 커질 수 있겠지만 그렇다고 꼭 단골이 되는 것은 아니다. 신기하게도, 가격이 비싼 줄 알면서도 단골집에 간다. 교통이 불편하고 멀어도 단골집에 간다. 심지어는 시설이 열악한데도 단골집을 찾는다. 이러한 현상의 공통점을 살펴보면 단골집이 되는 이유는 서비스 현장을 찾아오는 고객들에게 긍정적인 정서적 감정을 느끼도록 했기 때문이다.

여기서 중요한 점은 사람의 감정은 객관적인 것이 아니라 주관적이라는 점이다. 이 말의 의미는 진정한 서비스는 사람을 획일적으로 대하는 것이 아니라 개개인에 맞추어서 응대해 나가는 일종의 관계기법으로 접근해야 한다는 것이다. 매뉴얼 대로 서비스를 하는 것이 쉬워 보이지만, 막상 서비스 현장에서 그것이 적용되지 않는 이유는 바로 사람이 느끼는 감정이 주관적이기 때문이다. 다시 말해, 진정한 서비스는 고객을 매뉴얼 대로 대하는 것이 아니라 사람과의 관계를 맺어 가는 관계예술이라고 할 수 있다.

고객은 어떤 상황이나 환경에서 객관적인 경험을 하는 존재가 아니라 자신의 방식대로 경험을 해석하는 주관적인 감정을 가진 존재이기 때문에 획일적인 제품을 만들어 내는 것처럼 일방적으로 접근할 것이 아니라 개개인의 요구에 맞추어 접근할 때 서비스 과정의 긍정적인 결과인 고객만족을 만들어 낼 수 있다.

지겹도록 이야기하는 고객만족의 중요성

▶ CS 강사 양성과정

▶ CS 아카데미

▶ CS 능력향상과정

고객만족(Customer Satisfaction)을 뜻하는 CS는 기업현장에서 이루어지는 교육과정 중에서 가장 많은 비중을 차지하는 것 중 하나다. 다시 말해 현재 산업현장에서 가장 많이 필요로 하고 선호하는 교육이 바로 고객만족 교육인 CS 교육이다.

고객만족에 대한 자료들을 찾아보면 미국은 1980년대 초반에, 일본은 1980년대 후반에, 그리고 우리나라는 1990년대에 들어서서 고객만족이라는 용어를 본격적으로 사용하기 시작하였다. 나라별로 차이가 나는 이유는 여러 가지가 있을 수 있겠지만 그중에 하나가 바로 나라별 산업의 발달 정도가 다르기 때문이다.

지금까지도 고객만족의 중요성이 강조되는 이유는 다음과 같은 사회적 현상에서 살펴볼 수 있다.

하나, 시대적 배경

우선 고객만족의 중요성을 이야기하기 전에 우리 사회의 큰 전환점을 살펴볼 필요가 있다. 학자마다 견해가 다를 수 있겠지만 필자는 2000년을 기준으로 나누려고 한다. 그 이유는 모 그룹에서 1999년 후반기에 다가올 2000년대를 일컬어 디지털 시대라는 용어를 사용하여 이전과는 다른 새로운 시대가 시작되었음을 선포하였기 때문이다. 얼마 후 경쟁 그룹에서도 디지털 시대를 선포하였다.

이렇게 2000년을 기준으로 하였을 때 그 전의 시대를 산업화 시대라고 한다. 산업화 시대의 핵심은 '철(鐵)'이었다. 이전에 모 기업의 광고에서도 이야기하였듯이, 이 시대에는 철이 없는 세상을 상상할 수가 없었다. 즉, 철이 곧 시대의 중심이었기 때문에 그것을 잘 가공하고 활용하는 기업이나 국가가 부유하고 부강하게 되었다. 이와는 달리, 2000년 이후의 시대를 디지털 시대라고 한다. 디지털 시대의 핵심은 바로 '정보'다. 물론 산업화 시대에도 정보라는 것이 존재하였지만 지금의 정보와는 다르다. 산업화 시대의 대부분의 정보는 활자를 인쇄한 신문이나 책 등으로만 전달되다 보니 제한적으로 전파되었지만, 디지털 시대에서의 정보는 실시간(real time)으로 공유된다.

이러한 사회변화와 고객만족은 밀접한 상관관계를 갖는다. 이전의 산업화 시대에서는 고객들이 갖는 불만을 처리하는 것이 지금과 비교하여 볼 때 어렵지 않았다. 그러한 불만들이 외부로 노출되는 것을 차단하는 것도 비교적 수월했다. 하지만 오늘날 서비스 현장에 있는 사람들이 가장 힘들어 하는 것이 바로 인터넷이다. 그리고 지금은 단순히 인터넷을 넘어서 SNS을 통하여 실시간 정보들을 공유한다. 이전의 시대에는 상상조차 할 수 없었던 일들이 지금 일어나고 있다. 앞으로는 이러한 현상들이 더 크게 서비스 현장에 적용될 것이다. 은행이나 백화점 그리고 관공서와 병원 등을 이용하는 고객들 대부분이 40~50대 혹은 그 이상의 연령대에 있는 사람들이다. 특히 40대 이후에 있는 사람들은 아직도 디지털 시대에는 조금 덜 익숙한 세대다. 이들 대부분이 디지털 시대의 핵심역량인 정보를 이용하는 방법은 아직도 산업화 시대 수준에 머물러 있다.

이와는 다르게 지금의 10대와 20대의 젊은 친구들은 사회의 주축을 이루고 있는 서비스 현장과는 거리가 좀 먼 곳에 있다. 하지만 분명한 것은 지금의 10대와 20대들은 기성세대와는 전혀 다른 세상을 살아가고 있다는 것이다. 분식집에 가더라도 주문한 음식을 바로 먹지 않고 사진부터 찍어 SNS에 올린다. 그리고 몇 분 후면 그 정보를 공유한 댓글들이 올라온다. 시간과 공간을 초월하는 현상이 지금 우리 사회에서 일어나고 있는 것이다. 이러한 것에 익숙한 10대와 20대들이 곧 사회로 진출하고, 서비스 현장에 고객으로 등장했을 때에는 지금과는 전혀 다른 일들이 벌어질 것이다. 지금은 만족이나 불만이라는 감정이 단순히 서비스 현장에서나 혹은 주변 사람들에게 전해지는 정도였다면 앞으로는 이러한 만족이나 불만이라는 감정이 시간과 공간에 상관없이 전파되고 공유될 것이다. 만약 SNS의 세력들이 어느 특정 기업 혹은 어떤 특정 서비스 현장에 초점을 두고 그 힘을 행사하고 있다면 그 결과를 예측하는 것은 그리 어려운 일이 아닐 것이다. 이처럼 다가올 시대에는 서비스 현장에서 고객들이 경험하는 서비스에 대한 감정들이 과거와는 다르게 전파될 것이다.

서비스 경험에 대한 고객의 감정이 시간과 공간을 초월하여 전파되고 사회에 공유되는 것이 꼭 부정적인 결과만 초래하는 것은 아니다. 반대로 고객이 가졌던 좋은 감정과 만족이 시간과 공간을 초월하여 전파되고 공유된다면 그 조직이나 개인은 하루 아침에 스타가 될 수도 있을 것이다. 즉, 과거와는 다른 정보 공유의 사회적 체제는 개인이나 조직에게 긍정적인 영향을 미칠 수도 있고, 부정적인 결과로 나타날 수도 있다. 그래서 앞으로의 시대에는 더더욱 고객만족이 중요하다.

둘, 서비스의 방향

서비스의 목적이 고객만족이라고 강조하는 것은 서비스 현장뿐만 아니라 교육장면에서도 마찬가지다. 그러나 실상은 고객만족에 초점을 두는 것이 아니라 고객이 가지고 있는 불만 해소에 초점을 두고 있다. 그러한 증거는 서비스 현장에서 착한 고객, 흔히 좋은 고객에게 많은 관심과 에너지를 쏟기보다 소위 말하는 불만고객에게 더 많은 에너지를 쏟는 것에서 찾을 수 있다. 예를 들어, 큰 소리로 화를 내는 고객들에게는 서비스 응대속도가 상대적으로 빨라지고 관심도 커진다. 그래서인지 대부분 서비스교육이 '화난 고객' 혹은 '불만고객'에게 초점을 두고 있다. 물론 서비스 현장에서 불만을 가진 고객을 다루는 것은 중요하다. (불만고객을 다루는 방법은 '불만고객의 두 얼굴'에서 다루도록 하겠다.) 하지만 때로는 규정을 어겨 가면서 불만을 가졌거나 화가 난 고객에게 서비스를 제공하더라도 많은 경우 그러한 고객들로부터 만족의 결과를 가져오지 못한다. 어떤 경우에는 오히려 서비스 담당자나 현장에 경고를 하고 돌아서는 고객도 있다.

서비스의 목적이 고객만족임에도 불구하고 실제적으로 서비스 현장에서는 고객만족보다 고객의 불만 해소에 더 많은 에너지를 쏟다 보니 서비스 담당자들은 자연스럽게 자신이 하는 일에 대해 스트레스를 받게 된다. 결국 고객의 불만 해소에 초점을 두고 하는 서비스에 대하여 비관적으로 생각하여 소극적으로 행동하거나, 서비스 업무를 그만두는 계기가 된다. 이와는 반대로 자신이 제공한 서비스에 대하여 고객들이 고마워한다면 자신의 일이 보다 즐겁고 더 열정적으로 될 것이다. 그렇게 하기 위해서는 서비스의 방향, 특히 교육의 초점을 고객의 불만 해소가 아닌 만족에 두도록 해야 한다. 즉, 서비스는 고객의 불만 해소를 위해서 진행되는 과정이 아니라 고객의 만족을 이끌어 내는 것이 목적이기 때문이다. 이러한 시대적 배경과 서비스 방향에 근거하여 볼 때 현재 우리 사회에서 고객만족의 중요성은 더욱 절실하게 필요하다.

무엇을 지향할 것인가

▶ 세일즈 서비스의 목적은 무엇인가요?

▶ 서비스도 중요하지만 판매성과가 더 중요한 거 아닌가요?

▶ 서비스도 중요하지만 매출성과를 더 중요하게 생각해야 합니다.

서비스 현장에서 많이 듣는 질문들이다. 특히 세일즈 서비스를 하는 현장에서는 매출이 곧 본인의 실적이나 고과에 반영되기 때문에 현실적으로 더욱 중요하다. 하지만 세일즈 서비스를 단순히 매출만으로 생각한다면 큰 오산이다. 그것은 마치 우리가 인생을 목적 없이 살아가는 것과 비슷하다. 목적이라는 것은 자신이 가고자 하는 방향을 설정하는 것이다. 열심히 달리는 것도 중요하지만 만약 자신이 가고자 하는 방향을 정하지 않고 무작정 달리기만 한다면 갈수록 지쳐 갈 것이다. 이처럼 목적지가 없이 달리는 것은 무의미한 것이다. 시간이 지날수록 무의미하고 허탈하게 느낄 것이다. 그렇기 때문에 세일즈 서비스 현장에서도 궁극적인 서비스의 목적이 무엇인지 알아야 한다. 물론 서비스교육이나 서비스 현장에서 이런 질문을 한다면 고객만족이라고 답하는 데 이견이 없다. 그러나 서비스 현장에 근무하는 사람들이 피곤해하고 힘들어하는 것은 바로 이러한 목적을 가지고 일을 하는 것이 아니기 때문이다. 자신이 제공한 서비스에 대하여 고객들이 긍정적인 정서적 감정인 만족을 느껴야 하는 것이 서비스의 목적인데, 이러한 서비스의 목적을 추구하기보다 제공하는 서비스를 통하여 자신이 처리한 업무량, 혹은 판매성과 등과 같은 서비스 목표 달성에 더 많은 비중을 두고 있다.

서비스 현장은 고객이라는 사람을 만나는 장면이다. 이곳에서의 목적은 곧 사람이 되어야 한다. 내가 만난 사람 그리고 나를 만났던 사람들이 나에 대하여 좋은 감정을 갖도록 하여야 한다. 그것이 진정한 서비스의 목적이 된다. 특히 세일즈 서비스를 하는 경우에는 매출이 목적이라고 생각하는 경우가 많다. 물론 매출은 중요하다. 하지만 매출만을 중요시하고 그 결과만을 추구하면 세일즈 서비스를 직업으로서 지속적으로 수행해 나가기 어렵게 된다. 가령 보험이나 금융 서비스 현장에서 세일즈 담당자인 당신을 만나는 고객이 열 명이라면 과연 몇 명이 당신이 설명하는 보험상품이나 금융상품을 선택해 줄 것인가를 생각해 보면 된다. 한 명, 혹은 두 명이면 많은 편이다. 이 이야기의 의미는 성공률이 10~20%도 되지 않는다는 것이다. 다른 표현으로 하자면 실패율이 80~90%나 되는 일을 하게 되는 것이다. 어떻게 실패율이 이렇게 높은 일을 지속적으로 할 수 있겠는가? 설령 백화점이나 할인매장에서 당신이 판매하는 물건을 사람들이 선택하여 구매하였다고 하더라도 서비스 담당자인 당신을 기억하지 못한다면, 그것은 당신이 그 물건을 판매한 것이 아니라 브랜드나 매장의 입점 위치 때문이거나 아니면 단순히 고객이 필요해서 선택한 것이다.

어떤 경우든 간에 서비스 업종에서는 고객이 담당자인 당신을 기억하게 만들어야 한다. 그것도 그냥 기억하는 것이 아니라 긍정적인 정서적 감정을 가질 수 있는 좋은 사람으로 기억하게 만들어야 한다. 즉, 서비스 담당자인 나를 만난 사람이 나를 '그리워하도록' 만들어야 한다. 그리워하면 나를 생각하게 되고, 나를 생각하면 나에 대한 이야기를 다른 사람에게 하게 되며, 그러다 보면 또 다시 나를 찾게 된다. 여기서 중요한 것은 나의 표정이나 느낌이 누군가에게 그리움의 대상이 될 수 있을지 고민해 보아야 한다는 것이다. 왜냐하면 사람은 살아가면서 자기 자신의 모습보다 남의 모습을 훨씬 더 많이 보게 되고, 그러다 보니 나의 모습을 반추하기보다 다른 사람의 모습에 대하여 더 많이 이야기하게 되는 경우가 많다. 서비스 현장에서는 고객들의 얼굴과 표정 그리고 모습에 더 많이 민감해진다. 하지만 더 중요한 것은 고객들에게 서비스 담당자로서 자신이 어떤 모습으로 비추어질지 고민해 보는 것이다. 거울을 보면서 가르마를 바꿀 수는 있지만 나의 표정과 인상은 마음을 변화시킬 때에만 바꿀 수 있다.

서비스의 목적은 나를 만난 사람들이 나를 그리워하도록 만드는 데 있다는 것을 명심하자.

서비스

불만고객의 두 가지 얼굴

▶ 서비스 담당자의 무릎을 꿇게 하고 사과를 종용하는 고객

▶ 진료했던 의사를 다시 찾아가 병원에서 행패를 부리는 고객

▶ 큰 소리로 욕설을 퍼부으면서 서비스 담당자를 협박하는 고객

고객들이 표출하는 불만의 형태는 다양해지고 있고, 불만 표출의 강도도 이전보다 더 심해지는 경향이 있는 것 같다. 그러한 고객불만으로 인하여 서비스 담당자들의 스트레스는 점점 심해지고 서비스 업종에 대한 기피현상까지 야기한다. 그래서 서비스 현장에서의 다양한 요구 중에 가장 많은 요구는 고객들의 불만을 해소하고 미연에 방지하는 방법에 대한 부분이다. 그러다 보니 불만고객 응대교육이나 화난 고객 대응방법에 대한 교육의 수요가 급증하고 있는 것이 사실이다.

불만고객이나 화난 고객을 보다 효과적으로 응대하기 위해서는 필수적으로 알아야 하는 것이 있다. 우선, 불만고객이라고 하여 모두 같은 태도의 불만을 가지고 있는 사람으로 생각하고 불만을 표현하는 특정 상황에 대하여 응대하는 것은 바람직하지 못하다. 왜냐하면 사람들이 어떤 상황이나 환경에서 표현하는 불만이나 화는 단순하거나 비슷한 형태로 나타나는 것이 아니기 때문이다. 개인이 처한 현재의 생활환경이나 상황, 서비스 현장의 환경이나 분위기, 서비스를 제공하는 담당자의 태도, 혹은 타고난 인격이나 태도 등과 같이 다양한 원인에 의하여 불만이 나타날 수 있

다. 이처럼 다양한 원인에서 발생할 수 있는 불만을 크게 두 가지 측면으로 분류하여 설명하고자 한다.

하나, 기질적 불만고객

'오늘 백화점에 가서 소란을 피우고 상품권을 보상으로 받아 와야겠다.'

'놀이동산에 가서 문제를 제기하여 무료이용권을 받아 와야겠다.'

'패밀리 레스토랑에 가서 투정을 부리고 무료시식권을 받아 와야겠다.'

과연 이러한 마음을 미리 가지고 서비스 현장을 방문하는 사람이 있겠는가? 답은 '있다'이다. 이러한 사람들은 정상적인 사람들이 도저히 이해할 수 없는 생각이나 태도를 가진 사람들일 것이다. 실제로 이러한 사람들이 서비스 현장에 존재하고, 또 문제를 일으킨다. 일반적으로 서비스 현장에 있는 사람들은 이러한 사람들을 은어적인 표현으로 '진상고객'이라고 한다. 하지만 이 책에서는 이러한 사람들을 '기질적 불만고객'이라고 부른다.

기질적 불만고객이란 성향이나 태도가 정상적인 사람과는 조금 다른, 일반적이지 않은 심리적인 상태를 가진 고객들을 말한다. 예를 들어, 이러한 기질적 불만고객들은 백화점이나 은행, 병원 등 서비스 현장을 막론하고 자신이 가는 곳마다 불만이나 문제점을 토로하여 거기에 대한 보상을 받으려고 하는 사람들이다. 말 그대로 작정하고 불만이나 문제점을 찾아내어 그에 상응하는 보상을 받아 내려는 목적으로 서비스 현장을 방문하는 고객을 말한다. 중요한 것은 이러한 기질적 불만고객은 누구보다도 서비스 규정을 잘 알고 있으며, 어떻게 해야 적절한 보상을 받을 수 있는지를 이미 알고 접근한다는 것이다. 서비스 담당자로서는 응대하기가 상당히 까다롭다. 이미 보상을 받을 수 있는 방법을 알고 그러한 일을 의도적으로 만들어 내기 때문이다. 어떤 측면에서는 보상을 받는 방법을 안다는 것보다 서비스의 제도나 정책의 허술함을 이용한다는 표현이 더 적절한 것 같다. 그러므로 이러한 고객들은 보다 적절하고 구체적인 서비스 정책이나 제도를 통하여 제재를 하여야 한다. 사실 급속도로 발전한 사회문화적 환경에 비하여 우리나라의 서비스 제도나 정책은 아주 오래되었고 현 시점에 적합하지 않은 상태 그대로 유지되고 있다는 점이 이러한 기질적 불만고객을 생기게 하는 원인 중 하나가 될 수 있다. 따라서 현재의 시대적 상황이나 환경에 맞게 서비스 제도나 정책이 개선되어야 한다.

둘, 과정상 불만고객

백화점이나 관공서 같은 서비스 현장에서 소란을 피우고, 심한 경우에는 서비스 담당자를 폭행하는 끔찍한 사건들을 언론보도를 통해 접하는 빈도가 이전보다 더 많아졌다. 서비스 현장에서 소란을 피우거나 폭행을 하는 사람들의 행동은 분명 잘못되었고, 어떠한 경우라도 이러한 행동은 환영받지 못한다. 하지만 기분 좋아야 할 서비스 현장에서 이러한 일들이 벌어지는 이유 중 하나는 바로 고객을 제대로 응대하지 않은 서비스 과정에서 찾아볼 수 있다.

사람의 경험은 주관적이다. 그리고 모든 사람들은 자신의 이러한 상황을 존중받고 이해받고 싶어 한다. 하지만 누군가가 자신의 주관적인 경험을 객관적으로 평가하고 이해받고 싶은 마음을 무시하고 거부한다면, 거기에 저항하여 불만이라는 감정이 솟아오르게 된다. 물론 사람마다 받아 온 교육환경이 다르므로 이러한 불만의 표현도 다양하겠지만, 사람들은 어떤 형태로든 자신의 주관적 감정에 대한 무시와 거부감에 대한 불만을 표현한다. 서비스 현장에서는 이러한 경우가 자주 발생한다. 서비스 담당자는 객관적인 사실을 설명하고 자신의 의무를 다하였다고 생각하지만 고객은 그것을 핑계로 불만을 토로하는 경우를 쉽게 접하게 된다. 의료서비스 현장에서는 의사의 퉁명스럽고 지시적인 태도와 말투에 화가 난 환자가 다음 날 병원에 가서 소란을 피우는 경우가 종종 발생한다. 설명하는 의사의 입장에서는 자신이 전달하는 내용이 정확하고 맞는 것이라고 생각하겠지만 어떻게 설명을 하느냐, 즉 어떤 태도로 하느냐가 환자에게는 더욱 중요했던 것이다. 사람과의 관계에서는 말의 정보적인 측면인 내용도 중요하지만 그것보다 더 중요한 것은 말의 내용을 주고받을 때의 자세나 태도 그리고 말투와 같은 비언어적인 요소다. 따라서 서비스 과정상에 나타나는 불만고객들의 하나같은 반응은 대부분 서비스 담당자의 언어적 표현을 문제 삼기보다 그 순간 느껴지는 비언어적인 요소에 불만을 토로한다. 그러므로 비언어적인 요소의 소통을 학습함으로써 과정상 발생하는 불만고객을 미리 예방할 수 있다.

불만이라는 감정을 표현하는 고객을 단순하게 불만을 토로하는 상황에 초점을 두고 응대할 것이 아니라 기질적 불만고객인지 아니면 서비스 과정상에서 나타나는 불만고객인지를 분류하여 적절하게 응대하는 것이 더욱 필요하고 중요하다. 그래서 기질적 불만고객은 제도나 정책으로 대응해야 하고, 과정상 발생하게 되는 불만고객은 고객의 주관적 심리상태를 잘 응대하는 방법을 통하여 예방할 수 있다.

서비스 환경과 서비스 행위는 다르다

▶ 밝고 맑은 표정으로 응대하면 고객은 만족한다.

▶ 인사를 정중히 하면 고객은 만족한다.

▶ 고객이 방문하는 매장을 깨끗하게 단장하면 고객은 만족한다.

서비스 현장에서 서비스 점검을 할 때 가장 많이 신경 쓰는 부분이 바로 앞의 세 가지다. 그래서 이 세 가지에 초점을 두고 교육을 하고 또한 서비스 현장에서도 이러한 부분에 가장 많이 신경을 쓴다. 물론 이와 같은 부분들이 서비스 현장에서 중요한 것은 사실이다. 하지만 이러한 것들을 갖추었다고 고객이 만족하는 것은 아니다. 만약 이러한 요소들로 인하여 고객이 만족한다면 우리나라 대부분의 서비스 현장을 방문한 고객들은 모두 다 만족하여야 한다. 하지만 실상은 그렇지 않다. 그 이유는 서비스 환경을 서비스 행위라고 생각하기 때문이다.

서비스 환경(environment)이란 실제적인 서비스를 제공하기 위한 전제 단계라고 보면 된다. 가령 우리가 집에 손님을 초대하기 위해서 미리 청소를 하고 실내를 꾸미고 반갑게 맞이하는 것이다. 그런데 이러한 서비스 환경은 경험을 하는 사람들에게 만족을 느끼게 하는 만족요인이라기보다는 불만요인에 속한다. 이 말의 의미는 서비스 환경이 좋다고 하여 고객들이 만족하는 것이 아니라 서비스 환경이 제대로 갖추어져 있지 않으면 즉각 고객의 불만을 살 수 있다는 것이다. 우리가 손님을 집으로 초대해서 실내 꾸미기와 청소만 잘해 놓는다고 해서 초대받은 사람들이 만족하는 것은 아니다. 물론 손님을 초대해 놓고 지저분한 상태로 맞이한다면 초대받은 사람이 불쾌하게 느낄 테지만, 집 안을 말끔하게 꾸미고 정리한 것만으로 초대받은 사람에게 감동을 주기에는 부족하다. 쾌적하고 정리된 환경 속에서 초대받은 사람들을 진심 어린 마음으로 대하는 집주인의 태도에서 비로소 감동을 받는다. 청소를 깨끗하게 해 놓고 친절하게 맞이해 주는 것은 기본적인 매너인 서비스 환경인 것이고, 초대한 후 함께하는 시간 동안 초대한 손님을 편안하고 즐겁게 대해 주는 태도가 바로 서비스 행위다. 이러한 서비스 행위를 적절하게 잘 표현할 때 만족이라는 감정을 고객에게서 유도할 수 있게 된다. 설령 깨끗한 환경에서 반갑게 맞이하여 주었더라도 함께하는 시간 동안 상대방의 상황을 고려하지 않고 자신에 대한 자랑을 늘어놓거나 무관심을 보였다면 오히려 상대방에게 반감을 줄 수 있다.

청소를 깨끗이 하였다고 해서 손님이 즐겁고 행복하게 느끼는 것이 아니듯 서비스 환경만 잘 준비하였다고 고객만족이 이루어지는 것은 아니다. 서비스 환경에는 매장의 시설이나 환경뿐만 아니라 일관되고 정형화된 인사나 말투와 같은 서비스 매너도 포함된다. 흔히 친절한 말투와 밝은 표정으로 고객을 맞이하는 것이 진정한 서비스라고 생각하고 교육을 하지만, 그러한 노력에도 불구하고 고객만족이 어려운 이유는 서비스 매너는 고객만족의 요인이 아니라 불만요인으로 작용하는 서비스 환경이기 때문이다. 앞에서도 설명하였지만 불만요인이라는 것은 그러한 행위를 한다고 하여 만족을 주는 것은 아니지만 만약 그러한 행위를 하지 않을 때에는 상대방에게 불만을 야기하는 것을 의미한다. 그렇다고 하여 친절한 말투와 태도가 필요 없다는 것이 아니라 이러한 서비스 환경을 고객만족의 절대적 요인으로 오해해서는 안 된다는 것을 의미한다.

사람의 감정은 주관적이다. 그러므로 서비스 환경과 서비스 응대는 고객 개개인에 초점을 맞추어서 진행되어야 하는 것이다. 결국 만족을 이끌어 내는 서비스 행위라는 것은 사람과의 관계, 즉 고객과 어떻게 상호작용할 것인가에 대한 관계심리적인 측면을 의미한다. 그래서 서비스를 잘 이행하기 위해서는 불만요인인 서비스 환경과 만족요인인 서비스 행위를 분리하여 접근하여야 하고, 그에 대한 교육이 체계적으로 이루어졌을 때 보다 효과적으로 고객만족을 유도할 수 있다.

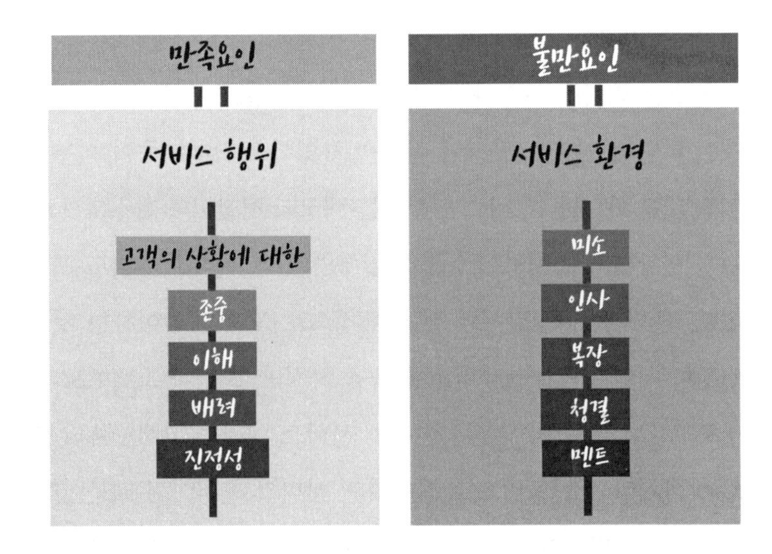

부정적인 감정이 긍정적인 감정보다 훨씬 빠르게 전파된다는 말은 과연 사실일까

▶ 고객은 부정적인 감정을 더 오래도록 기억한다.

▶ 부정적인 감정은 긍정적인 감정보다 더 빠르게 전파된다.

▶ 열 번 잘해도 한 번 잘못하면 잘못한 것만 기억한다.

서비스 현장에서 고객만족을 강조하기 위하여 서비스 강사들이나 매니저들이 가장 많이 하는 이야기 중에 하나가 고객불만의 전파속도에 대한 내용이다. 예를 들어, 긍정적인 감정의 전파속도보다 부정적인 감정의 전파속도가 열 배 이상 빠르다는 이야기를 강조한다. 그래서 서비스 현장에서는 고객의 불만이 생겨나지 않도록 항상 긴장하고 조심하여야 한다는 것을 강조하고 또 강조한다. 서비스 과정에서 추구해야 할 고객만족을 강조한다기보다는 고객불만 발생에 대한 우려들을 서비스 담당자들에게 쇄뇌시키는 일종의 경고성 표현이다. 이러한 고객불만에 대한 강조점들을 전제로 서비스 응대를 해야 한다면 아마도 담당자 입장에서는 서비스라는 것이 그야말로 실수를 해서는 안 되는 피곤한 일처럼 느껴질지도 모른다. 이러한 관점에서는 서비스 과정이 겉으로는 고객만족을 강조하지만 실제 과정에서는 만족보다도 고객불만이 발생하지 않도록 하는 것을 목적으로 하는 것처럼 여겨진다.

그렇다면 정말 부정적인 감정이 긍정적인 감정보다 더 빠르게 전파될까? 또한 부정적인 감정이 더 오래도록 기억에 남을까? 결론부터 이야기하자면 전혀 근거 없는 이야기다. Daniel Kahneman 이라는 심리학자에 의하면 사람들은 부정적인 감정을 더 오랫동안 기억하는 것이 아니라 그 경험을 하는 동안 가장 강렬했던 감정과 마지막 부분에서 느낀 감정을 기억하고 다른 사람들에게 전달한다고 한다. 이러한 이론을 절정-대미 이론(peak-end theory)이라고 한다. 즉, 어떤 경험을 하는 과정에서 가장 강렬한 감정을 느낀 절정 경험과 그 경험이 끝나는 시점에서 느낀 경험이 전체 경험의 평가에 중요한 역할을 한다는 것이다. 지나간 학창시절을 떠올려 보자. 그 시절에는 선생님에게 칭찬도 받지만 혼이 나는 경우도 있다. 또한 친구들과 즐거운 시간을 보내기도 하지만 숙제나 시험 때문에 힘든 경험도 한다. 그야말로 여러 종류의 다양한 경험을 하면서 학창시절을 보낸다. 하지만 졸업을 하고 시간이 지난 뒤 동창회에서 만난 친구들이 회상하는 학창시절은 사람마다 각기 다르다. 어떤 사람들은 그 시절을 즐겁고 아름다운 추억으로 간직하고 있는 반면, 어떤 사람들에게는 떠올리기조차 싫은 기억일 수도 있다. 같은 상황과 환경에서의 경험을 이처럼 다르게 회상하는 이유는 바로 그때 느꼈던 감정이 저마다 다르기 때문이다. 즉, 강렬하게 느꼈던 경험에 따라서 지나간 학창시절에 대해 다르게 기억하게 되는 것이다. 선생님께 칭찬을 받았지만 그것보다도 혼이 났던 경험의 기억이 더 강렬했거나, 친구들과 재미있게 놀았던 순간도 있었지만 늘 숙제 때문에 힘들었던 순간이 더 강하게 느껴졌던 사람들은 학창시절을 부정적으로 회상하게 될 것이다. 반대로 선생님께 혼이 난 경우도 있었지만 그것보다도 칭찬받은 기억이 더 강했고, 숙제 때문에 힘들었지만 그러는 중에도 친구들과 놀았던 순간이 더 강렬했던 사람들은 학창시절을 긍정적으로 기억하게 될 것이다. 학창시절이 중요한 것이 아니라 그 시절에 강렬하게 경험하였던 감정이 기억으로 남는다는 사실이 중요하다.

우리는 유쾌한 것이든 불쾌한 것이든 어떤 경험을 한 것이 중요한 것이 아니라 그 과정 중에 강렬하게 느껴진 감정의 경험이 우리의 마음속에 오랫동안 남게 되는 기억이 된다. 중요한 것은 가장 강렬했던 경험의 수준과 마지막 순간에 경험한 수준이 우리의 기억을 결정하게 된다는 것이다. 서비스 현장도 마찬가지다. 고객들이 불만을 기억하고 전파하는 것은 서비스 과정을 경험하면서 긍정적으로 기억할 만한 감정이 없었거나 부정적인 감정보다 긍정적인 경험들이 미약했다는 것을 의미한다. 만약 서비스 과정상에 불편함이나 불쾌감이 있어도 만족스러운 감정이 더 강렬하다면 고객은 서비스 과정 전체를 긍정적으로 기억하게 될 것이다. 이렇듯 서비스 장면에서 고객들이 부정적인 감정을 기억한다는 것은 가장 강렬했던 감정이 바로 부정적인 것이었으며 마무리조차도 부정적인 감정으로 끝이 났다는 것을 방증하는 것이다. 그러므로 고객의 불만이 발생하지 않도록 하는 데 신경을 쓰고 집중하는 것보다 고객이 만족을 경험하도록 하는 데 더 많은 노력을 해야 한다. 고객만족을 위해서는 서비스 장면에서 긍정적인 강렬한 감정을 고객이 느낄 수 있게 응대해야 하고, 그러한 감정을 마지막까지 유지할 수 있도록 하는 것이 중요하다.

peak-end
theory

고객만족을 위하여
완벽하려고 노력하지 말라

- 하루 종일 사람들에게 시달리는 것은 너무 힘들어.
- 요즘 고객들은 너무 까다로워.
- 서비스직은 오래할 것이 못 돼. 그래서 그만두어야 할 것 같아.

사람을 상대해야 하는 서비스 현장에서는 그야말로 여러 부류의 사람들을 만나게 되고, 그들의 다양한 요구들에 직면해야 한다. 그러다 보니 자칫 쉽게만 생각하였던 서비스라는 업종이 다른 어떤 일보다 힘들고 스트레스가 높다는 것을 몸소 느끼게 된다. 특히 다른 업종에 비하여 이직률이 높다 보니 이로 인해 서비스 현장에서 인원구성에 문제가 되기도 한다. 특히 서비스 현장에서의 스트레스 증가 원인 중 하나가 바로 고객을 만족시켜야 한다는 중압감이다. 사실 고객만족이라는 것이 사회 전반에서 강조되다 보니 현장에서 서비스를 제공하는 사람에게는 큰 부담으로 와닿는 것이 어찌 보면 당연하다. 더군다나 하루에 한두 명의 고객을 만나는 경우라면 다른 문제이지만 하루에 적게는 수십 명에서 많게는 수백 명을 만나고 응대해야 하는 상황에서의 고객만족은 더욱 큰 부담이 될 것이다.

앞서 말했듯이 현장에서 이루어지는 서비스 과정은 고객만족보다는 고객의 불만을 미연에 방지하거나 불만을 제기하는 고객들을 설득하는 데 더 많은 에너지를 쏟는 것이 현실이고, 그로 인해 스트레스를 받는 것은 당연한 결과일지도 모른다. 우리가 어떤 일을 하는 데 있어서 아무리 힘들어도 나의 존재를 인정해 주고 나의 노력을 진심으로 알아주고 고마워하는 사람이 있다면 어떤 기분이 들까? 아마 조금 힘들고 어려워도 자신을 진정으로 이해해 주는 사람의 고마움이 그 일을 해 나가는 데 원동력이 될 것이다. 반대로 서비스 현장에서 견디지 못하여 이직하거나 일을 그만두는 가장 큰 문제 중의 하나가 바로 서비스 담당자의 존재와 노력을 진정으로 알아주고 고마워하는 단골이 없다는 점이다. 제조현장에 종사하는 기술자들은 시간이 지날수록 기술이 축척되고, 그 축척된 기술은 자신의 역량과 능력이 된다. 그래서 시간이 지나고 기술이 축척될수록 더 좋은 대접을 받게 된다. 서비스 현장에 근무하는 담당자들은 시간이 지나면 무엇이 남아야 할까? 그것은 바로 사람이다. 즉, 단골고객이 남아야 한다. 하지만 매 순간 모든 고객들을 만족시킨다는 것은 쉬운 일은 아니다. 만나는 모든 고객들을 만족시키려 한다면 그것은 오히려 서비스에 대한 더 큰 부담이 될지도 모른다. 그래서 고객만족을 위하여 완벽하려고 노력하지 말아야 한다. 그러나 하루에 한 명의 고객이라도 만족시키려는 노력은 하여야 한다. 하루에 한 명의 고객을 만족시킨다는 것은 그리 어려운 일이 아닐 것이다. '하루에 단 한 명!' 이러한 자세로 서비스 현장에서 고객을 응대한다면, 휴가를 빼더라도 일 년에 300명을 만족시킬 수 있을 것이다. 만약 10년을 근무한다면 3,000명이라는 어마어마한 고객이 남게 된다. 그 정도의 사람이 있다면 서비스 현장에서의 성공은 물론이고, 그러한 경험이 다른 어떤 일을 하더라도 자신감을 갖도록 만들어 줄 것이다.

서비스 현장에서 만나는 수많은 고객의 대부분이 서비스 담당자의 노력을 기억하지 못하는 무(無)불만 고객으로 스쳐가는 사람들이라고 하더라도 하루 단 한 명만이라도 자신이 제공한 서비스를 진정으로 고맙게 생각하고 만족하도록 만들려는 노력이 필요하다. 서비스는 기술이 축척되는 것이 아니라 나를 고맙게 생각해주는 단골고객을 만드는 '관계예술' 과정이기 때문이다. '하루 단 한 명!' 마음만 먹으면 누구나 할 수 있는 일이다.

서비스는 멘트(화법), 즉 외워서 하는 것이 아니다

- 고객의 마음을 움직이는 서비스 화법은 따로 있다.
- 친절한 멘트가 고객에게 감동을 준다.
- 고객이 불만을 제기할 때 사과인사를 하는 것이 효과적이다.

서비스교육에서 가장 중요시하는 점이 바로 화법(話法)이다. 서비스를 처음 시작하는 사람들에게 가장 큰 변화는 서비스 화법을 배우고 익히는 것이다. 고객이 이야기하는 가상의 상황을 설정하고 거기에 응대하는 방법으로 화법을 사용한다. 그래서 서비스 매너와 함께 강조되는 것이 바로 화법이다. 고객을 만났을 때는 무슨 말을 하고 고객과의 특정한 상황에서는 어떤 말로 상대방을 움직여야 하는지를 배운다. 화법을 가르치는 사람의 입장에서는 가상적 상황이나 특정한 상황에 대한 반응들을 나름 체계적으로 구성하여 교육과정을 만들고, 학습자 입장에서는 보다 알기 쉽고 간결하게 받아들일 수 있다. 문제는 현장에서의 적용이다. 많은 시간 동안 화법 교육을 받았고 여러 방법으로 가상적 상황을 시연하였지만, 막상 현장에서는 교육을 받았던 내용들이 잘 적용되지 않는다. 왜냐하면 사람이라는 존재는 주관적 감정을 가지고 있기 때문이다. 주관적 감정을 가졌다는 의미는 비슷한 상황에서 표현하는 말일지라도 그 사람의 감정에 따라 표정, 눈빛, 자세, 움직임 그리고 목소리의 음정, 음색, 빠르기, 높낮이가 다르게 표현된다는 것이다(이 부분은 2장의 '친밀한 관계(rapport) 형성하기: 사람의 근원적인 욕구'에서 상세하게 다루도록 하겠다). 즉, 주어진 상황이나 환경이 비슷하다고 해도 개개인의 감정은 상황이나 환경으로만 짐작할 수 있는 것이 아니다. 그러므로 가상적 상황에 대한 화법의 표현으로 사용되는 서비스 멘트는 개개인의 주관적 감정에 초점을 둔 것이 아니라 고객을 획일적인 존재로 생각하여 응대하는 기계적인 의사소통 방법이라고 할 수 있다. 마치 특정 상황에 적합한 말들을 자동적으로 내뱉는 자동응답기와 같은 것이 바로 화법이고 서비스 멘트인 것이다. 이러한 화법으로 사용되는 서비스 멘트는 실제 장면에서 고객에게 적용되기 힘든 점도 있지만, 무엇보다도 서비스 담당자 자신을 지치게 하는 가장 큰 요인이 된다. 왜냐하면 감정을 가지고 있는 사람과의 관계에서 감정적 교류에 초점을 두는 것이 아니라 어떤 상황이라는 자극에 자동적으로 응답하게 하는 기계적 의사소통을 강조함으로써 서비스 담당자를 기계화하기 때문이다. 서비스 담당자는 말하는 기계가 아니라 감정을 가지고 있는 사람이다. 그러나 화법을 강조하는 서비스 멘트는 서비스 담당자에게 말하는 자동응답기와 같은 반응을 하게 만드는 것과 같은 결과다. 그래서 화법을 사용하는 서비스 담당자들이 지치는 이유는 스스로가 어느새 말하는 자동응답기가 되어 버렸기 때문이다.

서비스는 멘트가 아니다. 고객의 표정과 눈빛을 보고 음정과 음색을 듣고서 고객의 현재 심리상태가 어떠한지 느껴서 표현하는 것이 바로 서비스다. 즉, 고객이 자신의 상황을 이해받고자 하는 마음을 보고 듣고 느껴서 반응해 주는 것이다. "서비스는 멘트(화법)가 아닌 고객과 감정을 주고받는 관계예술이다."

XX전자에서
출시된 최신형
디스플레이로서…

고객님 말씀을
들어보니 이 제품이
알맞을 것 같네요.

불만이 해소된다고 만족이 되는 것은 아니다

- 화난 고객을 잠재우는 방법
- 불만고객을 응대하는 방법
- 즉각적으로 불만에 대응하는 방법

서비스 현장에서 서비스 담당자들이 가장 고민하고 두려워하는 문제 중 하나가 바로 고객의 불만에 응대하는 것이다. 고객들이 불만을 제기하고 토로할 때마다 아무리 경험이 많은 담당자일지라도 긴장할 수밖에 없다. 하물며 경험이 부족한 담당자들에게 고객의 불만은 두려움을 넘어서 자칫 회복하기 힘든 상처가 되기도 한다. 그래서 현장에서 가장 많이 요구되는 사항 중 하나가 바로 불만고객을 응대하는 방법, 혹은 화난 고객을 진정시키는 방법에 대한 부분이다. 실제 서비스교육과정 중에도 불만을 처리하는 과정(클레임 응대과정)이 많이 개설되고 있는 추세다. 하지만 고객의 불만을 처리하기에 앞서 고객이 그러한 불만을 가지게 된 원인이 무엇인지, 그리고 비슷한 상황에서 왜 어떤 사람들만 불만을 가지는지에 대한 연구와 이해가 필요하다.

우선 사람의 감정에는 긍정적인 정서적 감정이라는 것이 있다. 예를 들면, 기쁨, 행복, 즐거움, 편안함 등과 같은 감정이 여기에 속한다. 이러한 긍정적인 정서적 감정을 하나로 묶어서 '만족'이라고 표현한다. 이와는 다르게 긍정적인 정서적 감정에 반하는 부정적인 정서적 감정들도 있다. 짜증, 불쾌감, 화남, 억울함 등과 같은 감정들이다. 이러한 부정적인 정서적 감정들을 한 마디로 '불만'이라고 한다. 대부분의 많은 사람들은 사람의 감정을 긍정적인 혹은 부정적인 감정으로 나누는 것을 쉽게 이해하고 받아들인다. 그러나 여기서 중요한 점은 긍정적인 감정도 부정적인 감정도 아닌 영역이 있다는 것이다. 그것이 바로 중립적 감정이라는 영역이다. 중립적 감정을 이해하기 쉽게 표현하기 위하여 다음의 예를 들어보겠다. 지금까지 살아오면서 수많은 식당을 다녔겠지만 어떤 식당이 기억에 남는가? 아마도 기억에 남는 식당은 둘 중에 하나의 경우일 것이다. 그 식당에서의 경험이 긍정적으로 기억되는 집, 예를 들어 다른 곳과 차별화 된 맛, 다른 곳에서는 좀처럼 볼 수 없는 주인의 친절과 후한 인심, 그 식당만의 독특하고 멋진 인테리어, 개인적인 좋은 추억과 연관된 자신에게 긍정적인 감정을 준 집, 즉 만족이라는 감정을 가지게 된 식당이 기억에 남을 것이다. 반대로 불친절로 인해 불쾌감을 느꼈거나, 위생상태가 청결치 못하였거나, 개인적으로 기억하고 싶지 않은 일과 같은 부정적인 경험을 하여서 불만이라는 감정을 가지게 되었던 식당도 기억에 남을 것이다.

그런데 여기서 중요한 것은 수많은 식당을 다녔음에도 불구하고 기억이 제대로 나지 않는 그런 식당이 있다는 것이다. 오래전에 식당을 다녀왔기 때문에 기억이 잘 나지 않을 수도 있지만 불과 몇 달 혹은 며칠 전에 다녀온 식당도 기억이 잘 나지 않는 경우가 있다. 이러한 현상은 어떻게 설명하여야 하는가? 분명 경험을 하였지만 별다른 기억이 나지 않는 상황, 이러한 것을 바로 중립적 영역이라고 한다. 이러한 중립적 영역에서 경험하는 감정을 만족도 불만도 아닌 '무(無)불만'이라고 한다. 사람의 감정의 영역은 이처럼 만족과 불만의 양극적인 감정으로 구별되는 것이 아니라 무(無)불만까지 포함해 세 가지 영역으로 구별된다. 서비스 현장에서 많은 사람들이 착각하는 것 중에 하나가 고객이 불만을 제기하지 않으면 만족이라고 생각하는 점이다. 만족이라는 것은 상대방에게서 그 감정이 표현될 때 비로소 만족이라는 감정적 경험을 갖게 된다. 즉, 만족도 표현하지 않고 불만도 제기하지 않는다면 그것은 만족이 아니라 서비스 담당자와 함께한 순간을 기억하지 못하는 무(無)불만이다. 더욱 중요한 것은 Herzberg를 비롯한 심리학자들의 연구결과에 의하면, 사람이 가지고 있는 불만이 해소가 되면 만족이 되는 것이 아니라 무(無)불만이 된다. 그래서 어떤 측면에서는 고객이 가지고 있는 불만 해소에 초점을 두는 서비스는 잘해야 본전이 된다. 그러므로 불만 해소에 초점을 두는 서비스가 아닌 진정으로 고객만족을 끌어올 수 있는 서비스의 방향을 찾아가야 한다.

병이 없다고 건강한 것이 아니듯 불만이 없다고 만족한 것은 아니다. 고객이 불만을 제기하지 않는다고 그것을 만족으로 착각한다면 큰 오산이다. 만족의 표현이 없이 단순히 불만을 제기하지 않는 그 순간들은 서비스 담당자의 노력과 수고의 흔적이 고객의 머릿속에 전혀 기억되지 않는 무(無)불만일 수 있다는 것을 명심하여야 한다.

만족
무불만
불만

만족과 불만족에 대한 이론

▶ 고객은 왕이다. 고객의 요구를 들어줄 때 고객은 진정으로 감동한다.

▶ 고객의 요구에 귀를 기울이는 것이 진정한 서비스다.

▶ 고객의 요구를 끝까지 들어주는 것이 서비스 정신이다.

서비스 매니저나 강사들이 서비스교육이나 현장에서 가장 많이 주장하는 내용이다. 그리고 교육생들이나 현장에서 일하는 담당자들이 가장 많이 듣는 이야기다. 고객의 소중함과 그들의 요구를 들어주어야 한다는 내용들이 강조된 것은 어제오늘 일이 아니다. 어떤 강사들은 고객이 한 겨울에 자동차 타이어를 팔지도 않는 매장에 와서 타이어를 요구하자 서비스 담당자 본인이 직접 나서서 타이어를 구입해 주었다는 외국 사례를 들면서까지 고객의 요구를 중요시하는 것이 진정한 서비스라고 강조하기도 한다. 서비스 장면에서 고객의 소중함과 중요성을 강조하는 것은 당연한 일이고 또 중요한 일이다. 하지만 고객의 요구를 무조건 수용해야 하고 그들의 요구에 초점을 두는 것만이 서비스라고 생각하는 것은 잘못된 것이다. 왜냐하면 사람의 요구는 제각각 다른 것이고, 서비스라는 것은 규정에 의거하여 엄밀히 진행되어야 하는 일련의 과정이기 때문이다. 즉, 판매가격, 배송 조건, 환불 및 교환 조건 등과 같이 누구에게나 일관되게 적용되는 일종의 규칙과도 같은 것으로 고객에 따라서 혹은 서비스 담당자의 마음에 따라서 달라지는 것이 아니라 모든 사람들에게 공통적이고 일관되게 적용되는 것이 서비스 규정이다. 하지만 실제로 서비스 현장에서는 이러한 서비스 규정이 잘 지켜지지 않는 경우가 많다. 때로는 고객의 강압적이고 위협적인 요구일 수도 있고, 혹은 판매 실적을 위해서 그렇게 하는 경우도 있다. 하지만 이러한 고객의 요구들이 서비스 규정에 근거하여 진행되지 않을 때 복잡하고 어려운 문제들이 더 많이 발생하는 원인이 된다. 그렇기 때문에 서비스는 고객의 요구가 아닌 서비스 규정에 근거하여 진행되어야 한다.

하지만 시간이 지날수록 서비스 현장에서 고객들의 요구는 더욱 다양해지고 있다. 그래서 고객들의 요구가 충족이 되지 않거나 규정에 반한 갈등이 발생하였을 때에는 사소한 다툼에서부터 큰 분쟁으로까지 번지기도 한다. 서비스 규정에 근거하여 고객의 요구를 어떻게 수용하고 받아들여야 하는지를 고민하는 것이 현대사회의 서비스 현장에서 풀어야 할 과제다. 이처럼 서비스 규정에 근거하여 고객의 요구를 수용하고 처리하는 방법을 이해하고 실천하기 위해서는 우선 서비스 요구에 대한 부분을 심리학적으로 이해할 필요가 있다.

요구(requirement)라는 것은 개인적이고 주관적인 것이다. 우리의 생김새나 외모가 다르듯 사람들의 취향이 다른 것은 지극히 당연한 현상이다. 이와 마찬가지로 서비스 현장에서 고객의 요구는 일상적이고 상식적인 부분에서부터 지극히 이기적이고 비상식적인 요구까지 다양하다. 그래서 서비스 현장에서 이러한 고객의 요구를 최대한 일일이 수용하고 감당하는 것은 만만치 않은 일이다. 그럼에도 불구하고 현장에서 고객의 요구를 최대한 수용하려는 이유는 무엇보다도 서비스 규정에 맞지 않는 고객의 요구를 거부하였을 때 혹시라도 고객이 불만을 제기하고 그것이 민원까지 가는 경우를 걱정해서다. 그런데 여기서 주목해야 할 점이 있다. 놀랍게도 어떤 경우에는 담당자가 서비스 규정에 맞지 않는 고객의 요구를 들어주지 않았지만 고객으로부터 불만은커녕 만족을 이끌어 낸다는 점이다. 아마도 서비스 현장에서 이러한 경험을 한 서비스 담당자들이 분명 있을 것이다. 이와는 반대로 서비스 규정에 맞지 않는 고객의 요구를 정말 어렵게 들어주었는데도 불구하고 고객으로부터 만족은커녕 불만을 제기받은 황당한 경험을 한 담당자도 있을 것이다. 또 어떤 경우에는 서비스 규정에 맞지 않는 요구들을 성실히 맞추어 주었는데도 불구하고 별다른 반응 없이 당연한 것처럼 여기는 고객의 반응도 경험하였을 것이다. 이러한 반응들은 서비스 현장에서 무수히 접하는 고객들의 반응이다. 단순히 고객의 요구를 수용하거나 수용하지 못하는 것으로 만족과 불만이 발생하는 것이 아니라는 것을 이와 같은 사실을 통해서 알 수 있다.

그렇다면 이러한 고객들의 반응은 도대체 어디에서 나오게 되는지 그 원인을 알아볼 필요가 있다. 앞에서도 언급하였지만 주관적이고 개인적인 고객의 요구(requirement)라는 것이 있는 반면, 사람에게는 보편적이고 공통적인 욕구(need)라는 것이 있다. 요구는 주관적이고 개인적인 것이라서 사람마다 다르기 때문에 일일이 맞추어 주는 것은 사실상 힘들다. 하지만 욕구는 보편적이고 공통적인 것이기 때문에 그 내용과 원리를 이해한다면 모든 사람에게 공통적으로 적용할 수 있다. 인간에게는 항상 자신의 상황을 존중받고 이해받고 싶어 하는 욕구가 있다. 이 말의 의미는 어느 누구라도 자신의 상황을 존중받고 이해받기를 원한다는 것이다.

살인범조차도 자신이 살인을 저지를 수밖에 없었던 상황을 이해받기를 원한다. 그래서 감옥에서 부모님이나 가족, 친구나 형제 그 누구의 조언도 듣지 않던 사형수가 어느 날 신부님이나 목사님 혹은 스님의 이야기를 들은 후 회개하고 죽음을 맞이하는 경우를 볼 수 있다. 물론 이 경우와는 조금 다를 수 있겠지만, 서비스 현장에서도 고객의 요구와 욕구를 구분하여 고객을 응대하여야 한다. 정말 어처구니없는 요구를 주장하는 고객일지라도 그 요구를 거절하기 전에 그러한 요구를 할 수밖에 없는 그 사람의 상황을 먼저 이해해 준 다음 그 요구를 거절해야만 고객은 요구의 거절에 대한 불쾌감보다 존재에 대한 욕구충족의 만족감을 가지게 될 것이다.

이러한 요구와 욕구의 처리에 따라 발생하게 되는 감정의 결과들을 다음의 표를 통하여 살펴보자.

〈고객감정 분류표〉

1		2		3		4		5	
고객의 요구	고객의 욕구	고객의 요구	고객의 욕구	고객의 요구	고객의 욕구	고객의 요구	고객의 욕구	고객의 요구	고객의 욕구
○	○	○	–	○	×	×	○	×	×
고객감동		無불만		불만		만족		민원	

- 1의 경우에는 요구와 욕구가 모두 충족되었으므로 고객만족 혹은 감동이다. 서비스 현장에서 추구하는 가장 바람직한 현상일 것이다.
- 2의 경우에는 고객의 요구는 들어주었지만 욕구에는 별다른 관심을 주지 않았던 경우다. 서비스 현장에서 가장 많이 접하게 되는 경우다. 이 경우에는 서비스 응대는 하였지만 고객은

거기에 대한 별다른 기억이 없는 무(無)불만의 상태가 된다.

- 3의 경우에는 열심히 고객의 요구는 들어주었지만 고객의 욕구를 거스른 경우다. 이 경우에는 고객의 요구에 맞게 응대를 해 주었음에도 불구하고 고객으로부터 불만 제기를 받게 되는 경우다. 현장에서의 많은 서비스 담당자들이 가장 이해하기 힘든 상황이다.
- 4의 경우에는 비록 고객의 요구가 서비스 규정과 맞지 않아서 들어주지는 못하였지만 고객이 처한 현재의 상황을 존중하고 이해함으로써 만족이라는 정서적 반응을 이끌어 내는 경우다. 쉽지 않은 상황이지만 많은 서비스 담당자에게 요구되는 능력이다.
- 5는 정말 최악인 경우다. 서비스 규정에 맞지 않는 고객의 요구를 들어주지 않는 데에서 그치지 않고, 그 과정에서 상대방을 존중하고 이해하기는커녕 무시하는 태도를 보임으로써 부정적인 결과를 초래하는 경우다. 대부분 서비스 장면에서의 클레임이 여기에 해당되는 경우가 많다. 이때 고객들은 하나같이 "나는 물건을 사지 않아도 되지만 나에게 말하는 태도가 그게 무엇이냐."라고 항변을 한다.

고객의 요구에 귀를 기울이고 응대하는 것도 중요하지만 무엇보다도 모든 사람이 자신의 상황을 존중받고 이해받고자 하는 욕구가 있다는 것을 항상 기억하고 어떤 상황에서든 적용하려고 노력하는 것이 진정한 서비스다.

깍아 주세요.
어떤 장점이 있나요?
뭐가 좋나요?
욕구

고객만족은 서비스 담당자만의 책임이 아니다

- ▶ 고객만족지수 평가의 상대적 우위 점령
- ▶ 새로운 고객만족의 시대 만들기
- ▶ 고객만족 문화 정착하기

많은 기업이 고객만족에 더 많은 신경을 쓰고 있다. 특히 SNS로 소통하는 지금의 시대에는 고객만족의 필요성을 더욱 중요하게 생각한다. 하지만 아직도 많은 기업들은 고객만족을 서비스 현장에 있는 담당자들의 몫으로만 생각하는 경우가 많다. 그래서 현장의 서비스 담당자들을 중심으로 서비스 평가를 실시하고 그러한 평가가 승진과 고과에 반영되는 것이 현실이다. 물론 접점에서 근무하는 서비스 담당자들의 역할이 상당히 중요하고 그러한 노력들이 고객만족을 이끌어 내는 데 중요한 기능을 하는 것이 사실이다. 그러나 서비스 담당자들의 노력과 역할만으로 고객만족이 실현되는 것은 아니다.

우선 첫 번째로 필요한 것이 고객만족을 실천하겠다는 조직의 일관된 의지가 중요하다. 그것을 정책(policy)이라고 한다. 국가나 기업 그리고 학교와 같이 어떤 형태의 조직구조에서도 가장 중요한 것이 바로 정책이다. 정책이란 조직이 나아가고자 하는 방향이라는 큰 틀을 제시하는 청사진과 같은 것으로 구성원들의 행동규범을 제시하는 이정표와 같은 것이다. 그렇기 때문에 정책에서 가장 중요한 것은 진정성과 일관성이다. 만약 조직이 고객만족이라는 정책에 대한 진정성이 없다면 고객만족을 실천해야 하는 조직 구성원들에게서 적극적인 행동을 기대하기 어려울 것이며, 고객만족이라는 정책의 일관성이 없다면 그것을 실천하는 현장의 구성원들은 쉽게 지치게 되고 혼란만 가중될 것이다.

두 번째로 필요한 것이 제도(system) 구축이다. 조직이 커지면 커질수록 조직 내의 역동(dynamic)으로 조직의 활동이 이루어져야 한다. 몇몇 개인의 전문적인 지식이나 경험이 나머지 조직 구성원들의 행동을 통제하고 결과를 만들어 가는 조직구조는 그 개인의 판단이나 결정에 따라 엄청나게 다른 결과를 초래하게 된다. 그래서 조직이 효과적이고 효율적으로 기능하기 위해서는 제도가 구축되어야 한다. 고객만족을 추구하는 제도를 구축하기 위해서는 조직 구성원들을 몇 명으로 구성하는 것이 효율적인지, 그리고 어떤 기준으로 선발하고 어떻게 훈련하고 양성할 것인지, 평가는 어떤 기준으로 할 것인지, 또한 과정상 불만고객이 아닌 기질적인 불만고객들을 조직의 차원에서 어떤 방식으로 대처할 것인지 등과 같은 다양한 상황에 대한 대처방안이 제도화되어야 한다. 만약 이러한 부분들이 몇몇 개인에 의하여 결정된다면 고객만족을 실천하려는 현장의 서비스 담당자들은 자신의 행동기준에 대하여 혼란스러워할 것이다.

마지막 세 번째가 바로 서비스 담당자들의 응대능력이다. 응대능력이라는 것은 고객과의 관계를 원만히 형성하여 만족이라는 정서적 감정을 끌어낼 수 있는, 이른바 대인관계 능력(interpersonal skill)을 말한다. 이러한 대인관계 능력은 단순한 서비스 화법이나 멘트가 아닌 사람의 심리에 대한 이해와 훈련을 통하여 학습하여야 한다. 그래서 서비스 응대능력에 대한 교육은 단순한 서비스 매너나 반복적인 서비스 화법과는 달리 체계적이고 과학적인 이론과 기법에 의하여 구성되어야 한다.

이처럼 고객만족이라는 결과를 얻어 가는 과정은 현장에서 일하는 서비스 담당자의 노력만으로 이루어지는 것이 아니라 조직의 정책, 제도 그리고 서비스 담당자의 응대능력으로 구성된다. 조직의 정책이나 제도는 그 조직이 추구하는 경영이념이나 제반 여건에 따라 다르게 접근하고 구축하여야 하는 특수하고 개별적인 영역이다. 그러므로 이 책에서는 일반적이고 공통적인 영역인 서비스 담당자의 응대 영역에 초점을 두고 서비스에 대한 설명을 하고자 한다.

서비스를 위한 두 가지 처방

- 효과: 어떤 목적을 지닌 행위에 의하여 드러나는 보람이나 좋은 결과
- 효능: 어떤 일의 결과를 좋게 나타나게 하는 능력
- 처방: 일정한 문제를 처리하는 방법

우리가 살아가면서 자신이 하는 일에 대해 좋은 결과를 얻을 수 있다면 그것은 기분 좋고 의미 있는 일이다. 특히 사람을 대하는 서비스 장면에서는 자신의 행위가 고객만족이라는 효과로 이어질 때 자신의 일에 대하여 더욱 많은 즐거움과 보람을 느낄 수 있을 것이다. 그러나 이러한 효과는 열심히 한다고만 해서 되는 것은 아니다. 즉, 효과를 낼 수 있는 자신의 능력을 길러야 한다. 그 능력이 바로 효능이다. 고객만족이라는 효과를 내기 위하여 무수히 많은 고객을 만나고 인사를 한다고 해서 고객만족이라는 결과를 얻게 되는 것은 아니다. 고객이라는 존재를 만났을 때 만족이라는 긍정적인 정서적 감정을 이끌어 낼 수 있는 능력이 바로 효능인 것이다. 이러한 만족스러운 효과를 가져올 수 있는 능력인 효능을 키우는 적절한 방안이 바로 처방이다. 그래서 서비스 현장에서 고객만족이라는 결과를 얻기 위한 효과를 낼 수 있는 능력인 효능을 키우기 위해서는 적절한 처방이 필요하다.

서비스에 대한 처방은 다음과 같이 크게 두 가지로 나누어 볼 수 있다.

첫 번째는 사람과의 관계, 즉 고객과의 관계에서 만족이라는 감정

을 이끌어 내는 방법이다. 이러한 방법을 대인관계 능력(interpersonal skill)이라고 한다. 서비스 장면에서 효과를 낼 수 있는 능력을 키우려면 고객과의 대인관계에 대한 부분을 좀 더 체계적이고 학문적으로 이해하고 체험하여야 한다. 그러나 안타깝게도 대부분의 서비스교육에서는 이러한 고객과의 대인관계를 특정 상황만을 설정하여 일정한 서비스 멘트를 익혀서 사용하도록 하고 있다. 그러다 보니 교육에서 학습한 내용들이 실제 서비스 현장에서는 잘 적용되지 않고 있다. 이처럼 실제 서비스 현장에 적용하여도 그 효과가 미비하거나 오히려 도움이 되지 않는 결과를 초래하는 형식적인 멘트 중심의 교육이 진행되고 있는 것은 참으로 애석한 일이다. 이러한 문제가 지속적으로 일어나는 이유는 고객 이전에 사람이라는 존재에 대한 연구와 학습이 제대로 되어 있지 않은 상태에서 고객을 단순하게 물건을 사러 온 사람 혹은 서비스를 받기 위해서 온 사람으로만 생각하여 서비스 멘트와 같은 좋은 말로 응대를 하면 고객만족을 이끌어 낼 수 있을 것이라는 단순한 생각으로 교육을 구성하고 훈련을 하고 있기 때문이다. 즉, 고객을 대할 때 서비스 매너만 잘 지키면 된다고 생각하고 있는 것 같다. 이처럼 서비스 응대를 단순한 서비스 매너로 생각하고 가르치는 것은 아마도 배우기가 편하고 가르치기가 쉽기 때문일 것이다. 하지만 어떤 측면에서는 서비스 현장에서 일어나는 고객불만들의 원인 중에 하나가 이러한 일정한 멘트들로 적용된 고객매너 중심의 응대 때문이라는 점을 기억해야 한다.

사람이란 감정을 가진 존재다. 그러한 사람들에게 기계처럼 외워서 하는 멘트는 만족보다는 불만을 증폭시키는 원인이 될 수 있다. 진정성 없는 기계적 멘트로는 공감과 이해를 이끌어 낼 수 없기 때문이다. ARS와 대화하는 것이 좋은지, 아니면 기계처럼 외워서 이야기하는 사람이 좋은지, 혹은 자연스럽게 이야기하면서 사람과 대화하는 것이 좋은지 곰곰이 생각해 보면 그 답을 찾기 쉽다. 그래서 사람을 대하는 서비스를 제대로 제공하기 위해서는 사람의 심리와 대인관계의 역동에 대하여 보다 실제적이고 체계적인 접근방법을 학습하여야 한다.

두 번째는 서비스를 제공하는 서비스 담당자 자신이 최적의 상태가 되어야 한다. 아무리 고객을 만족시키는 응대기법을 학습하고 체득하였다고 하더라도 서비스 담당자 스스로의 심리상태가 불안하거나 괴롭고 혹은 우울하다면 사람과의 관계 속에서 그 기법을 제대로 적용하기 힘들 것이다. 반대로 자신의 현재 심리상태가 즐겁고 삶의 태도가 긍정적이고 적극적인 사람들은 사람들과의 관계에서 더 좋은 결과를 만들어 낸다. 그래서 서비스를 제대로 적용하기 위해서는 고객과의 관계에 대한 교육도 필요하지만 무엇보다도 서비스 담당자 스스로가 자신의 삶에 대한 태도를 긍정적으로 갖도록 하는 인성교육이 절실히 필요하다. 많은 회사들이 인성교육은 서비스교육이 아니라고 생각하는 경향이 있다. 하지만 사실상 고객과의 관계를 형성하는 교육도 중요하지만 보다 더 필요한 것이 바로 인성교육이고 태도교육이다. 서비스는 어떤 측면에서 보면 상식이다. '나를 찾아온 사람에게 잘하려면 어떻게 행동해야 하는가'에 관한 것이다. 하지만 내 심리상태와 상황이 짜증스럽고 화나고 우울하다면 다른 사람에게 관심을 갖기가 어렵다. 물론 항상 즐겁고 긍정적인 심리적 상태를 유지하는 것은 불가능에 가깝지만 서비스 현장에서만큼은 긍정적인 마음으로 스스로의 일에 좀 더 몰두하고 사람에게 집중할 수 있는 태도를 갖추어야 한다.

고객들이 서비스 담당자가 처해 있는 상황을 이해해 준다면 고마운 일이지만, 사실상 그러한 기대를 하면서 일을 한다는 것은 어려운 일이고 바람직한 태도도 아니다. 그러므로 스스로 현재의 심리상태를 조절하고 서비스 장면에 집중할 수 있는 태도, 즉 자신을 귀하게 여기고 어떤 상황에서도 자신을 믿을 수 있는 자기존중감(self-esteem)을 높일 수 있는 체험과 훈련이 필요하다. 자기존중감이 높을 때 비로소 자신에게 주어진 현재의 일을 잘 수행할 수 있는 능력인 자기효능감(self efficacy)이 생기게 된다.

이처럼 고객만족을 위한 서비스 처방을 위해서는 고객에게 만족이라는 정서적 감정을 이끌어 낼 수 있는 관계적 기법이 필요함은 물론 그러한 기법을 학습하고 발현할 수 있는 삶의 태도와 관련된 인성교육도 필요하다.

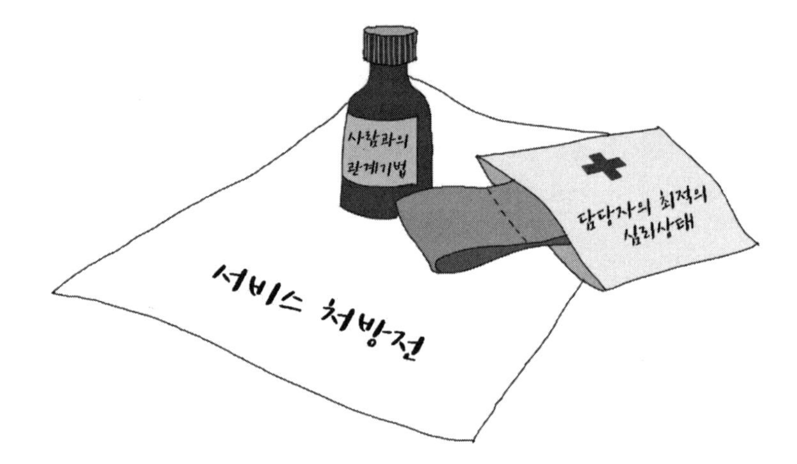
사람과의
관계기법
담당자의 최적의
심리상태
서비스 처방전

Chapter 02

고객만족을 위한 서비스 기법

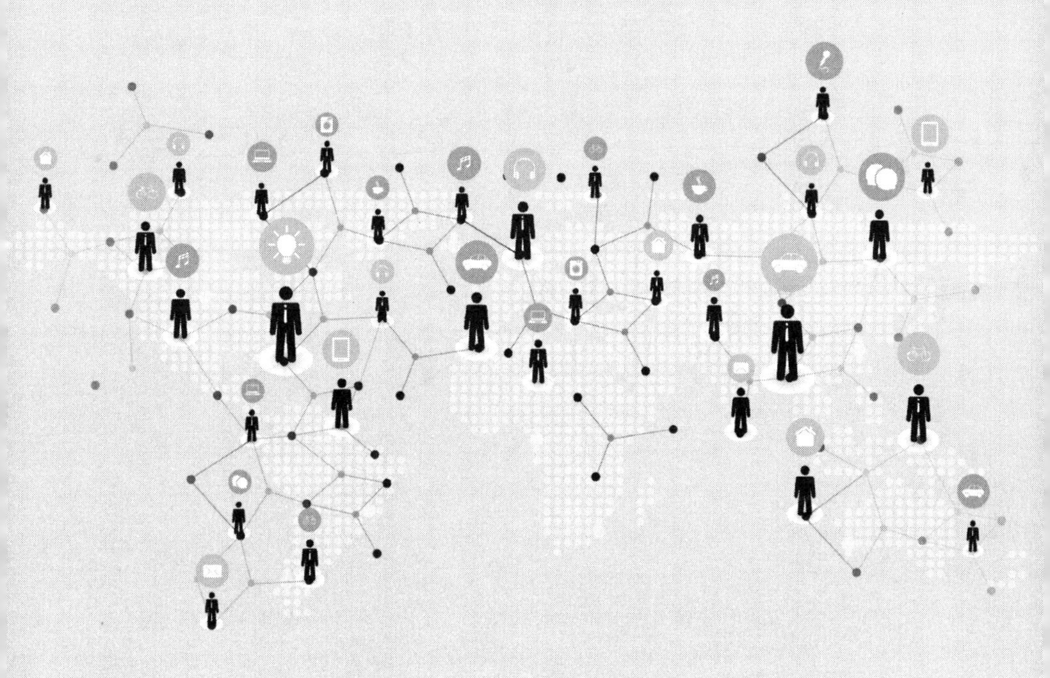

서비스는 고객과 관계를 형성해 나가는 과정이다. 고객과 관계를 형성하기 위해서는 단순한 응대 매뉴얼이 아니라 고객의 마음, 즉 사람의 심리를 이해하고 그에 맞추어 관계를 형성해 나가야 한다. 고객을 많이 접하기 때문에 힘든 것이 아니라 사람을 대하는 방법을 모르고 준비가 되지 않았기 때문에 힘든 것이다. 사람은 다른 사람 때문에 힘들어지기도 하고 불행해지기도 한다. 반대로 사람 때문에 즐거워지고 행복해지기도 한다. 왜냐하면 사람은 관계를 떠나서는 살아갈 수 없는 존재이기 때문이다. 서비스는 고객을 통하여 즐거움과 행복을 찾아 가야 한다. 그래서 서비스는 고객과 관계를 맺어 나가는 관계예술이다.

대인관계의 비밀 (Pace-Pace-Lead)

- 상대방을 현혹시키는 좋은 문구가 있다.
- 사람들이 좋아하는 말들이 있다.
- 좋은 말을 하면 사람들은 감동을 받는다.

사람들을 감동시킬 수 있는 문구나 표현은 누구나 배우고 싶어 하고 그러한 능력을 갖길 원한다. 학생들을 가르치는 교사로서, 자녀를 올바르게 변화시키고 싶어 하는 부모로서 우리는 삶의 어떤 장면에서도 상대방의 마음을 움직여 감동시키고 싶어 하는 마음이 있다. 그래서 TV나 관련 세미나를 통하여 좋은 정보를 얻으려 하고 그러한 정보를 실제 상황에 적용하려고 많은 노력을 한다. 하지만 이러한 노력에도 불구하고 실제 장면에서 상대방의 반응이 그다지 호의적이지 않거나 심지어는 역효과를 가져오는 경우도 있다. 그래서 많은 사람들은 인간관계에 대한 능력은 타고나야 하는 것으로 생각하고 더 이상의 노력을 포기하는 경우가 있다.

사람들은 어떤 말을 듣거나 무언가를 받는 것만으로 감동을 느끼는 것은 아니다. 우리는 흔히 좋은 말을 해 주거나 어떤 선물을 주었을 때 상대방이 감동할 것이라고 생각한다. 물론 나쁜 말보다 좋은 말이 상대방의 기분을 좋게 만들 수 있고 선물을 주지 않는 것보다 주는 것이 상대방을 훨씬 감동시킬 수 있다. 하지만 여기서 중요한 것은 좋은 말을 하거나 선물을 주는 것보다 그것에 대한 시간적·상황적 타이밍이다. 예를 들어, 식당에서 주문하지도 않은 사이다를 주는 경우가 있다. 주문하지도 않은 사이다를 주는 목적은 지금의 순간을 긍정적으로 기억하고 다음에 다시 방문해 주기를 기대하는 마음에서일 것이다. 나아가 다음에 온다면 누군가와 함께 오기를 바라거나 주변 사람들에게 홍보해 주기를 바라는 여러 가지 복합적인 목적이 있을 수 있다. 중요한 것은 주문하지 않은 사이다를 받는다고 하여 감동이 생기는 것은 아니라는 것이다. 그것을 받는 고객의 상황이나 환경에 따라서 사이다의 의미가 달라질 수 있기 때문이다.

무더운 여름날 고객이 땀을 흘리면서 식당에 들어섰을 때 그 모습을 보고 주문하지 않은 사이다를 들고 와서는 "땀 흘리는 모습을 보니 많이 더운 모양이네요. 우선 목부터 축이세요. 이 사이다는 서비스입니다."라고 이야기를 하면서 사이다를 건넨다면 그 순간 접하는 사이다는 고객에게 감동으로 다가올 것이다. 하지만 어린아이와 함께 식당을 찾은 가족에게 주문하지도 않은 사이다를 들고 왔을 때 그 사이다를 본 아이가 밥보다 사이다를 먼저 먹는다고 고집을 피운다면, 그 순간 부모의 입장에서는 서비스로 제공된 사이다에 대한 고마움보다는 차라리 사이다를 주지 않거나 식사 후에 제공해 주었으면 좋았을 텐데 하고 생각할 것이다. 이러한 현상은 사이다를 제공하는 것 자체가 고객의 감정을 좌우하는 것이 아니라 그 사이다를 제공받는 사람의 상황이나 상태에 따라서 다르게 나타나는 것이다. 즉, 무엇(what)을 주는 것에 의하여 사람의 감정이 달라지는 것이 아니라 제공하려는 무엇을 상대방의 상황이나 상태에 따라서 언제(when), 어떻게(how) 주느냐에 따라 결정된다. 이처럼 상대방이 처해 있는 상황이나 환경을 고려하여 관계를 이끌어 가는 과정을 'Pace-Pace-Lead'라고 한다.

우리가 가정과 직장에서 그리고 사회생활을 하면서 상대방이 하는 말이나 행위에 대하여 감동을 받거나 긍정적인 정서적 감정이 생기는 때를 가만히 생각해 보면, 상대방이 하는 말이나 행위도 중요하지만 무엇보다도 그 순간 나의 심리상태에 따라서 그 말이나 행위가 다르게 와닿는 것을 알 수 있다. 그래서 부모의 좋은 말과 상사의 도움이 되는 행위도 자녀와 부하직원에게 감동을 주지 못하는 이유는 그 말이나 행위가 좋지 않거나 도움이 되지 않아서가 아니라 그러한 말과 행위를 하는 순간 상대방의 상황이나 상태에 맞추어서 하는 표현이 아니기 때문이다. 서비스 장면에서도 마찬가지다. 고객에게 좋은 말이나 도움이 되는 행위를 하는 것도 중요하지만 무엇보다 중요한 것은 그러한 표현을 하는 순간의 고객의 상황이나 상태에 대한 배려가 선행되어야 한다는 것이다. 고객만족이라는 서비스가 쉽지 않은 이유는 고객의 상황이나 상태를 고려하지 않고 무작정 획일적인 표현으로 고객에게 접근하기 때문이다. 그러므로 고객을 감동시키거나 긍정적인 정서적 반응을 이끌어 내려면 항상 상대방을 대하는 순간 그 사람의 상황이나 상태를 고려하여 관계를 이끌어 나가야 한다. 관계에 있어서 상대방에게 만족이라는 감정을 이끌어 내는 비밀은 상대방의 상황이나 상태를 맞추어 가는 서비스 담당자의 배려심에 있다. 이러한 배려심이 바로 'Pace-Pace-Lead'다.

원, 투, 쓰리

친밀한 관계(Rapport) 형성하기: 사람의 근원적인 욕구

- 친한 사람의 부탁을 잘 들어주는가? 그렇지 않은 사람의 부탁을 잘 들어주는가?
- 왜 친한 사람의 부탁을 잘 들어주는가?
- 친해진다는 것은 양적인 만남인가, 질적인 만남인가?

우리는 인간관계에서 새로운 사람을 만나고 접하게 될 때 아는 인맥을 통하여 그 사람과 조금 더 가까운 느낌을 가지려고 노력한다. 설령 인맥이 없다 할지라도 처음 만난 사람과 좀 더 가까운 결속력을 갖기 위하여 학연 혹은 지연을 물어보곤 한다. 이러한 노력은 특히 무엇인가를 부탁하려는 사람의 입장에서 더욱 절실하다. 이처럼 인맥이나 학연, 지연 등으로 다른 사람과 더 가까운 결속력을 맺으려고 하는 노력의 기저에는 이러한 노력을 통하여 가까운 관계를 형성하고자 하는 욕구가 있다. 왜냐하면 사람은 자신과 조금 더 친한 사람에게 허용적이고 수용적이기 때문이다. 그래서 서비스나 세일즈 현장에서는 고객을 칭찬하거나 고향을 물어보는 행동 등을 통해 서로의 공통점을 찾아내는 것이 상호 간의 관계를 좀 더 친근한 관계로 만들 수 있는 방법이라고 가르친다. 공통점이 많은 사람에게 호감을 갖고 허용적이고 수용적으로 된다는 맥락에서는 이러한 표현들이 적합할지 모르겠으나, 실제 현장에서는 공통점을 찾으려는 행동이 종종 오해를 불러일으키거나 반감을 사기도 한다. 이러한 현상이 나타나는 원인은 사람의 경험이 주관적이기 때문이다. 다시 말해 같은 시간과 장소에서 경험한 내용을 서로 다르게 해석하고 느낄 수 있다는 것이다. 그렇기 때문에 다른 사람과 친밀한 관계를 형성하는 것은 그리 쉬운 일이 아니다.

그럼에도 불구하고 서비스 현장에서는 지금까지도 사람들의 주관적인 경험을 배제하고 획일적으로 접근하는 기계적인 응대를 하고 있다. 이처럼 표면적인 응대를 하는 것은 고객 입장에서나 서비스를 제공하는 사람의 입장에서 모두 안타까운 일이다. 사람은 심리적으로 가깝게 느껴지는 상대에게 조금 더 허용적이고 수용적으로 되는 것은 사실이다. 상대방이 이러한 느낌을 가지도록 하기 위해서는 단순한 멘트나 기계적인 응대가 아닌 상대방의 주관적인 심리상태를 맞추는 방법이 필요하다는 것을 이해하고 기억해야 한다.

상대방의 주관적인 심리상태를 맞추는 방법을 친밀감 형성, 라포(rapport)라고 한다. 라포란 심리치료에서 사용되는 용어로 상대방과의 사적이고 신뢰 깊은 관계를 뜻하며, 일반적인 상황에서의 의미는 상대방과의 친밀한 관계를 뜻한다. 라포, 즉 고객과 친밀한 관계를 형성하기 위해서 먼저 알아야 할 것은 사람은 누구나 자신의 현재 경험 상태를 상대방으로부터 존중받고 이해받고 싶어하는 욕구가 있다는 것이다.

그렇다면 일상적인 관계 속에서 자신이 상대방으로부터 존중받고 이해받고 있다는 것을 어떻게 느낄 수 있을까? 그것은 바로 상대방의 표정, 눈빛, 자세, 움직임(이하 'Body'라고 함), 그리고 대화를 할 때 들려오는 음정, 음색, 높낮이, 빠르기(이하 'Mood'라고 함)와 같은 것을 통하여 느낄 수 있다. 물론 상대방과의 대화 내용(이하 'Word'라고 함)을 통해서도 느끼게 된다. 즉, 존중받고 이해받고 싶어 하는 심리적 상태가 Body, Mood 그리고 Word를 통하여 표현되고, 이러한 표현을 상대방이 잘 받아 주고 맞추어 주면 심리적으로 가까운 느낌이 드는 친밀한 관계를 형성할 수 있게 된다. 이처럼 상대방의 심리적 상태를 잘 맞추어 주는 것을 'Matching'이라고 한다. Matching을 할 때 무엇보다 중요한 점은 상대방의 현재 심리상태를 이해하는 데 초점을 두어야 한다는 것이다. 즉, 상대방의 Body, Mood, Word에 초점을 두고 상대방의 심리상태가 어떠한지 그리고 어떠한 점을 이해받기를 원하는지에 대한 표현에 고개 끄덕임(nodding)과 여음(humming)으로써 적절하게 반응을 해 주어야 한다. 여기서 중요한 것은 무작정 고개 끄덕임과 여음을 하는 것이 아니라 상대방의 심리적 상태에 맞추어서 하여야 한다는 것이다. 특히 Matching의 효과적인 학습방법은 단순한 강의식 설명보다는 학습자들이 구체적인 방법을 이해하고 행동하는 데 도움이 되는 강사의 시연(demonstration)이다.

상대방의 상황을 적절하게 Matching하게 되는 경우에는 친밀하고 신뢰 깊은 관계가 형성되지만, 그렇지 않고 Mismatching을 하게 되면 불쾌감이나 심한 경우 관계의 단절을 초래하기도 한다.

사람과의 관계에서는 기계적이고 관례적인 1,000번의 양적인 만남보다 이해와 공감을 통한 단 한 번의 질적인 만남이 친밀한 관계를 형성하는 데 훨씬 더 중요하다. 그리고 질적인 만남을 위해서는 반드시 친밀한 관계를 형성하는 능력이 필요하다. 서비스를 잘하는 사람은 짧은 시간 동안 친밀한 관계를 형성하는 사람이다. 친밀한 관계는 일반적인 인간관계에서도 중요하지만 서비스 장면에서는 더욱더 중요하다. 일반적인 인간관계와 달리 서비스 장면에서의 관계 형성은 서비스를 통하여 성사된 구매가 재구매에 많은 영향을 미치기 때문이다. 서비스 성과에 절대적인 영향을 미치는 친밀한 관계를 형성하는 방법은 다음과 같다.

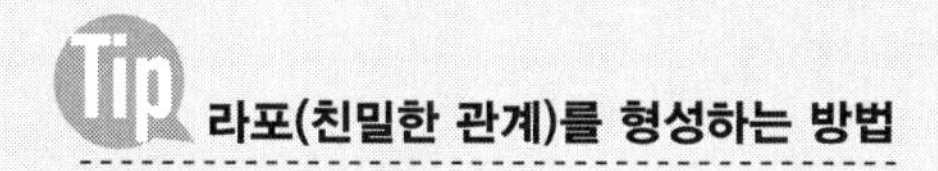

라포(친밀한 관계)를 형성하는 방법

상대방의 이야기를 들으면서 상대방의 Body와 Mood에 초점을 둔다.

- **눈맞춤**(eye contact): 상대방을 향한 시선 방향
- **고개 끄덕임**(nodding): 상대방의 움직임에 따라 적절하게 반응해야 함
- **음…… 네, 그렇군요!**(humming): 여음(상대방의 말의 속도나 높낮이에 따라 적절하게 반응해야 함)

이런 것들을 촉진적 반응이라고 하는데(일반적으로 '맞장구'라고 가르치기도 한다), 이러한 반응이 무의식적으로 체득되는 것이 중요하다. 즉, 사람과의 만남에서 누군가가 이야기를 하는 순간 자동적으로 시선의 방향이 말하는 사람 쪽으로 향해야 하며, 상대방의 이야기를 듣는 중에는 고개 끄덕임과 여음이 상대방의 상태에 맞추어 적절하게 이루어져야 친밀하고 신뢰 깊은 관계를 형성할 수 있다.

네, 그렇군요~
B

너의 목소리가 보여 (Congruence: 진정성)

▶ 분명히 사과를 했는데 왜 고객은 화를 내는 것일까?

▶ 교육받은 대로 현장에서 적용했는데 왜 고객은 불만을 제기할까?

서비스 현장에서 겪는 고충 중에 하나가 고객이 화를 내거나 불만을 제기하는 것이다. 이러한 부정적 경험에 직면하는 서비스 담당자들도 심리적·정신적 충격을 겪지만 옆에서 지켜보면서 간접 경험을 하는 사람도 서비스에 대한 공포감이나 두려움으로 심리적·정신적 충격을 받는 경우가 종종 있다. 물론 고객의 성향이나 인격이 좋지 않아서 이런 현상이 발생하는 경우도 있지만 서비스 진행 과정에서 서비스 담당자의 적절하지 못한 응대 때문에 발생하는 경우도 의외로 많다. 그러나 정작 본인은 그러한 문제의 발생 원인이 자신에게 있다는 것을 이해하지 못하고 받아들이기 힘들어한다. 왜냐하면 정해진 매뉴얼대로 분명 사과를 하였는데도 막무가내로 화를 내는 고객이 있는가 하면, 교육받은 대로 고객을 응대하였는데도 불구하고 불만을 제기하는 고객들이 있기 때문이다. 대부분 이러한 고객들을 진상고객(일반적으로 서비스 현장에서 사용하는 막무가내 고객을 일컫는 말)이라고 치부해 버리고 문제의 발생 원인을 그들의 책임으로 돌린다. 물론 인격 수준이나 개인적 성향의 질이 좋지 않은 고객일 수도 있겠지만 모든 책임을 고객에게만 지우기는 어렵다.

우선, 서비스 담당자의 행동이나 태도를 자세히 살펴보면 정해진 매뉴얼과 교육받은 대로 말을 하였다고 하더라도 겉으로 표현되는 말이 자신의 행동이나 태도와 일치하지 않는 것이 문제다. 사람이 표현하는 말에는 두 가지 종류가 있다. 하나는 우리가 일반적으로 알고 있는 말, 즉 언어적 의사소통(verbal communication)이고, 다른 하나는 언어적인 말을 제외한 표정이나 눈빛, 자세나 움직임, 그리고 말을 할 때 나타나는 음정, 음색, 빠르기, 높낮이 등과 같은 비언어적 의사소통(non-verbal communication)이다. 심리학적으로 비언어적 의사소통과 언어적 의사소통이 일치(congruence)되는 것을 '진정성'이라고 한다. 이처럼 비언어적 의사소통과 언어적 의사소통이 일치될 때 가장 건강한 심리상태라고 표현한다. 어린아이들은 이러한 언어적 의사소통과 비언어적 의사소통이 대부분 일치한다. 어린아이들이 성인들에 비하여 심리적으로 건강한 이유가 바로 여기에 있다. 하지만 대부분의 사람들, 특히 서비스 업종에 근무하는 사람들은 이러한 비언어적 요소와 언어적 요소를 일치시키는 것이 여간 쉽지 않다. 대부분의 고객은 이러한 불일치된 표현에 별다른 반응을 하지 않고 넘어가지만, 간혹 민감한 감정을 가진 고객들은 불일치된 표현에 문제를 제기한다. 그래서 서비스 응대에 대해 고객들이 표현하는 대부분의 불만은 "태도가 왜 그 모양이야?" 혹은 "말투가 왜 그래요?"와 같은, 언어적 요소가 아닌 비언어적 요소에서 비롯된다. 그러므로 매뉴얼에 적힌 언어적 표현을 담당자 자신의 표정, 눈빛, 목소리의 음정, 음색 등의 비언어적 표현과 일치시켜 진정성을 보임으로써 서비스 현장에서 고객을 응대할 때 고객의 불만을 미연에 방지하는 것은 물론이고 긍정적인 정서적 감정인 고객만족을 이끌어 낼 수 있다.

진정성 있는 서비스를 응대하는 법을 훈련하는 방법은 다음과 같다.

- 서비스 현장에서 사용하는 매뉴얼에 적혀 있는 문장들을 언어적 표현이 아닌 비언어적 요소로만 표현한다. (예를 들어, "어서 오세요. 환영합니다."라는 매뉴얼에 적혀 있는 문장들을 비언어적 표현인 표정, 눈빛, 자세, 움직임, 음정, 음색, 빠르기, 높낮이로 표현해 본다. →관찰자는 비언어적 요소를 관찰하고 그 표현에 대한 느낌을 피드백해 준다.)
- 비언어적 요소와 언어적 표현을 일치시켜서 표현해 본다. (매뉴얼에 적혀 있는 언어적 문장과 그 문장을 표현할 때의 비언어적 부분을 함께 표현해 본다. 관찰자는 언어적 표현과 비언어적 요소의 일치되는 점과 불일치되는 점을 피드백한다. 마치 연기자가 대본을 보면서 자연스럽게 연기하는 것처럼 말이다.)

감각적 민감성을 위한 거울훈련 (Mirroring for Sensory Acuity)

▶ 대화를 나눈 사람의 표정과 눈빛이 기억나는가?

▶ 대화를 나눈 사람의 목소리의 음정과 음색은 어떠하였는가?

▶ 대화를 나눈 사람의 심리상태가 느껴졌는가?

우리는 상대방과 대화를 나누었음에도 불구하고 상대방의 표정이나 눈빛 등이 잘 기억나지 않는 경우가 있다. 또한 대화를 나눈 후 상대방의 목소리의 음정과 음색에 대한 기억이 나지 않는 경우가 있다. 그나마 기억이 나는 것은 상대방에게 들었던 인상적이고 자극적인 단어나 말뿐이다. 대부분의 인간관계, 특히 서비스 장면에서는 이러한 현상이 도드라지게 나타난다. 그 이유는 바로 우리는 대화를 할 때 상대방의 말(Word)에 초점을 두고 그것을 해석하려는 경향이 있기 때문이다.

우리가 하는 말은 말하는 사람과 듣는 사람 사이에 해석의 차이가 생길 수 있다. 만약 "저는 괜찮아요. 문제 없어요."라는 말을 하였다면 말 자체만을 해석할 때에는 "괜찮구나. 문제가 없구나."라고 이해할 수 있으나, 중요한 것은 그 사람이 그러한 말을 할 때 어떤 표정이나 눈빛 그리고 어떤 음정과 음색으로 하였는가에 따라서 전혀 다른 의미가 될 수 있다. 그래서 상대방과 대화를 할 때에는 말 자체보다도 말하는 사람의 표정, 눈빛, 자세, 움직임과 같은 Body와 목소리의 음정, 음색, 빠르기 그리고 높낮이와 같은 Mood인 비언어적인(non-verbal) 의사소통에 초점을 두어야 한다. 즉,

대화는 단순한 말을 듣는 것이 아니라 상대방의 Body와 Mood를 통해서 말하고자 하는 사람의 감정을 느껴야 하는 것이다. 그러므로 비언어적 의사소통인 표정, 눈빛, 자세, 움직임과 같은 Body와 목소리의 음정, 음색, 빠르기, 높낮이와 같은 Mood에 초점을 두는 훈련이 필요하다. 대부분의 경우 대화를 주고받는 동안 상대방에게 시선을 두고 상대방의 이야기를 듣는 것처럼 보인다. 그러나 눈을 뜨고 귀를 열고는 있지만 실상은 상대방의 말에 초점을 두고 그것을 해석하기 때문에 상대방이 표현하고 있는 심리상태인 비언어적인 부분을 놓치게 된다.

학교나 가정 그리고 직장에서 대부분의 관계가 언어적 의사소통인 말에만 초점이 맞추어져 있다. 상대방이 언어적 표현을 하지 않으면 별다른 문제가 없는 것으로 오해하고 넘어가는 경우가 많다. 학교나 가정 그리고 직장에서 모든 사람은 항상 자신의 심리상태를 표현하고 있다. 그러한 표현은 말로만 하는 것이 아니라 이미 표정, 눈빛, 자세, 그리고 목소리의 음정, 음색, 높낮이와 같은 비언어적 요소에서도 나타난다.

이처럼 상대방의 비언어적 요소에 초점을 두고 관계를 하는 접근이 바로 관심이다. 즉, 감각적 민감성이라는 심리학적 표현을 일반적으로 상대방에 대한 관심이라고 이해하면 된다. 이러한 접근방법이 서비스 장면에서 원활하게 이루어질 때 고객만족을 이끌어 낼 수 있다. 하지만 우리는 상대방의 말에 대한 해석에 초점을 두고 대화를 하는 데 익숙하다 보니 상대방의 비언어적인 요소에 집중하기 어렵다. 그래서 보다 효과적으로 비언어적 부분에 초점을 두는 훈련이 필요하다. 이를 위한 훈련방법이 바로 거울훈련

(mirroring)이다. 거울훈련은 Matching이 아니라 Matching을 하기 위한 훈련방법 중의 하나다. 이 훈련방법을 통하여 상대방의 비언어적 요소에 대한 집중력을 높일 수 있다.

감각적 민감성을 위한 거울훈련 방법

① 먼저 대상자(subject)와 실습자(mirror) 그리고 관찰자(observer)로 역할을 나눈다.

② 관심 있는 특정한 주제를 정한 다음 대상자가 이야기를 한다.

③ 이때 실습자는 대상자가 이야기하는 동안 그 사람의 Body와 Mood 그리고 Word까지 모든 것을 동시에 따라 한다(움직임, 손동작, 표정 그리고 목소리의 음정, 크기, 빠르기 등에 초점을 두어야 함).

④ 관찰자가 그만할 때까지 계속해서 대상자의 모든 것을 따라 한다(이때 중요한 것은 실습자는 거울이기 때문에 대상자의 행동에 반대 방향으로 따라 해야 함.).

⑤ 활동이 끝나고 나면 관찰자는 어떤 부분이 자연스러웠는지, 그리고 어떤 부분이 부족하였는지에 대하여 피드백을 준다.

⑥ 역할을 바꾸어서 활동을 한다.

감각적 민감성

감각적 민감성을 위한 팬터마임 (Pantomime for Sensory Acuity)

▶ "당신 마음을 충분히 알겠어요."

▶ "어떤 기분인지 이해합니다."

▶ "그 심정 나도 잘 압니다."

이 같은 표현은 일상생활에서 사용하기도 하고, 특히 서비스 현장에서 많이 사용된다. 상대방을 배려하고 이해한다는 표현으로 사용하지만 그다지 효과적이지는 않다. 어떤 경우에는 그 의도와는 다르게 "무엇을 이해한다는 말이에요?"라고 반감을 사기도 한다. 일상생활에서는 이러한 표현들로 반감을 사는 경우가 그다지 많지 않지만, 서비스 현장에서는 무작정 '이해한다' 혹은 '그 마음 잘 알고 있다'와 같은 표현들이 상대방에게 자칫 무성의한 느낌을 줄 수 있다. 그렇기 때문에 서비스 현장에서는 이러한 표현들을 좀 더 세련되고 전문가답게 표현해야 할 필요가 있다.

상대방의 상황을 이해하고 있다는 것을 말로 표현하는 것을 'Matching Word'라고 한다. 여기서 중요한 것은 누군가를 이해한다고 할 때에는 감정과 느낌의 단어가 자신이 표현하는 말에 포함되어야 한다는 것이다. 감정과 느낌의 단어는 상대방의 심리적 상태를 의미한다. 그리고 그러한 감정과 느낌의 단어는 상대방의 비언어적 의사소통인 Body와 Mood를 통하여 찾아내어야 한다. 그러므로 Matching Body와 Mood를 하지 않고서는 Matching Word가 나올 수 없다. 즉, 상대방의 Body와 Mood를 배제한 Word는 영혼 없는 멘트에 불과하다. 하지만 많은 서비스교육이나 현장에서는 상대방의 비언어적 요소를 제외하고 언어적 상황에 대한 반응만을 멘트로 만들어서 응대하도록 연습시킨다. 그것이 지금까지의 서비스교육의 가장 큰 문제점이자 한계다.

Matching Word란 표면적으로는 상대방의 말에 대한 반응이지만, 그 말의 표현이 어떤 심리적 상태에서 일어나고 있는지를 파악할 수 있는 것은 비언어적 의사소통인 Body와 Mood이며 이에 따라 Word의 표현이 달라진다. 그래서 '상대방이 이렇게 이야기할 때, 이렇게 응대하고 표현하라.'는 방식의 서비스교육은 가르치기 편하고 배우는 사람도 쉬울지 모르지만 실제 현장에서는 진정한 효과를 얻기가 쉽지 않다. 이처럼 정확한 Matching Word를 구사하기 위해서는 상대방의 Body와 Mood를 보고 들으면서 현재 말하는 사람이 어떤 심리상태인지 느껴야 하며, 그러한 심리상태가 어떤 감정인지를 단어로 표현하는 능력을 길러야 한다. 불안한 것과 불만스러운 것은 다른 감정이다. 불안할 때의 표정이나 눈빛, 음정과 음색은 불만스러울 때와는 사뭇 다르다는 것을 우리는 알고 있다. 하지만 그러한 눈빛과 음정, 음색을 보고 들으면서 그것이 불안인지 아니면 불만인지를 식별하고 느꼈던 감정을 말로 표현할 수 있는 능력이 필요하다. 이러한 능력이 길러질 때 보다 정확한 Matching Word가 가능해진다.

이처럼 상대방의 비언어적 의사소통을 통하여 그에 맞는 적절한 감정과 느낌의 단어가 무엇인지 식별할 수 있는 좋은 훈련방법 중 하나가 팬터마임(Pantomime)* 이다. 팬터마임을 훈련함으로써 상대방의 비언어적 요소에서 느껴지는 심리상태의 감정과 느낌에 적절한 Word를 찾아내는 능력을 높일 수 있다.

감각적 민감성을 위한 팬터마임(무언극) 훈련방법

① 2인 1조가 되어서 연출자와 배우로 역할을 나눈다.
② 연출자와 배우는 일정 시나리오를 작성한다. 시나리오에는 반드시 감정이나 느낌의 단어가 포함되어야 한다.
③ 배우는 시나리오에 있는 감정이나 느낌을 비언어적 요소로 표현하고, 연출자는 그것이 잘 표현되도록 지도하고 피드백을 준다.
④ 연습이 끝나면 연출자는 시나리오를 읽고, 배우는 감정과 느낌의 단어를 연기한다. 이때 연출자는 시나리오에 있는 감정과 느낌의 단어는 읽지 않는다.
⑤ 다른 참가자들은 배우의 연기를 보고 어떤 감정상태인지 맞춘다.

* 팬터마임은 말(Word)을 하지 않고 자신이 표현하고자 하는 심리적 상태를 오직 비언어적 요소들로만 표현한다.

경청하기 (Pacing for Word - Listening & Backtracking)

▶ "네, 고객님 말씀 잘 들었습니다."

▶ "무슨 말씀인지 잘 알겠습니다."

▶ "이야기 충분히 들었고, 그렇게 하도록 하겠습니다."

꼭 서비스 현장이 아니더라도 상대방의 요구에 대하여 정중하게 반응할 때 하는 표현들이다. "무슨 말인지 잘 알겠습니다.", "하신 말씀 잘 들었습니다."와 같은 표현은 정중하고도 세련된 매너처럼 느껴진다. 그런데 이러한 반응들이 문제를 일으키는 경우가 있다. "내가 언제 그렇게 말을 했어요?", "아니, 내 말은 그 뜻이 아니잖아요?"와 같은 어처구니 없는 반응이 돌아올 때가 있다. 분명히 상대방의 말의 내용을 잘 들었다는 반응을 하였음에도 불구하고 돌아오는 상대방의 반응이 전혀 다르게 발생한 경우에는 황당하기도 하고 화가 나기도 한다. 이런 일들이 생기는 원인은 상대방의 말을 듣는 사람이 그 의미를 자의적으로 해석함으로써 생기는 의사소통의 오류 때문이다.

우리는 살아가면서 종종 이런 일들을 경험한다. 가정과 직장, 그리고 서비스 장면의 거의 모든 관계에서 의사소통 오류를 경험한다. 이러한 의사소통 오류가 사소한 경우에는 별탈 없이 넘어가지만, 중요한 장면에서는 심각한 문제로 불거지기도 한다. 특히 서비스 장면에서 의사소통 오류가 발생하게 되면 고객의 불만을 넘어 심한 경우에는 민원으로 이어지기도 한다.

의사소통 오류를 예방하기 위해서는 상대방의 말을 잘 경청(listening)하여야 한다. 경청한다는 것은 단순히 듣는 것을 의미하는 것이 아니라 상대방의 입장에서 그 말을 이해하는 것이다. 듣는 사람의 관점이 아닌 말하는 상대방의 입장에서 듣는 방법이 바로 의사확인(backtracking)이다. 즉, 상대방이 한 말을 다시 확인하는 것을 의미하는데, 상대방이 표현한 말을 자신의 입장에서 해석하는 것이 아니라 들은 그대로를 상대방에게 확인하는 과정이다. 예를 들어, "방금 고객님께서 ~을 …하고 싶다는 말씀으로 이해했는데 그게 맞나요?", "고객님께서는 이 상품이 ○○하게 되기를 바란다고 하셨는데 그 말씀이신가요?"와 같은 표현으로 상대방의 말을 확인하는 것을 의사확인이라고 한다. 이런 의사확인을 통하여 얻을 수 있는 것은 다음과 같다.

첫째, 상대방의 요구를 정확하게 확인함으로써 불필요한 오해를 미연에 방지할 수 있다. 말하는 사람의 입장에서 자신의 말을 정확하게 표현해 주면 당연히 그것에 대하여 "예, 맞아요." 혹은 "예, 바로 그겁니다."와 같은 동의의 표현을 하게 된다. 그러한 동의의 표현은 불필요한 오해를 예방하는 중요한 부분이 된다.

둘째, 더 큰 신뢰감을 주게 된다. 의사확인을 통하여 상대방은 듣는 사람이 자신의 말을 진지하고 정확하게 경청하고 있다는 것을 느끼게 되며, 그러한 상대방의 듣는 태도를 통하여 자신이 존중받고 이해받고 있다고 받아들인다. 그렇기 때문에 상대방은 더 큰 신뢰감을 갖게 된다.

전문성을 보여 주는 방법: 질문하기(Meta Model)

▶ 질문은 누구를 위한 것인가?

▶ 신속한 질문이 도움이 되는가?

▶ 질문에도 단계가 있는가?

물건을 구매하는 백화점과 같은 서비스 현장에서부터 가전제품을 수리하는 서비스 센터, 그리고 보험에 관련된 곳이나 대출, 입금과 같은 업무를 하는 은행에 이르기까지 서비스 현장은 다양하다. 그리고 거기서 이루어지는 서비스 업무 내용들은 제각각이다. 어떤 측면에서는 서비스가 진행되는 과정도 전혀 다르게 나타나기도 한다. 그래서 서비스교육에서는 은행이나 보험회사와 같은 금융회사의 경우와 가전제품을 다루는 제조업의 서비스를 각각 다르게 접근하여 다루는 경우가 많다. 물론 금융과 유통 그리고 제조업의 서비스는 그 제품이나 주어진 환경적 요인 때문에 서로 차이점이 있다. 하지만 표면적으로는 다르게 보일지 모르지만 본질적인 측면에서는 비슷하다고 할 수 있다. 우선, 서비스는 근본적으로 사람을 상대하는 일이므로 인간심리에 대한 공통된 점을 적용해야 하기 때문이다. 앞서 언급하였지만 사람은 항상 다른 사람에게 자신의 상황을 존중받고 이해받기를 원한다. 그렇기 때문에 어떤 서비스 형태의 장면에서든 고객을 존중하고 이해하려는 것에 우선적으로 초점을 두어야 한다. 다시 말해, 서비스라는 것은 형태나 업무를 막론하고 인간심리에 대한 공통된 부분을 적용하는 것이다.

인간은 자신의 상황을 존중받고 이해받고 싶어 하는 기본적인 욕구(needs)와 더불어 자신이 원하는 무엇인가를 얻고 해결하려는 요구(requirements)를 가지고 있다. 서비스는 단순히 자신의 상황을 존중받고 이해받으려는 기본적인 욕구만을 충족시키는 것에 그치는 것이 아니라, 개개인이 가지고 있는 다양한 요구를 해결해 주어야 한다. 그래서 서비스란 고객의 요구에 맞게 응대해 나가는 행위과정이다. 자신의 상황을 존중받고 이해받고 싶어 하는 욕구가 인간의 공통된 요소라고 한다면, 이와 달리 요구는 개인마다 다양하다. 그러므로 서비스 장면에서는 고객 개개인이 어떠한 것을 원하고 무엇을 해결하고자 하는지 그 요구를 정확하게 파악해야 한다. 고객의 요구를 파악하기 위해서는 그 내용을 고객에게 물어보아야만 알 수 있다. 즉, 질문을 해야 하는데, 질문이라는 것도 전문적인 기법이다. 질문을 통하여 고객의 요구를 정확하게 파악해야 하는 것은 기본이고, 질문하는 과정에서 고객에게 불편함이나 불쾌감을 주어서는 안 된다. 질문을 받는 고객 입장에서는 여전히 자신이 존중받고 이해받고 있다는 만족의 느낌이 유지되어야 한다. 그러므로 질문하는 과정을 질문기법이라고 한다.

질문기법을 하기 전에 먼저 양해를 구해야 한다. 질문을 하는 것이 자칫 고객의 상황을 불편하게 하거나 불쾌하게 만들 수도 있기 때문이다. 또는 고객이 질문에 답하고 싶지 않을 수도 있다. 그래서 "제가 도움을 드리려면 몇 가지 알아야 할 사항이 있는데 지금 여쭤봐도 괜찮겠습니까?" 혹은 "신속한 진행을 위하여 제가 몇 가지 여쭤봐도 괜찮으신가요?"와 같이 양해를 구함으로써 본격적인 질문을 하기 전에 고객의 상황에 대한 존중과 배려를 나타내야 한다. 이렇게 함으로써 고객은 자신이 존중과 이해를 받고 있다는 만족의 느낌을 계속해서 유지할 수 있다.

메타모델

메타모델(Meta Model)이란 언어의 불완전한 의사소통의 속성을 해결해 줄 수 있는 일련의 핵심 질문들로 이루어진 것이다. 메타모델을 통해 고객과의 의사소통을 명료화하여 고객의 요구를 정확하게 파악할 수 있다. 사람들은 자신의 상황이나 경험을 표현한다고 하지만 대부분 불완전하게 표현한다. 고객들도 자신의 상황을 설명할 때 불완전하게 표현한다. 예를 들어, "냉장고가 작동이 안 돼요."라고 했을 때 많은 부분이 불완전하게 표현되었다. 냉장실의 문제인지, 냉동실의 문제인지, 전원이 안 들어오는 것인지 알 수 없다. 이처럼 불완전한 표현 속에서 고객의 요구를 정확하게 파악하는 방법이 바로 메타모델을 통한 질문기법이다.

메타모델의 질문기법은 다음과 같다.

• 무엇(what)

자신의 상황을 설명할 때 종종 삭제를 하는 경우가 있다. "TV가 고장났어요……."와 같은 표현에서는 전원 자체가 고장인지, 화면이 문제인지, 아니면 음성이 문제인지에 대한 부분이 삭제되어 있다. 물론 자세하고 상세하게 설명하는 경우도 있지만 대부분의 경우에는 삭제가 있다. 그래서 고객의 표현에서 삭제된 부분을 찾아서 그 요구를 정확히 파악해야 한다. 삭제된 부분 중에 하나가 '무엇'과 관련되어 있다. 그래서 '고장이 났어요.'라는 표현에 "고장이라면 전원을 말하는 것입니까? 아니면 화면이나 음성에 문제가 있다는 말인가요?"라는 질문을 함으로써 삭제되어 있는 부분을 명확하게 만들어야 한다.

• **언제(when)**

'고장이 났어요.'라는 표현에는 언제부터 그런 증상이 나타났는지에 대한 부분이 삭제되어 있다. 구입하고 얼마 되지 않아서 그런 것인지, 아니면 장기간 사용하지 않다가 고장 증상이 나타났는지, 그 시기에 대한 구체적인 설명이 삭제되어 있다. 따라서 질문을 통하여 '언제'라는 부분을 파악함으로써 고객의 요구를 정확하게 알아낼 수 있다.

• **비교(comparison)**

비교란 지금 나타난 이러한 현상이 그 전과 비교해서 어떻게 다른지 변화에 대한 부분을 구체적으로 파악하는 질문이다. "그 전과 비교해서 지금 어떤 차이가 있나요?"와 같은 질문을 함으로써 숨겨진 의도를 파악하여 고객의 요구나 증상을 알아낼 수 있다.

메타모형은 대화 중에 모호하게 표현된 고객의 요구를 구체적으로 파악하여 그 요구를 명확하게 찾아내는 효과도 있지만, 전문적으로 접근하여 질문을 함으로써 고객에게 신뢰감을 주는 효과도 있다.

메타모델의 질문방법 예시

- **무엇**(what): "어느 부분에 문제가 있나요?", "어떤 측면에서 문제가 있다고 생각하시나요?"
- **언제**(when): "언제부터 그러한 증상이 발생하였나요?", "문제가 발생한 시점이 최근인가요? 최근이라면 구체적으로 언제를 이야기하시는 건가요?"
- **비교**(comparison): "그 전과 비교하였을 때 어떻게 다른가요?", "다른 증상이라는 것은 어떤 차이를 이야기하시는 건가요?"

전문성을 보여 주는 방법: 오감을 통한 설명

- 고객은 가격을 중요시한다.
- 유행하는 트렌드를 선호한다.
- 정보 제공이 제일 중요하다.

서비스, 특히 세일즈 서비스를 하는 경우에는 설명이 대단히 중요한 역할을 한다. 상품에 대한 설명을 통하여 고객은 그것의 기능과 장점이 자신의 요구에 부합되는지 판단하고, 그에 따라 상품의 구입 여부를 선택하게 된다. 설명은 물론 상품에 따라 다르겠지만 대부분의 경우에는 가격, 트렌드, 그리고 제품의 장점을 일반적으로 설명한다. 이러한 설명이 잘못되었다고 할 수는 없지만 고객을 설득해야 하는 효과적인 측면에서는 고려해야 할 사항들이 있다.

우선 고객들은 제품의 정보에 대해서도 궁금하겠지만 무엇보다 제품을 구매하여 자신이 사용하였을 때 생활 속에서 어떤 기능을 하고 또 어떤 측면에서 도움이 되는가에 관심이 있다. 고가의 제품일수록 그러한 요구가 더욱 크다. 하지만 대부분의 물건들은 실생활에서 미리 사용해 보고 구매하기가 어렵다. 그렇기 때문에 고객이 제품을 구입하여 마치 자신이 실생활에서 사용하고 체험하는 것을 상상할 수 있도록 해 주는 설명이 필요하다. 이러한 설명 방법을 오감을 통한 설명이라고 한다.

사람은 오감이라는 감각기관을 통하여 주위 환경에 대한 정보를 받아들인다. 그리고 우리가 상상하는 모든 것들은 오감을 사용할 때 더욱 생생하게 와닿는다. 예를 들어, 공포스러운 장면을 떠올리는 것을 상상해 보자. 사람들이 어떤 것을 떠올리면서 공포를 느끼는 것은 그것을 시각, 청각, 촉각, 후각, 미각적으로 생생하게 떠올리기 때문이다. 공포증(Phobia) 환자들이 일반 사람과는 달리 어떤 일을 겪기도 전에 그 일을 생생하게 떠올려서 마치 경험을 한 것처럼 공포스러운 상태가 되어 버리는 경우와 같다.

이러한 공포증의 반대 현상은 설렘과 긍정적인 기대감이다. 새로운 이성 친구를 만나 한창 사랑에 빠져 있을 때 그 친구에 대하여 상상만 하여도 기분이 좋아지고 즐거워지는 것이 바로 설렘이다. 이처럼 공포나 설렘은 미리 오감을 통하여 미래의 일을 상상함으로써 현재의 상태가 변화되는 것이다. 세일즈 서비스도 마찬가지다. 고객이 상품을 직접 사용해 보지는 못하지만 오감을 통하여 그것을 최대한 상상하여 체험할 수 있도록 설명하면 현재의 선택을 보다 용이하게 만들 수 있다. 물론 이러한 오감을 통한 설명을 효과적으로 잘하기 위해서는 일정 시간의 훈련이 필요하다. 특히 제품의 특징과 장점 그리고 사용상 주의할 사항들을 충분히 숙지한 후 그것을 오감을 통하여 표현해야 한다. 여기서 중요한 것은 오감을 통하여 설명을 할 때에는 실생활과 연관해서 제품을 설명하여야 한다는 것이다. 또한 마치 한편의 광고를 보여 주는 것처럼 표현해야 한다.

Tip 오감을 통한 설명 훈련방법

① 3인 1조가 되어서 여행사 직원, 고객 그리고 관찰자로 역할을 나눈다.

② 여행사 직원은 고객과 함께 여행지를 선정한다.

③ 여행사 직원은 고객에게 오감(시각, 청각, 촉각, 후각, 미각)을 사용하여 선정된 여행지에 대해 설명한다. 이때 같은 여행지를 다르게 설명함으로써 고객이 그중 하나를 선택하도록 만든다.

④ 여행지에 대한 설명이 끝나고 나면 고객은 여행지를 선택하고, 왜 그 여행지를 선택하게 되었는지 설명한다.

⑤ 관찰자는 여행사 직원의 설명 중에 어떤 부분이 잘 되었고 어떤 부분이 부족하였는가에 대한 피드백을 준다.

⑥ 활동이 끝나고 나면 역할을 바꾸어서 같은 방법으로 다시 진행한다.

설득을 위한 간접적 표현 훈련 (Storytelling for Metaphor)

▶ "죄송하지만 규정이 이렇게 되어 있습니다."

▶ "저희들로서는 이렇게 밖에 해 드릴 수가 없습니다."

▶ "현재로서는 어쩔 수가 없습니다."

서비스 현장에서 겪는 고초 중 하나는 고객의 요구를 수용할 수 없는 상황이 발생하는 경우다. 이러한 이유는 서비스라는 것이 서비스 담당자 개인의 권한으로 이루어지는 것이 아니라 규정이라는 제도를 통하여 진행되어야 하기 때문이다. 그러다 보니 서비스 규정 때문에 고객의 요구를 수용할 수 없는 난감한 경우가 발생한다. 서비스 담당자의 대부분은 이러한 난감한 상황에 직면하게 되면 "죄송하지만 규정이 이렇게 되어 있어요." 혹은 "저희들로서는 더 이상 어떻게 해 드릴 수 없네요."와 같은 표현으로 상황을 모면하려 한다. 이런 표현으로 갈등 상황이나 불만 상황이 종료되면 다행이겠지만 어떤 장면에서는 서비스 규정에 대한 설명 자체를 거부하거나 무시하는 고객들과 맞닥뜨리는 경우도 발생한다. 그렇기 때문에 이러한 고객의 요구와 서비스 규정이 상충되는 상황에서 발생하는 갈등을 원만하게 해결하는 방안을 고민해야 하고 그 해결책을 찾아야 한다.

서비스 규정과 고객의 요구가 상충되는 갈등 상황에서는 대부분 직접적 설명으로 해결하려고 한다. 직접적 설명은 갈등 상황에 대한 서비스 규정을 있는 그대로 설명하여 주는 것으로써 일반적인 경우에는 고객이 그것을 수용하고 이의를 제기 않고 넘어가는 경우도 있지만, 직접적 설명을 부정하고 거부하여 클레임으로 이어지는 경우도 생긴다. 갈등이라는 상황은 각자가 자신의 주관적 입장에서 상황을 바라보고 해석하여 발생하기 때문이다. 고객의 요구와 서비스 규정이 상충되는 갈등 상황에서는 고객이 자신의 주관적인 관점에서 서비스 규정을 인지하기 때문에 아무리 규정을 설명하여도 고객의 입장에서는 그것을 받아들이기 쉽지 않다. 오히려 서비스 규정을 계속해서 강조하는 경우 자칫 고객의 요구를 무시한다는 느낌을 주어서 또 다른 고객불만을 야기할 수도 있다. 따라서 고객이 경험하고 있는 주관적 관점을 객관적으로 반추시키는 방법의 접근이 필요하다. 이러한 접근방법을 간접적 표현이라고 한다. 간접적 표현 중 설득은 고객이 경험하고 있는 주관적인 관점을 객관적으로 생각하게 만들어서 갈등 상황을 수용하도록 하는 방법으로, 직접적 설명이 아닌 간접적 표현을 통하여 가능하다.

다음은 고객의 요구와 서비스 규정이 상충된 상황에 대한 직접적 표현과 간접적 표현에 대한 사례다.

이제는 자동차를 운전하는 것이 거의 생활처럼 되어 있다. 그러다 보니 본의 아니게 교통사고의 위험에 더욱 많이 노출되어 있는 것이 사실이다. 특히 운전이 서툰 사람들이 신호대기 중에 자신도 모르게 앞차를 들이받는 경우가 생긴다. 물론 본인의 절대적인 과실이다. 그래서 차에서 내려 사과를 하고 앞 운전자의 몸 상태와 뒤쪽 범퍼도 확인한다. 가벼운 충돌이었기에 별다른 문제가 없다는 것을 확인하고 돌아선다. 그러고 나서 며칠 후, 보험회사로부터 앞차의 운전자가 범퍼를 교체하였다는 이야기를 듣고서 혹시 자신의 보험료를 높이기 위해서 상대방이 무분별하게 수리를 한 건 아닐까 의심을 한다.

이러한 경우에 고객에게 그 상황을 설명하여 납득시키는 방법을 직접적 표현 그리고 간접적 표현으로 나누어서 살펴보도록 하겠다.

• 직접적 표현(Direct Suggestion)

고객님, 우선 범퍼에 대한 기능을 말씀드릴게요. 범퍼는 충돌할 때 충격을 완화시켜 주는 기능을 하기 때문에 딱딱한 재질이 아닌 일정 충격을 흡수할 수 있는 재질로 되어 있습니다. 그래서 만져 보시면 철판과는 다른 느낌이 들 겁니다. 범퍼 속에는 충격을 흡수하기 위한 여러 가지 구조물들이 있는데, 겉이 멀쩡하게 보여도 속에 있는 이러한 부품들이 부서지면 범퍼의 기능을 할 수가 없습니다. 오히려 또 다른 사고가 났을 때 더 위험해지기도 합니다. 그래서 겉은 멀쩡하게 보여도 속은 이미 부품들이 망가져서 그 기능을 수행하기 힘들다고 판단하여 교체를 하였습니다.

• 간접적 표현(Indirect Suggestion)

우선 사고가 나서 많이 놀라기도 하고 속상하시겠네요. 특히 경미한 충돌로 외관이 멀쩡한데도 불구하고 범퍼 전체를 교체한다고 하니 납득하시기 힘드실 겁니다. 고객님, 제가 이야기 하나 해 드리도록 할게요. 고객님이 과일을 구입하실 때 꼼꼼하게 겉껍질을 확인한 후 구입하여 집에 가서 과일 껍질을 깎아 내니 안이 온통 곪고 썩어 있었습니다. 그러면 과일가게에 가서 구입한 과일을 다른 것으로 교환해 달라고 요구하시겠죠. 그런데 그런 요구에 대하여 과일을 판매한 사람이 아까 당신이 껍질을 꼼꼼하게 확인하고 구입하였으니 당신 책임이라고 한다면 고객님은 어떻게 하시겠습니까? 과일을 겉만 보고 어떻게 알 수 있겠냐고 항변하시지 않겠습니까? 마찬가지로 범퍼도 비슷합니다. 범퍼라는 것은 겉도 중요하지만 그 안에 있는 부품들이 충격을 완화하는 역할을 합니다. 그 부품들이 파손되어 버리면 아무리 외관이 멀쩡하여도 범퍼의 기능을 하기가 어렵습니다. 그래서 외관은 멀쩡하게 보이지만 부득이하게 교체를 하게 되었습니다. 이 점 양해해 주시기 바랍니다.

설명에 국한된 직접적 표현은 주관적 입장에 있는 고객의 관점을 바꾸는 데에는 한계가 있다. 그리고 계속 설명만 하게 되면 오히려 고객의 기분을 상하게 할 수도 있다. 하지만 이야기에 빗대어 은유적으로 설명하는 간접적 표현은 고객의 주관적 관점을 객관적으로 반추시키는 효과가 있다. 그래서 갈등 상황의 저항을 최소화시키고 상황을 좀 더 객관적으로 이해시키는 데 효과적이다.

간접적 표현은 다음과 같은 흐름으로 만들 수 있다.

첫째, 상황을 먼저 분석해야 한다. 즉, 고객이 직면한 상황에 대한 심리적 상태가 이해되어야 한다. 만약 상대방의 상황이 이해되지 않는다면 간접적 표현을 만들 수 없다. 상대방이 직면한 상황에서 어떤 갈등이 있는지 모르기에 직접적 설명 외에는 다른 방법이 없기 때문이다. 그래서 설득을 하기 위해서는 상대방의 입장에 그 상황을 분석해야 한다.

둘째, 스토리를 만들어야 한다. 이때 스토리는 은유적이어야 한다. 앞의 사례처럼 자동차 범퍼와 전혀 관계없는 과일과 같은 사례로 이야기를 구성해야 한다.

셋째, 스토리를 연결시켜야 한다. 즉, "똑같지는 않지만 이 경우도 비슷하다고 생각합니다."와 같이 이야기와 현실의 상황을 연결시켜야 한다.

넷째, 현재의 상황을 설명하여야 한다. 이러한 이유 때문에 지금의 상황에서 요구를 받아들일 수 없다는 설명을 하여야 한다.

다섯째, 양해의 표현을 구해야 한다.

간접적 표현은 갈등 상황에서 상대방을 설득하기 위한 효과적인 방법이지만 모든 상황에서 간접적 표현을 사용해야 하는 것이 아니라 고객이 서비스 규정에 저항하는 갈등 상황에 직면하였을 때 사용하는 것이 바람직하다. 또한 간접적 표현의 필수조건은 반드시 고객과 친밀한 관계가 형성된 이후에 사용되어야 한다는 것이다. 만약에 고객과의 신뢰감이나 친밀감이 없는 상황에서의 간접적 표현은 오히려 고객에게 반감을 줄 수도 있다. 그러므로 간접적 표현을 하기 위해서는 고객과의 친밀한 관계가 반드시 선행되어야 한다.

① 상황을 먼저 분석한다.

⬇

② 스토리를 만든다.

⬇

③ 스토리를 연결시킨다.

⬇

④ 현재의 상황을 설명한다.

⬇

⑤ 양해의 표현을 구한다.

감정지수(EQ)를 넘어선 매력지수(AQ) 만들기

▶ 성공하고 싶은가?

▶ 다른 사람들에게 인정받고 싶은가?

▶ 좋은 관계를 맺고 싶은가?

'성공', '인정' 그리고 '좋은 관계'와 같은 것은 아마도 현대를 살아가는 사람들의 공통적인 바람이자 목표일 것이다. 어떤 일을 하든지 간에 성공하고 싶고 다른 사람들로부터 인정받고 싶으며 원만한 관계를 맺고 싶어 하는 것은 누구나 가진 보편적인 욕구다. 그러나 이러한 질문들에 대한 답변은 시대마다 그리고 하는 일마다 조금씩 차이가 있을 수 있다.

특히 사람을 대하는 서비스 업종은 이전과는 또 다른 요구에 직면하고 있다. 서비스 업종에서는 사람과의 관계가 한 번에 끝나는 경우가 거의 없다. 세일즈 서비스와 같은 경우는 오히려 빈번한 만남으로 친밀한 관계가 이루어져야 성공 가능성이 높다. 그래서 서비스는 고객의 요구에 맞게 응대해 나가는 일련의 행위과정이다. 즉, 단발성으로 끝나는 이벤트와 같은 것이 아니라 고객과의 지속적인 만남이 이루어져야 한다. 이러한 지속적인 만남의 관계가 되려면 고객에게 긍정적인 정서적 감정인 만족의 느낌을 주어야 한다. 당연히 고객이 만족이라는 긍정적인 정서적 감정을 가질 때 서비스 장면에서 지속적인 관계가 유지될 수 있다.

이처럼 고객만족을 이끌어 내려면 고객에게 깊은 신뢰감을 주어야 한다. 서비스 담당자를 신뢰하는 느낌은 고객이 또다시 서비스 현장을 찾게 만들고, 이것이 반복될 때 충성고객인 단골이 된다. 이러한 충성고객인 단골의 관계를 맺는 방법 중 하나가 서비스 현장에서 좋은 첫인상을 주는 것이다. 사람은 기본적으로 표정이 밝고 인상이 좋은 사람에게 끌리게 된다. 반대로 표정이 어둡고 인상이 굳어 있는 사람에게는 거부감이 든다. 여기서 오해하지 말아야 할 것은 인상이 좋은 것과 얼굴이 잘 생기고 예쁜 것은 전혀 다른 이야기라는 것이다. 인상이 좋은 것은 말 그대로 풍기는 이미지가 좋은 것을 말한다. 특히 지금과 같은 감성중심의 시대에는 이러한 인상이 더욱 중요한데, 이것을 매력지수(Attractive Quotient: AQ)라고 한다. 앞으로 사람을 만나는 직업에 종사하는 사람들은 자신만의 독특한 매력이 성공의 관건이 될 것이다.

그렇다면 이러한 매력지수를 높이는 방법은 무엇인가? 일부에서는 이미지메이킹을 통하여 훈련이 가능하다고 한다. 물론 이미지메이킹으로 효과를 볼 수도 있겠지만 근원적으로는 자신의 마음을 다스려야 한다. 자신이 하는 일이 즐겁고 고객을 만나는 것이 설레는 마음으로 가득할 때 자신만의 매력지수가 높아지게 된다. 매력지수를 높이는 방법 중 하나는 자신을 성찰하고 자신을 존중하는 자존감을 높이는 것이다. 왜냐하면 자신의 인상은 마음을 바꾸지 않고는 결코 변화시킬 수가 없다. 간혹 마음에 없는 웃음을 띠는 사람들에게 왠지 거부감이 들고 불편할 때가 있는데 바로 그러한 이유에서다.

항상 마음을 성찰하고 자신을 되돌아보는 연습이야말로 자신만의 매력지수를 높이는 가장 훌륭한 방법이다.

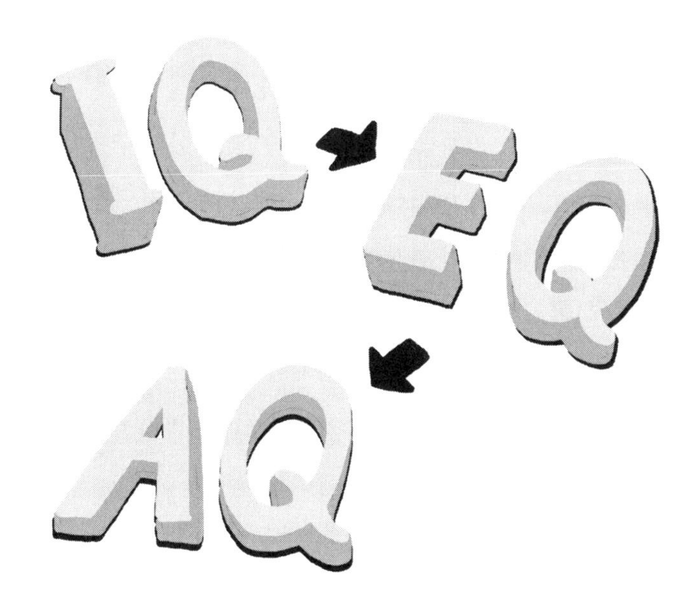
IQ
EQ
AQ

서비스 과정 확인하기: 목적성의 표현

- 마지막이 좋아야 한다.
- 서비스는 단번에 끝나는 이벤트가 아니다.
- 좋은 서비스를 통하여 단골을 만들어야 한다.

서비스의 중요성을 강조하는 것은 단순히 물건을 사고파는 행위가 한 번으로 그치지 않고 서비스라는 경험이 재구매 창출에 영향을 주어 고객과의 연결이 지속적으로 이루어지도록 하기 위해서다. 그래서 대부분의 현장에서 서비스를 강조하고 있다.

모든 서비스 현장이 그런 것은 아니지만 서비스 과정을 확인해야만 하는 분야나 상황이 종종 존재한다. 이런 경우 서비스 과정을 경험한 고객의 기분을 확인해야 하는데, 이때 다음 두 가지 측면에서 접근해야 한다.

첫째, 목적성의 표현을 사용하여야 한다. 누군가가 당신에게 "파란색을 떠올리지 마세요."라고 말을 한 순간 당신은 파란색이 떠오를 것이다. 사람의 생각은 언어로 구성되지만 언어의 부정문에는 반응하지 못하게 되어 있기 때문이다. 즉, "파란색을 떠올리지 마세요."라는 문장에서 '떠올리지 마세요'라는 부정문에 반응하는 것이 아니라 '파란색'이라는 단어에 반응을 하기 때문에 파란색이 떠오르게 된다. 만약 '이번 일은 실패하지 말아야겠다.'라고 결심을 하더라도 이미 머릿속에는 '실패'라는 단어가 자리 잡게 된다. 사람의 생각에 대한 언어의 작용에 대한 이러한 원리 때문에 서비스 현장에서도 마찬가지로 목적성의 표현을 사용해야 한다.

서비스 과정을 확인하는 경우 대부분 "오늘 불편한 것은 없으셨습니까?"와 같이 세심한 표현을 하는 경우가 있다. 이러한 말을 들은 고객의 머릿속에는 무엇이 떠오르겠는가? 바로 '불편'이라는 단어가 떠오르게 된다. 설령 현재에는 불편한 것이 없더라도 항상 고객의 마음속에는 서비스는 불편한 것을 해결해 주는 것으로 각인될 것이다. 또한 "기다리게 해서 죄송합니다."라는 표현은 죄송하다는 말이 고객에게 거슬리는 말로 각인된다. 간혹 어떤 회사들은 "기다리게 해서 죄송합니다."라는 표현을 "기다려 주셔서 고맙습니다."와 같은 표현으로 바꾸어서 사용한다. 물론 '죄송하다'는 말을 '고맙다'는 표현으로 바꾸려는 의도는 좋지만, 언어가 우리의 생각을 형성한다는 것을 제대로 이해하지 못하고 하는 표현이다. "기다려 주셔서 고맙습니다."라는 표현 속에는 '기다린다'는 표현이 있기 때문에 고객은 자신이 기다리고 있다는 것을 무의식적으로 인식하게 된다. 그러므로 이런 경우 기다리는 시간에도 불구하고 고객이 협조를 해 주었기 때문에 "이해해 주셔서 고맙습니다."라는 표현으로 바꾸는 것이 적절하다.

그렇다면 서비스 현장에서 사용하는 표현들을 어떤 말로 변화시켜야 하는가 하는 의문이 생길 수 있다. 거기에 대한 답변이 바로 목적성의 표현이다. 서비스의 목적은 고객만족이다. 그렇기 때문에 서비스 과정을 확인하려 할 때에도 "오늘 만족스러웠습니까?" 혹은 "오늘 즐거우셨나요?"와 같은 긍정적인 표현을 사용하여야 고객의 머릿속에 만족이나 즐거움이 각인될 수 있을 것이다.

둘째, 구체적으로 확인하여야 그 기억이 오래간다. 가령 함께 본 영화에 대한 소감을 이야기할 때 "오늘 영화 어땠니?"라고 물었을 때 "응, 괜찮았어."라고 대답을 하는 경우와 "그 영화 괜찮았어? 특히 어떤 장면이 기억에 남아?"라고 물었을 때의 반응은 다르다. 상대방에게 그냥 '괜찮다'는 반응을 하게 하는 질문도 무방하겠지만, 영화에 대한 느낌을 좀 더 강하게 기억하도록 하기 위해 "특히 어떤 부분이 괜찮았니?"와 같이 구체적으로 질문함으로써 상대방이 경험에 대한 기억을 더욱 생생하게 간직하게 할 수 있다. 서비스 현장에서도 마찬가지다. "오늘 즐거우셨나요?"라고 했을 때 고객이 "네."라고 대답한다면 서비스 경험에 대하여 부정적인 경험이 아닌 긍정적인 경험을 하였다는 뜻이겠지만, 그러한 긍정적인 경험을 좀 더 생생하게 기억할 수 있는 질문을 하여야 한다. 그것이 바로 고객의 경험을 더 구체적으로 이끌어 내는 표현이다. 서비스의 목적이 고객만족이기 때문에 서비스 경험에 대한 확인 질문을 "오늘 즐거우셨나요?"에서 끝내는 것이 아니라 "특히 어떤 점이 즐거우셨나요?"라고 한 번 더 구체적으로 물어봄으로써 고객은 서비스에 대한 경험을 보다 세밀하게 느끼고 오랫동안 기억하는 효과가 있다.

이처럼 서비스 과정에 대한 평가나 확인을 하기 위해서는 친절이라는 개념으로 단순하게 접근할 것이 아니라 인간의 심리, 특히 사람의 생각 원리와 구성요소를 이해하고 거기에 따른 구체적인 방법을 서비스 현장에 맞게 적절히 적용해야 한다.

파란색을
떠올리지 마세요.
BLUE

오늘 본 영화에서
어떤 장면이
가장 좋았어요?

서비스 이미지 남기기: Anchoring

▶ 무엇을 고객에게 남길 것인가?

▶ 고객은 서비스에 대하여 어떤 기억을 가지고 있는가?

▶ 기억을 통하여 다른 사람에게 경험이 전달된다.

서비스는 고객의 요구에 맞게 응대해 나가는 일련의 행위과정이다. 이 말은 서비스 과정이 한 번으로 끝나는 것이 아니라 지속적인 관계가 유지되어야 한다는 것이다. 그러기 위해서는 서비스 전반에 대한 긍정적인 경험의 기억이 남도록 만들어야 한다.

사람은 경험한 모든 것을 기억할 수는 없다. 불과 몇 시간 전의 경험이었는데도 불구하고 기억이 나지 않는 경우가 있는가 하면, 아주 오래전의 일인데도 기억이 생생하게 나는 경우도 있다. 기억은 시간이라는 변수에 좌우되기도 하지만 더 중요한 것은 그 경험의 강도에 의해서 영향을 받기 때문이다.

경험의 강도에 의해서 기억이 남는 경우 중 하나가 바로 은유적 표현(metaphor)이다. 예를 들어, 어린 시절 키가 큰 친구한테 "너 참 키가 크구나." 하는 표현보다 "너는 마치 기린처럼 키가 크구나."라고 하였을 때, 기린이라는 표현을 한 친구의 표현이 더욱 기억에 남을 것이다. 왜냐하면 키가 크다는 상황에 '기린처럼'이라는 비유적 표현을 함으로써 그 기억을 각인시켜 주기 때문이다. 주변에서도 이러한 경우를 종종 접할 수 있다. 눈이 예쁜 딸에게 "우리 딸은 눈이 참 예쁘구나." 하는 것보다 "우리 딸 눈은 밤하늘의 별처럼 항상 아름답게 반짝이네."라고 하는 것이 더욱 기억에 오래 남을 것이다. 사람의 기억은 이처럼 어떤 상황을 은유적으로 표현할 때 일반적으로 설명하는 것보다 더 생생하고 오랫동안 기억하게 된다. 어린아이들에게 올바른 생활습관을 각인시키기 위한 교육 방법으로 사용하는 우화나 동화책들이 비유적이고 은유적 표현을 사용하는 것도 이러한 원리에 근거한 것이다.

비유적이고 은유적인 표현 방법을 몇몇 서비스 현장에서도 적용할 수 있다. 가령 TV를 구입하였거나 수리를 한 경우에 "오늘 구입하신 (혹은 수리하신) TV처럼 늘 고객님의 요구를 선명하고 또렷하게 볼 수 있는 서비스가 되도록 노력하겠습니다."라고 표현을 하면 아마도 고객들은 문장 전체는 다 기억하지 못하더라도 이전과는 다른 기억을 가지게 되는 효과를 줄 수 있다.

이러한 비유적이고 은유적인 문장을 만들 때 유의해야 하는 점은 고객이 구입하였거나 서비스를 받았던 제품이나 상품의 특징을 먼저 파악하고 그 특징을 은유적으로 만들어서 표현하여야 한다는 것이다. 이처럼 고객이 구입하거나 사용한 상품을 은유적으로 표현하였을 때 그 상품을 접하게 되면 그때 들었던 이야기를 떠오르게 만드는 효과가 생긴다. 어떤 상품이나 제품을 보았을 때 그때의 경험에 대한 감정상태로 전환시키는 방법을 '앵커링(anchoring)'이라고 한다. 원래 '앵커(anchor)'라는 단어는 '닻'이라는 뜻이지만 NLP 심리학에서는 어떤 경험의 상태를 떠오르게 하는 자극을 뜻한다. 비가 오는 날 이별을 경험한 사람이 비가 내릴 때 그 경험을 더 생생하게 떠올린다면 비는 이전의 경험을 떠오르게 하는 앵커인 것이다.

우리는 수많은 앵커라는 자극 속에서 살아가는데, 이러한 앵커는 부정적일 수도 있고 긍정적일 수도 있다. 우리 대부분이 원하는 자극은 부정적인 자극이 아니라 긍정적인 자극일 것이다. 앵커링이라는 것은 앵커를 의도적으로 만들어 가는 과정이다. 그런 측면에서 앵커를 의도적으로 만드는 과정인 앵커링을 긍정적인 자극을 만들어 가는 과정이라고 이해할 수 있다. 서비스 장면에서도 서비스에 대한 긍정적인 경험을 떠오르게 하는 자극을 만드는 것을 앵커링이라고 생각하면 된다. 고객이 구입한 상품이나 제품의 특징을 은유적으로 만들어서 표현하는 것이 바로 서비스 장면에서의 앵커링이다. 앵커링을 통하여 고객이 경험한 긍정적인 경험을 생생하게 그리고 지속적으로 떠오르게 만들 수 있다. 앵커링을 적용할 수 있는 서비스 장면 및 제품의 경우, 거기에 맞는 은유적 표현을 미리 만들어서 적용한다면 고객에게 한결 좋은 서비스 이미지를 남기는 데 도움이 될 것이다.

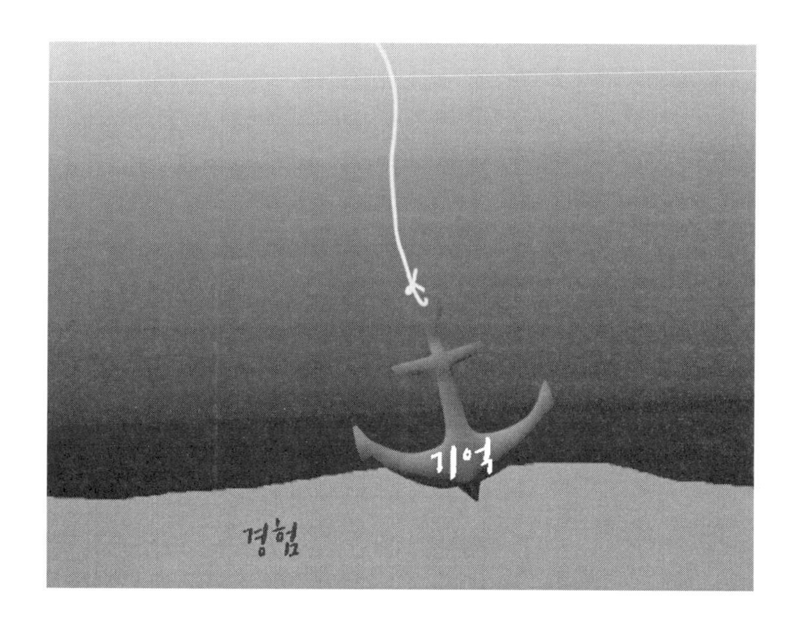
기억
경험

Chapter 03

코칭 서비스

-서비스교육(강사)을 위한 지침서-

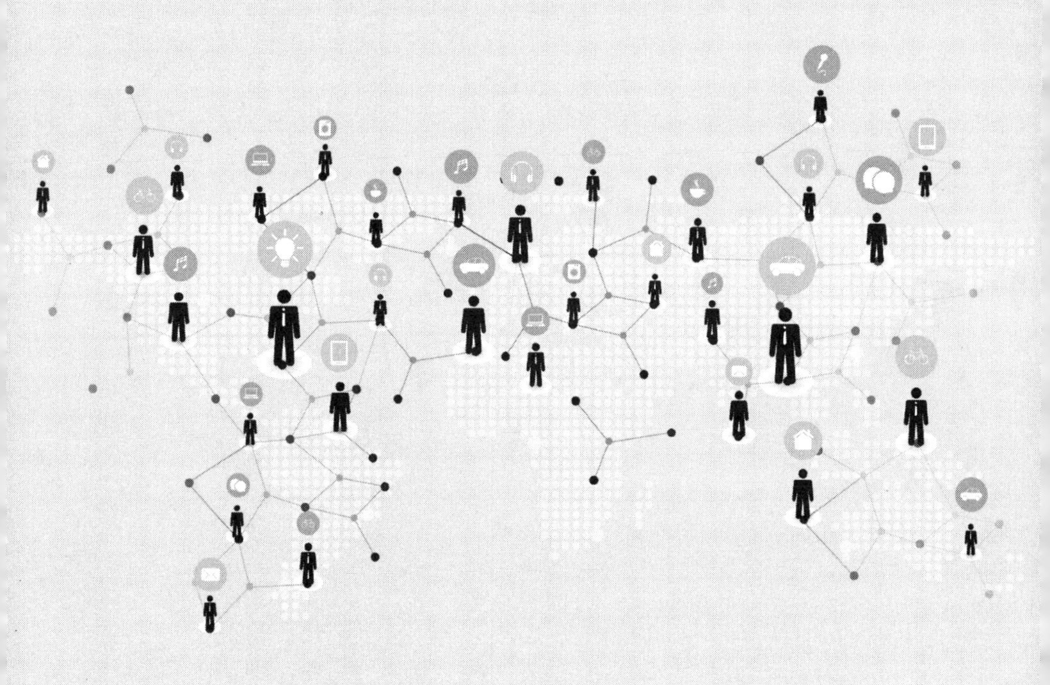

사물인터넷, 자율주행 그리고 인공지능으로 대변되는 4차 산업혁명 시대가 도래하였다고 한다. 인터넷, 스마트폰이라는 개념과 기술만으로도 서비스 산업이 많이 변화하였는데, 거기에 대응하고 적응하기도 전에 4차 산업혁명 시대가 도래하였다는 점은 앞으로 전개될 서비스 산업에 있어서 획기적인 변화를 짐작케 한다. 기계와 기술이 사람을 응대하고 대응하는 시대가 왔다. 어떤 측면에서는 사람보다 기술을 가진 기계가 더 효과적이고 효율적일 수 있다. 따라서 사람을 기계보다 더 섬세하고 울림이 있는 존재로 육성하여야 한다. 그러기 위해서는 서비스를 총괄하고 교육하는 사람들의 철학과 소신이 바뀌어야 한다.

대한민국에 필요한 성숙된 서비스

지난 몇 년간 대한민국에서 드러난 사회문제 중 하나가 바로 갑질 논란이었다. 서비스 담당자에게 막말을 하거나 욕설을 하는 것은 물론 심한 경우에는 무릎을 꿇게 하는 사건들도 발생하였다. 고객의 입장에서는 서비스 과정에서 뭔가 마음에 들지 않고 화를 불러오게 한 요인들 때문이었겠지만 어찌 되었건 나타난 결과를 보게 되면 상식의 선을 넘었다고 생각한다.

물론 서비스 과정에서 제도적인 문제나 환경적인 문제 혹은 서비스 담당자의 응대 태도가 문제가 될 수 있다. 그런 경우 정당한 절차에 의해서 불만을 제기하고 해결하는 것이 바람직한 방법이고 성숙된 서비스 문화다. 아무리 문제가 있다고 하더라도 욕설이나 막말과 고성 혹은 무릎을 꿇게 만드는 비인격적인 처사는 결코 용납될 수 없다. 왜냐하면 서비스가 고객의 요구를 응대하는 장면이기는 하나 그 이전에 고객 인격과 서비스 담당자의 인격이 만남으로 이루어지는 자리여야 하기 때문이다. 서비스 담당자도 고객에게 인격적 대우를 받으면 자신이 하는 업무에 자부심과 열정을 느끼게 되고, 그렇게 되면 더욱 양질의 서비스를 제공할 수 있게 된다.

하지만 이러한 서비스 현장에서 갑질 논란이 발생하는 데에는 서비스교육을 기획하고 진행하는 일부 강사들에게도 책임이 있다. 언제부터인가 서비스를 '서번트(servant)'라는 용어를 사용하여 마치 서비스는 고객에게 희생하는 역할을 하는 것으로 강조하고 있다. 그래서 '고객은 왕이다'라는 표현을 스스럼없이 사용하면서 서비스 담당자들에게 강조하고 있다. 서비스를 통하여 고객을 소중히 대하겠다는 의도는 알겠으나, 서비스 담당자에게 희생을 강조하고 '고객은 왕'이라는 인식을 주입시키는 것은 분명 문제가 있다.

서비스는 계급이 아니다. '고객이 왕'이라면 서비스 담당자는 무엇이라는 말인가? 이런 자극적인 강조들은 서비스 현장을 통제하는 책임자들에게는 좋게 들리는 표현일지 모르겠지만 결코 바람직한 표현이 아니다. 서비스 시대가 깊어지고 넓어지게 되면서 사람과 사람의 만남이 더욱 빈번해졌다. 그러기에 서로를 인격적으로 대하고 배려하는 성숙된 문화가 함께 요구된다. 이러한 표현의 의미는 인격 대 인격의 만남이라고 해서 서비스 담당자들도 고객에게 함부로 응대하는 것이 허용된다는 말이 절대 아니며, 그렇다고 고객에게 받은 불만을 일방적으로 참고 넘어가라는 말은 더욱 아니다. 서비스 담당자는 자신의 본분에 충실하게 역할해야 하고, 고객들은 혹시라도 불만이 생기면 정당한 절차를 통하여 이의를 제기하면 된다. 그렇게 서로가 서로를 존중하고 배려하는 인격과 인격의 만남을 서비스를 통하여 경험하게 될 때 보다 성숙된 대한민국 서비스 문화가 형성될 것이다. 대한민국은 지금 서비스 중심의 시대에 있다. 그래서 더욱 성숙된 서비스 문화가 필요하다.

서비스는 진화한다

정보 제공, 편의성, 저렴함, 신속성, 차별성을 중심으로 시작된 서비스가 지금의 사회에서는 다른 형태로 변화하고 있다. 과거에는 이용하기 편리하면 되고, 보다 저렴하고 신속한 응대를 하면 되었던 것들이 이제는 이러한 요구들을 뛰어넘고 있다. 이전의 요구들이 서비스 장면에서 필요 없어졌다는 것이 아니라 이전의 요구와 더불어 또 다른 요구가 생성되고 있다. 그 이유는 서비스가 진화하기 때문이다.

사실 서비스 자체가 진화한다기보다는 사람이 맡아서 했던 이전의 요구인 정보 제공, 편의성 그리고 저렴하고 신속한 서비스 영역을 현재는 기술이 담당하게 되었고, 그러한 기술들이 실제로 사람이 하는 것보다 훨씬 효과적이고 효율적이다. 스마트폰의 탄생과 그 기술의 발달로 인하여 과거에는 직접 방문하거나 전화를 통하여 하나하나 확인하고 점검하였던 것을 이제는 컴퓨터도 켜지 않고 평소 지니고 다니는 휴대폰에서 상품을 확인하고 요청하고 주문하는 그야말로 새로운 시대를 맞이하게 되었다. 아마도 이러한 기술은 나날이 발전하게 될 것이며, 사람들이 기계처럼 단순하게 반복적으로 해 왔던 영역은 혁신적인 기술로 대체될 것이다.

특히 지금은 4차 산업혁명의 시대다. 4차 산업혁명에는 여러 가지 의미가 있지만 그중에서도 인공지능(AI)의 역할이 눈에 띄게 발전할 것으로 대부분의 학자들이나 관계자들이 이야기한다. 무인자동차에서부터 드론, 심지어는 프로 바둑기사와의 대전도 인공지능이 승리하는 수준까지 발전했다. 일본에서는 이미 로봇이 대형 할인매장이나 백화점에서 현재 사람들이 하는 기계적이고 반복적인 일을 대체하고 있다고 한다. 앞으로는 서비스 영역에서 사람이 할 수 있는 부분들이 점점 더 줄어들 것이다. 좀 더 정확하게 말하자면 단순하고 반복적이면서 기계적으로 행하여졌던 서비스 영역은 로봇과 같은 기술의 영역으로 전환될 것이고, 사람만이 할 수 있는 감성적인 부분의 서비스 영역이 더 많이 요구될 것이다. 즉, 서비스 장면에서 사람의 감정 교류에 대한 부분의 요구가 더욱 커지고 민감성이 요구될 것이므로, 서비스 응대를 하는 사람들은 이전과 같은 방식의 응대로는 그러한 요구를 전혀 충족시키지 못하게 될 것이다. 기술의 발전이 편리성과 용이성 그리고 정보 제공과 신속성 같은 서비스의 영역을 차지하게 됨에 따라 서비스 장면에서 사람에 대한 그리움과 기대치는 더욱 높아질 것이다.

기술이 발전할수록 사람의 존재감이 더욱 부각되고 외로움이

커지게 되어 있다. 그렇기 때문에 거기에 맞는 서비스교육과 응대 방법도 진화되어야 한다. 기술보다 편리하고 신속하지 않지만 편안함을 주는 서비스, 인공지능보다 처리능력이 뛰어나지 않지만 훨씬 신뢰할 만하고 정감 있는 서비스, 그러한 서비스를 사람을 통하여 전개해 나가야 한다.

서비스교육은 학교에서부터

지금 대한민국의 대부분의 산업은 서비스 업종이거나 서비스와 연관되어 있다고 해도 과언이 아니다. 그만큼 산업이 발달했고 성장했다는 것을 의미한다. 그러나 서비스 산업의 성장에 따른 여러 가지 문제점들이 사회적 현상으로 대두되고 있다. 그 대표적인 것이 바로 '갑질 논란'이다. 고객이 서비스 현장에서 서비스 담당자들을 마치 하인처럼 반말로 대하거나, 심한 경우에는 욕설이나 폭력까지 일삼는 경우가 있다. 서비스 담당자의 불친절한 태도 때문에 그러한 일들이 발생했다고 하더라도 정당한 절차를 통하여 문제를 해결하여야 한다. 꼭 담당자의 불친절이 아니더라도 서비스 담당자에게 반말을 하는 행위는 삼가야 한다.

서비스 현장에서 이러한 일이 매우 자주 발생하다 보니 서비스 담당자들을 '감정 노동자'라 부르고 있다. 고객을 보호하고 고객을 위하는 서비스의 목적이 마치 고객에게 복종해야 하는 것으로 왜곡되어 잘못 적용되고 있는 것 같다. 이러한 현상은 백화점이나 유통업뿐만 아니라 제조업, 금융업, 요식업 그리고 의료 현장에 이르기까지 우리 사회 전반에 걸쳐서 나타나고 있다. 심지어는 학교 현장에서조차 이런 어처구니없는 일들이 일어나고 있다. 학생이 교사의 행동을 몰래 촬영하여 교육청에 고발을 하거나, 학생들이 여자 교사에게 욕설을 하거나 반항하는 일이 일어나고 있다. 물론 일부에서 일어나는 일이라고는 하지만 이런 일들을 간접적으로 경험하게 되는 학생들은 어떤 생각을 갖게 되겠는가?

사람이 사람을 인격적으로 대하는 태도는 가장 기본적인 인성이다. 이러한 인성교육은 가정에서부터 시작되어야 하는 것이 당연하다. 가정교육이 아니더라도 유치원과 초등학교에서부터 사람을 인격적으로 대하는 인성교육을 시켜야 한다. 즉, 올바른 서비스 문화를 정착시키기 위한 인성교육은 유치원과 초등학교에서부터 이루어져야 한다. 여기서 훈련이라고 표현한 이유는 단순한 이론수업을 통하여 개념을 정립하는 교육적 수준이 아니라 어떤 상황이나 장면에 직면하였을 때 바람직한 행동을 시연과 연습을 통해서 실행하게 만드는 훈련을 받아야 하기 때문이다. 갈등 상황이 생겼을 때에는 어떤 방법으로 해결해야 하는지, 누군가에게 감정적으로 불쾌감을 느꼈을 때에는 어떻게 표현해야 하는지, 이처럼 생활 속에서 발생할 수 있는 상황들을 맞닥뜨렸을 때 해결하는 방법을 실전처럼 훈련시키고 지도해야 한다.

이러한 훈련은 역할극으로 얼마든지 가능하다. 어린 시절부터 이런 훈련을 통해 학습되고 체득되었을 때 '갑질 논란'과 같은 비인격적인 행동들이 사회에서 감소할 것이다. 서비스 현장에서만 서비스교육을 다루는 것이 아니라 어려서부터 서비스 훈련을 받음으로써 인격적으로 성숙된 고객으로 서비스사회를 살아갈 수 있도록 육성해야 한다. 앞으로 우리는 사람과 사람이 관계해야 하는 서비스 시대를 살아가야 하기 때문이다.

서비스

고객은 접하는 것이 아니라 만나는 것이다

서비스 현장에 있는 사람들이 공통적으로 느끼는 것 중 하나가 피로감이다. 물론 절대적인 시간이 그 원인이 되기도 한다. 하루 8시간 이상 일을 하는 동안 제대로 앉아서 쉴 수 있는 공간이나 시간이 주어지지 않는 환경에서 일하는 것은 당연히 피곤하다. 그렇기 때문에 그런 현장에서 근무하는 사람들을 위한 제도적 개선책이 필요하다.

하지만 피곤의 원인을 근무시간 이외에 다른 측면에서도 살펴볼 필요가 있다. 물론 근무시간이나 환경적인 요인들이 피곤함의 원인이 되기도 하지만 또 다른 이유가 있다. 그것은 바로 사람, 즉 고객을 대하는 방법의 문제다. 갓난아기를 어떻게 돌봐야 하는지 모르는 사람에게는 갓난아기와 함께 있는 것 자체가 스트레스다. 하지만 어떤 사람은 갓난아기를 너무 잘 돌보다 보니 아기와 함께 있는 것 자체가 즐거움이 되는 경우도 있다. 즉, 고객을 많이 접해서 피곤한 것이 아니라 어떻게 고객을 만나느냐에 따라서 다른 결과가 나타난다.

사람을 대하는 것은 그냥 면대면으로만 접하는 것이 아니다. 사람은 단순히 정보를 주고받기 위하여 만나는 것이 아니라 그 정보를 주고받는 동안 상호 간에 느끼는 감정을 중요시한다. 아무리 정확하게 필요한 정보를 주고받더라도 그 정보를 주고받는 중에 느끼는 감정이 부정적이 되면 그 만남은 피곤해진다. 또한 적은 인원의 고객일지라도 고객을 단순히 정보를 주고받는 대상 정도로만 생각하고 응대한다면 당연히 피곤하다. 왜냐하면 서비스 담당자 스스로가 자신을 정보를 제공하는 기계로 인식해 버리기 때문이다. 정보를 제공하는 것도 중요하지만 고객과의 만남을 통하여 감정을 주고받아야 한다. 그것이 소통이다. 만약 고객과의 만남을 통하여 상대방으로부터 긍정적인 감정의 반응을 듣게 되면 기분이 좋아진다. 이런 경우 고객을 만남으로써 피곤해지기보다는 오히려 더 활력이 생길 것이다. 즉, 고객과 긍정적인 감정을 주고받기 때문에 그 만남이 더 기다려지고 설레게 된다. 그래서 고객은 접하는 것이 아니라 만나는 것이다.

서비스 장면에서 고객과 진정으로 소통하고 만나는 것은 고객을 위한 배려이지만 궁극적으로는 서비스 담당자 자신을 위한 것이다. 우리는 이러한 만남을 통하여 자신의 존재가 살아있음을 확인하게 된다. 사람은 접하는 대상이 아니라 만남의 존재이기 때문이다.

서비스는 심리교육에서 출발하여야 한다

서비스 담당자들이 현장에서 효과적인 서비스를 제공하기 위한 서비스교육을 기획하고 진행하는 과정을 보면 대부분 고객을 응대하는 내용에 초점을 둔다. 그래서 서비스 현장에서 발생하는 상황을 설정하고 고객에게 어떠한 태도로 응대하는 것이 보다 효과적이고 효율적인지 구성해서 그 상황에 대비하여 훈련하는 방식으로 대부분 교육이 진행된다. 물론 서비스는 고객을 응대하는 과정이기 때문에 주로 고객에게 초점을 맞추는 것을 제대로 된 서비스교육이라고 생각한다.

그러나 고객을 응대하는 방법도 중요하지만 고객을 응대하는 서비스 담당자의 심리적 상태는 더욱 중요하다. 아무리 고객을 대하는 방법에 대한 지식과 경험이 풍부하다고 하더라도 정작 담당자 자신의 심리적 상태가 힘들고 지치면 고객을 대하는 방법과 지식은 무용지물이 되고 만다. 실제 서비스 현장을 방문하면 서비스 담당자들이 고객을 응대하는 방법을 몰라서 못하는 경우도 있지만 대부분의 경우에는 담당자 자신의 마음이 힘들고 지쳐 있어서 고객 응대를 제대로 할 수 없는 경우가 많다. 심지어 심리적인 상처를 갖고 있지만 그것을 치유하거나 해결하지 못한 채 서비스 현장에서 일하는 경우도 있다. 사실 대부분의 서비스 현장에서는 서비스 담당자들의 심리적 상태를 치유하거나 해결하는 것은 서비스교육이 아니라고 인식하고 있다. 그러한 부분은 본인 스스로가 극복해야 하는 개인적인 문제라고 생각하고 심리적 상처를 이겨 내지 못하는 것을 개인의 의지력이 나약하거나 일에 대한 프로정신이 부족해서 생기는 것이라고 단정하는 경우도 있다. 하지만 그것은 잘못된 관점이다. 물론 심리적인 상처를 극복하고 위기를 기회로 전환하는 사람들도 있다. 주변에서는 그런 사람들을 프로 세일즈맨 혹은 프로 서비스맨이라고 부른다. 경영자들이나 책임자들은 마치 배고픈 어려운 시절을 참고 견디어서 목표를 이루어 내는 헝그리정신을 모든 서비스 담당자가 갖기를 바란다. 하지만 극소수만이 할 수 있는 일들을 일반화시켜서 모든 사람들에게 강조하는 것은 결코 바람직한 철학이 아니다. 경영자들이나 책임자들이 서비스 현장에 있는 사람들을 소중히 다루고 그들의 심리적인 부분까지 함께 공감해 주는 교육이나 환경을 제공해 준다면 그들은 자신이 하는 일을 의미 있게 생각하여 보다 나은 양질의 서비스를 제공하는 계기가 될 수 있을 것이다. 특히 사람을 더 섬세하고 친밀하게 응대해야 하는 지금의 서비스 현장에서는 서비스 담당자의 심리를 안정시키는 교육이나 상담이 더욱 절실히 필요하다. 앞으로는 서비스 담당자를 위한 심리교육을 어떻게 시키느냐에 따라서 서비스의 질도 다르게 나타날 것이다.

실제로 서비스 담당자의 자아존중감과 서비스 결과는 상당한 정적 상관관계를 갖고 있다는 논문들이 나오고 있다. 서비스 담당자는 기계가 아니라 감정을 가지고 있는 사람이다. 서비스 담당자의 심리적 상태가 안정적일 때 고객에게 더욱 집중하여 양질의 서비스를 제공할 수 있다. 그러므로 그들의 마음을 따뜻하고 편안하게 해 주는 심리교육이나 심리상담이 중요하다.

서비스는 고객의 선택을 가치 있게 해 주는 것이다

열심히 일터에서 일을 하고 혹은 학교에서 공부를 하고 돌아온 가족들을 어머니가 정성껏 준비한 음식을 차려 놓고 진심으로 환대해 준다면, 그러한 대접을 받는 가족들은 하루의 피곤함이 사라지고 무겁고 지쳤던 마음이 행복으로 가득해질 것이다. 뿐만 아니라 더 열심히 일을 하고 공부를 하려는 동기가 된다. 왜냐하면 어느 누구도 그리고 세상 어디에서도 자신을 이토록 가치 있게 대해 주는 곳이 없기 때문이다. 가족들을 위하여 정성스레 음식을 준비하고 진심으로 환대해 주는 어머니의 진정성 있는 태도에 가족들이 감동받듯이 사람은 자신을 가치 있게 대해 주면 감동받게 되고, 그에 보답하려는 욕구가 생긴다.

서비스도 비슷한 것 같다. 고객이 서비스를 경험하는 동안 자신을 존중해 주고 이해해 주는 가치 있는 존재로서의 경험을 받게 된다면 서비스에 대한 감동은 물론 또 다시 서비스 현장을 재방문하려는 마음이 생기게 될 것이다. 그러므로 서비스는 만남의 과정에서 고객 존재의 가치를 높여 주여야 한다. 단순한 정보 제공이나 상품 판매를 넘어서 존재의 가치가 높여질 때 비로소 만족이라는 결과를 얻을 수 있게 된다. 고객이라는 존재의 가치를 높여 주는 것은 사탕발림 같은 찬사를 하는 것도 아니고 상전 모시듯 하는 것은 더더욱 아니다. 흔히들 '고객은 왕이다.'라고 말한다. 물론 그만큼 고객에게 신경을 쓰라는 의미이지만 좋은 표현은 아니다. 고객은 왕이 아니라 소중한 사람이다. 그리고 소중한 사람에게 접근할 때에는 무엇보다도 진정성 있는 관심과 배려가 필요하다. 이러한 접근을 할 때 비로소 상대방에 대한 가치를 높여 줄 수 있다. 서비스를 통하여 고객의 가치를 높여 주는 것은 상대방의 기분을 좋게 하는 일이기도 하지만 서비스 담당자 자신에게도 보람된 일이다.

상대방의 선택을 가치 있게 만들어 주면 오히려 그렇게 만든 사람의 능력과 인품이 더욱 높아지게 된다. 그래서 서비스 현장을 방문한 고객의 선택을 가치 있게 만들어 줄수록 서비스 담당자 자신의 능력과 인품은 더욱 높아지게 된다.

Buying과 Shopping(Sales)은 다른 것이다

세일 기간에 백화점을 방문하는 것은 어떤 면에서는 정말 고된 일이다. 특히 주말에는 주차에서부터 백화점 매장에 발을 들이기까지 많은 시간이 소요된다. 평소보다 물건의 할인 폭이 크고 저렴하기 때문에 사람들이 한꺼번에 몰리기 때문이다. 기다림의 시간을 지불해서라도 물건을 저렴하게 구입하겠다는 사람들의 결의가 느껴지고, 매장에 들어서면 판매원에게 색상과 사이즈 등을 물어보고 알아서 상품을 구매한다. 여기서 중요한 것은 고객이 상품을 구매하는 데 있어서 판매원의 역할이나 영향력이 거의 없다는 점이다. 고객은 이미 상품에 대한 정보를 입수하여 자신이 원하는 상품을 찾아 구매한다. 비단 백화점뿐만 아니라 인터넷이나 스마트폰으로 물건을 구입하는 것도 비슷한 경우다. 고객 스스로 상품을 비교하여 가격이 저렴하면서 배송도 신속하고 정확한 곳을 선택하여 물건을 구매한다.

이처럼 서비스 담당자인 판매자의 영향력이나 역할 없이 고객이 스스로 물건을 선택하고 구매하는 것을 'Buying'이라고 한다. 즉, Buying은 판매하는 사람의 영향력에 큰 의미가 없다. 이 말은 판매하는 사람이 없어도 된다는 뜻이 아니라, 누가 판매하더라도 그 영향력에 차이가 없다는 의미다. 즉, 가격, 편의성, 신속성, 정확성과 같은 정보를 고객이 입수하여 원하는 제품을 고객 스스로 선택하게 됨으로써 판매하는 사람이 고객의 구매에 큰 영향을 미치지 않는다는 것이다. 그러나 이런 경우와는 다르게 세일 기간이 아닌 평상시나 혹은 평일 오전에 백화점 방문을 선호하는 고객들이 있다. 이런 경우는 물건을 구매하고자 하는 의도도 있지만 그것보다 오히려 기분전환을 하기 위하여 백화점을 방문하는 경우다. 그래서 이러한 목적을 가진 사람들은 일부러 사람이 많은 휴일이나 물건을 저렴하게 판매하는 행사 기간을 피하여 상대적으로 한적한 평일 오전이나 세일 기간이 아닌 때를 선택하여 방문한다. 또한 판매자의 응대 태도에 따라 물건을 구매할 수도 그렇지 않을 수도 있다. 상품에 대한 정보보다도 판매자의 태도에 따른 고객의 감정이나 기분이 상품 구매에 결정적인 요인이 된다. 한마디로 사람과의 관계를 통하여 물건을 선택하는 것이다. 만약 아무리 괜찮은 물건일지라도 판매자가 고객의 마음에 들지 않는다면 물건을 선택하지 않게 된다. 그래서 판매자의 응대가 절대적으로 중요하다. 이러한 현상을 'Shopping'이라고 한다.

Buying이 논리나 이성을 바탕으로 이루어지는 과정이라면 Shopping은 논리나 이성이 아닌 감성에 초점을 두고 진행되는 과정이다. 앞으로의 시대는 Buying과 Shopping이 양분될 것이다. 특히 기술이 발달할수록 Buying은 로봇과 같은 인공지능이나 스마트폰의 앱이 그 역할을 대신하게 될 것이고, 거기에 따라 Shopping에 대한 기대와 역할은 더욱 섬세하고 세밀하게 요구될 것이다. Buying은 세일즈가 아니다. 세일즈는 상품이나 제품을 구매하는 고객이 상품이나 제품의 특징이나 가격과 같은 요인보다도 서비스 담당자와의 관계에 따라서 구매가 결정되는 과정을 말한다. 만약 고객이 원하는 상품이나 제품이더라도 서비스 담당자의 태도가 만족스럽지 않기 때문에 고객이 구매를 포기하는 경우가 생긴다면 구매의 결정 요인은 제품이나 상품이 아닌 사람이 된다. 그것이 바로 세일즈다. 이처럼 세일즈는 사람중심의 관계에서 이루어지기 때문에 논리나 이성보다도 감성이 더욱 중요시 된다.

앞으로의 서비스는 논리나 이성으로 이루어지는 일반적인 서비스 과정과 감성을 주축으로 진행되는 High-Touch 서비스(특별한 서비스 과정)로 양분되어 전개될 것이다. 일반적인 서비스 과정으로 이루어지는 Buying은 편의성, 저렴성, 접근성, 용이성 등과 같은 것을 추구하는, 이성적이고 논리적으로 전개되는 서비스 형태다. 이러한 이성적이고 논리적인 영역은 사람보다도 인터넷이나 스마트폰 혹은 인공지능과 같은 기술적인 측면으로 대체되고 전개될 것이다. 하지만 이성보다도 감성을 중요시하는 High-Touch 서비스 과정으로 전개되는 Shopping이나 세일즈는 서비스 담당자와의 인간적인 관계, 편안함, 신뢰감 등과 같은 관계중심으로 그 과정이 진행되기 때문에 서비스 담당자의 개인적 관계능력이 더욱 중요시된다. 많은 기업이 로봇이나 인공지능과 관련된 기술들을 개발하여 일반적인 서비스 장면에 적용하기 위하여 고민하고 노력하고 있는 것처럼, 사람의 감정과 관계심리를 다루는 High-Touch 서비스라는 전문적인 영역을 실현하기 위해서는 보다 체계적이고 전문적인 교육을 통한 서비스 담당자들을 육성하는 것에 초점을 두어야 한다. Shopping과 세일즈는 사람만이 할 수 있는 영역이기 때문이다.

BUYING

SHOPPING

마음의 톱니바퀴를 돌려라

사람의 감정은 주관적이다. 똑같은 상황도 감정에 따라 다르게 인지하고 느낄 수 있다. 그래서 같은 상황에 대해 어떤 날은 한없이 행복하고 즐겁게 느끼다가 어떤 날은 울적하고 우울하게 느끼기도 한다. 이처럼 상황이나 환경이 사람의 감정을 결정하는 것이 아니라 개인이 상황이나 환경을 인식하는 것이다.

서비스는 현장에서 직면하는 고객의 감정을 맞추어 가는 행위다. 같은 상황이지만 고객들의 감정은 제각각이다. 결과적으로 고객의 이러한 주관적인 감정을 어떻게 맞추어 가느냐에 따라 그 결과는 고객만족이나 불만 혹은 무불만의 반응으로 나타난다. 같은 상황에서 각기 다르게 나타나는 결과를 이해하기 위해서는 우선 사람의 심리상태에 대하여 이전과는 다르게 접근해 볼 필요가 있다.

사람의 마음에는 저마다 감정의 톱니바퀴와 같은 것이 있다고 가정해 보자. 이 감정의 톱니바퀴는 시시각각 그리고 상황에 따라서 다르게 변형될 수 있다. 상대방이 가지고 있는 주관적 감정, 즉 톱니바퀴의 움직임을 살펴서 그 순간에 맞는 톱니바퀴의 날과 형태를 잘 맞추면 상대의 감정을 별탈 없이 움직일 수가 있을 것이다. 우리는 이것을 감정의 Matching이라고 한다. 그리고 그 결과 만족이라는 감정을 이끌어 내게 된다.

반대로 상대방이 가지고 있는 감정의 톱니바퀴는 상관하지 않고 자신이 가지고 있는 톱니바퀴를 상대에게 끼워 맞추려고 하면 당연히 톱니바퀴는 어긋나게 되고, 마찰이 생기며, 그런 상태에서

무리하게 움직이려고 한다면 심한 경우에는 고장이 날 것이다. 이러한 경우를 감정의 Mismatching이라고 하며, 그 결과는 불만으로 연결된다.

또 다른 경우는 상대방이 감정의 톱니바퀴를 가지고 있는지조차 모르는 경우다. 즉, 상대방에게는 아무런 감정적 상태가 없다고 생각하고 단순히 자신이 하는 행동에만 초점을 둔다면 서로의 톱니바퀴는 계속 헛돌게 된다. 아무리 자신이 열심히 하였다 하더라도 서로가 자신의 감정 톱니바퀴를 자신의 영역 안에서만 움직이기 때문에 아무런 접촉도 그리고 마찰도 없다. 이러한 행위의 결과는 바로 무(無)불만이라는 감정으로 나타나게 된다. 무(無)불만은 서로가 마주하고 있지만 감정적 만남은 없이 각자의 행위에만 초점을 둔 결과다. 사람은 감정을 가지고 있으며, 이러한 감정은 주관적이다. 그래서 사람과의 만남에서는 감정을 교류하는 것이 무엇보다도 중요하다. 특히 서비스 장면에서는 그 중요성이 더 많이 강조된다. 상대방이 가지고 있는 감정의 톱니바퀴에 관심을 두지 않고 감정 없는 행위를 주고받는 무(無)불만의 영역들은 이제 로봇이나 인공지능이 담당하게 될 것이다. 앞으로는 기계처럼 단순한 정보를 주고받는 행위의 영역은 점차 로봇으로 대처되게 될 것이다. 그리고 고객의 상황이나 감정을 고려하지 않고 행하여지는 일방적인 친절은 상대방의 감정의 톱니바퀴는 고려하지 않은 채 일방적으로 자신의 톱니바퀴를 상대방에게 끼워 맞추려는 것으로 불만의 원인이 된다. 고객의 상황이나 감정을 고려하지 않고 일방적으로 접근하는 친절은 하나의 퍼포먼스에 불과하기 때문에 이러한 일방적인 친절은 개선되고 변화되어야 한다.

개인과 개인의 만남에서는 상대방이 현재 가지고 있는 감정의 톱니바퀴에 초점을 두어야 한다. 즉, 상대방에게 관심을 갖는 것이다. 그것이 친밀이다. 친절이 일방적이라면 친밀은 상호작용하는 것이다. 제4차 산업혁명의 시대가 되면 친절을 넘어서 친밀의 단계로 나아가야 한다. 모든 사람은 자신의 감정을 표현하는 톱니바퀴를 가지고 있으며 항상 누군가가 그것을 맞추어 주기를 바란다. 그렇게 하기 위해서는 상대의 톱니바퀴를 맞추는 능력이 필요하다. 그것이 바로 대인관계 능력이다.

무기력증과 우울증에 초점을 두어라

혼밥, 혼술과 같은 신조어들이 유행이다. 혼자서 모든 것을 한다는 의미의 단어들이다. 혼자서 한다는 의미도 있지만 관계적인 측면에서 볼 때에는 정서적 교류를 단절하는 것이라고 볼 수 있다. 현재 우리 사회는 여러 면에서 관계가 단절되어 가고 있다. 그리고 이러한 현상을 극복하기 위하여 소통을 강조한다. 그러나 직장이나 학교 그리고 가정에서 단순히 정보를 주고받는 것을 소통이라고 생각하는 경우가 많다. '식사를 했는지, 보고서를 제출했는지' 등과 같은 소통은 기계적인 의사소통이다. 왜냐하면 함께 시간을 보내고 대화를 나눈 사람들의 표정, 눈빛, 그리고 목소리의 음정, 음색 등이 기억나지 않는다면 그것은 기계적으로 정보를 주고받은 것이기 때문이다. 우리가 영화나 드라마를 보았을 때도 내용이 기억나지 않는다면 제대로 보았다고 할 수 없다. 사람의 관계도 마찬가지다. 만나서 대화를 하고, 상대방의 표정, 눈빛, 그리고 목소리의 음정, 음색 등이 기억나고, 그래서 그 사람의 심리적인 마음의 상태가 느껴질 때 비로소 소통이라고 한다.

안타깝게도 직장에서나 가정 그리고 학교에서 많은 만남의 시간을 갖지만 사람들의 표정, 눈빛, 목소리의 음정, 음색 등이 기억나지 않는 경우가 더 많다. 이러한 경우에는 당연히 관계 단절이 생기고, 관계 단절은 무기력증과 우울증으로 연결된다. 그러므로 무기력증과 우울증까지는 아니더라도 단절과 외로움을 안고 살아가는 현대인이 고객으로 서비스 현장을 찾았을 때 그들에게 과연 어떻게 접근해야 하는가를 생각해 본다면 답변을 쉽게 찾을 수 있을 것이다.

앞으로 사람이 하는 서비스는 단순한 정보 제공이 전부가 아니다. 상품 설명과 같은 정보 제공을 넘어서서 그들의 마음을 따뜻하게 해 주는 것이 무엇보다 중요하다. 혼자 사는 70대 여성이 너무 외로워 집에 있는 가전제품을 일부러 고장을 내고 점심시간 즈음 출장 서비스를 와 줄 것을 요청한다. 그리고 점심을 차려 놓고서는 수리를 하러 온 기사에게 수리 후에 점심식사를 함께 하기를 권한다……. 영화의 한 장면이지만 이런 장면은 우리의 생활에서 곧 현실로 다가오게 될 것이다. 은행이나 금융권을 보더라도 자신이 가진 돈을 맡겨 놓고서는 지점장실이나 VIP룸에 찾아가서 업무와 관련 없는 일상적인 이야기를 나누는 것을 종종 접한다. 그만큼 사람들은 외롭다. 아마도 외로운 사람들은 갈수록 늘어나게 될 것이고, 무기력하고 우울한 현상도 더 많이 발생하게 될 것이다. 그래서 기계적인 의사소통이 아닌 심리적인 의사소통이 서비스 장면에서 더욱 필요하고, 또 중요한 영역이 될 수밖에 없다. 어떤 측면에서는 이제 서비스가 고객의 무기력증과 외로움을 달래주는 업종으로 전환되어야 할지도 모른다. 그래서 앞으로 사람이 하는 서비스는 '코칭 서비스'가 되어야 한다.

서비스 담당자들은 고객을 더욱 잘 응대하기 위해서 사람에 대한 접근방법을 이전과는 달리해야 하고, 사람의 심리에 대한 연구와 학습을 제대로 해야 한다. 여기서 중요한 점은 서비스 담당자가 고객들의 심리상태에 맞추어 주고 기분을 전환시켜 주기 위해서는 담당자 자신이 먼저 최적의 상태가 되어야 한다는 점이다.

그런 점에서 앞으로의 서비스교육에서 중요한 영역은 서비스 담당자의 심리상태를 안정적이고 최적의 상태로 만드는 부분이다. 과연 이러한 영역을 회사가 나서서 교육하거나 관여해야 하는지, 아니면 서비스 담당자 스스로 찾아 해야 하는 것인지에 대한 답변은 정해져 있지 않더라도 반드시 필요한 부분이다.

100세 시대에 화두가 될 현상 중 하나인 무기력증과 우울증에 대비하여 서비스 현장을 찾는 고객뿐 아니라 서비스 담당자 자신도 그에 대처하는 방법을 학습해야 할 것이다.

서비스는 관계예술이다

예술은 새로운 뭔가를 만들어 내는 창작활동이다. 그것이 그림이든 음악이든 새로운 것을 만들어 내는 것은 분명하다. 물론 결과물의 양식은 다르겠지만 정성을 쏟아야 한다는 점은 같다. 예술작품이 인정받기 위해서는 창작자들이 끊임없이 노력하고 포기하지 않는 열정을 이어 가야 한다. 때로는 새로움의 장벽에 지치기도 하지만 멈추지 않고 전념을 다한 결과로 예술작품이 탄생한다. 예술이란 이처럼 험난하고 외로운 과정들이 즐거움과 행복으로 바뀌어 가는 일련의 과정이다.

서비스도 이와 비슷한 것 같다. 아무 관련이 없는 사람을 서비스라는 연결고리를 통하여 충성고객으로 만들어 가는 관계예술이다. 서비스라는 캔버스 위에 충성고객이라는 새로운 작품을 만들어 가는 행위다. 그래서 고객을 만족시키기 위해 어떻게 하는 것이 바람직한 것인지 고민해야 하고, 노력도 해야 하며, 때로는 힘든 일이 있어도 좌절하지 않는 열정으로 관계를 만들어 나가야 한다. 아마도 서비스라는 매개체가 없다면 고객은 단지 지나치는 사람에 불과한 의미 없는 존재일 것이다. 하지만 노력과 관심을 통하여 그저 지나쳐 갈 수 있는 사람을 충성고객으로 만드는 일은 의미 있고 보람된 일이다.

기술자들은 시간이 지날수록 자신이 하는 일에 대한 기술 지식과 경험이 쌓여 가지만, 서비스 담당자는 사람을 만나는 시간을 통하여 고객을 남겨야 한다. 많은 고객, 특히 충성고객을 남기는 것은 서비스를 제대로 잘하였다는 것을 증명한다.

서비스는 스쳐 지나가는 사람을 고객으로 만드는 관계예술이다. 그러므로 온 마음을 다하여야 한다.

불만 해소가 아닌 행복 추구의 서비스를 전개하라

산행을 하기 전에 낭떠러지나 낙석위험지역 같은 곳에 대한 정보만 전해 들었다면 아마도 대부분의 사람은 산행을 포기할 것이다. 설령 산행을 강행하더라도 늘 긴장 상태일 것이고, 아름다운 풍경은 뒷전일 것이다.

서비스도 비슷한 것 같다. 불만고객을 대처하는 방법을 강조하다 보면 서비스 자체가 대단히 힘들고 어려운 일처럼 느껴진다. 물론 불만고객에 대처하는 방법을 익히는 것도 필요하지만, 무엇보다도 서비스의 목적인 고객만족을 통하여 일에 대한 의미와 보람을 찾아야 한다. 자신이 최선을 다해서 응대한 고객으로부터 만족의 반응과 칭찬의 소리를 듣게 된다면 그 일은 기쁨이 될 것이고, 그러한 경험들이 성장의 계기가 될 것이다. 그러므로 서비스 현장에서나 서비스교육 장면에서는 항상 서비스를 통하여 고객들로부터 긍정적인 정서적 반응인 고객만족의 결과를 얻는 것이 서비스의 목적이고 서비스 현장에서 해야 할 일임을 강조하면서, 그 방향으로 교육과 훈련을 하여야 한다. 이러한 프로세스로 서비스를 접하고 일하게 될 때 비로소 일을 통한 행복과 보람을 찾게 될 것이다. 즉, 서비스는 고객의 불만을 해소하기 위한 과정이 아니라 고객만족을 통하여 서비스 담당자가 행복과 보람을 갖게 되는 행위다.

우리는 불행을 피하려고 인생을 살아가는 것이 아니라 좀 더 행복해지기 위해서 삶을 살아간다. 마찬가지로 서비스는 불만고객을 응대하기 위한 과정이 아니라 많은 고객들에게 만족을 줌으로써 그 관계 속에서 행복을 찾아 가는 과정이다.

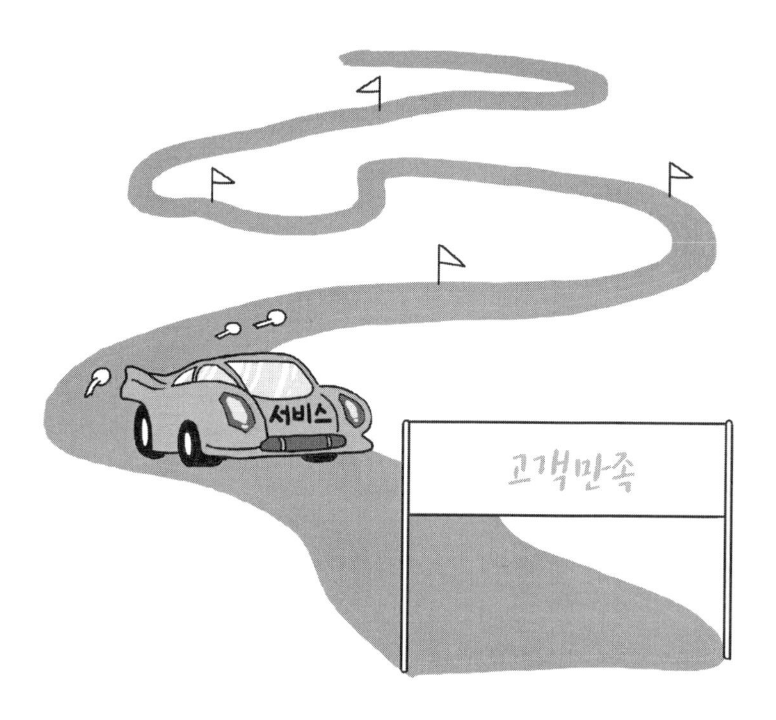

서비스 업종에 맞는 접근을 하여야 한다

일반적으로 산업의 형태를 제조, 금융, 유통의 세 가지로 분류하여 나눈다. 여기에 병원이나 약국 같은 의료서비스를 추가하여 설명할 수 있다. 이처럼 형태는 다양하지만, 서비스의 목적은 업종에 관계없이 동일하여야 한다. 어떤 업종에서든지 고객과의 만남을 통하여 긍정적인 정서적 감정인 만족을 남겨야 한다. 하지만 각 분야별 서비스에 대한 이해와 접근은 달라야 한다. 4차 산업혁명의 기술들이 서비스에 대한 기존의 관점과 형태를 변화시키고 있기 때문이다. 기술의 발전 이전에는 어떤 분야든 간에 서비스는 사람이 하는 영역이었지만, 4차 산업혁명에 따른 기술의 발전으로 인하여 사람이 하는 영역과 기술이 대체하는 영역이 점차 가시적으로 명확히 구분되어 가고 있다.

제조 분야

제조 분야에는 여러 업종들이 있지만 그중에서도 대표적으로 가전업계에 대한 접근방법을 살펴보겠다. 우선 가전업계의 경우 거의 모든 가전제품이 스마트 기능을 장착하게 될 것이다. 즉, 각 가정에 있는 가전제품을 본사 컴퓨터에 연결하여 가전제품의 이력과 진단을 실시간으로 하게 될 것이며, 간단한 수리도 원격으로 가능해질 것이다. 그렇기 때문에 지금까지 해 오던 출장기사의 방문 빈도가 현격하게 감소하는 현상이 나타날 것이다. 그럼에도 불구하고 사람이 직접 방문하여 문제를 해결해 주기를 원하는 고객의 수요는 여전히 존재할 것이다. 이런 경우에는 출장기사의 출장 경비가 지금보다 더 많이 증가할 것이고, 그에 따른 출장기사의 역할에 대한 중요성도 더욱 커지게 된다. 여기서 요구되는 서비스의 초점은 제품에 대한 전문성은 물론 사람과의 관계에 대한 접근성에 두어야 한다. 그러므로 출장기사 개개인에 대한 인성 및 태도 그리고 사람과의 관계 형성에 대한 체계적인 교육훈련과 선별이 반드시 필요하다.

제조 분야 교육에 대한 대처 방안

- **인성검사**: 고객의 사적 공간인 가정을 방문하기 때문에 담당자의 심리적 안정과 건강이 무엇보다도 필요하다. 따라서 그것을 변별하는 심리검사가 필요하다.
- **매너교육**: 사적 공간에서의 행동들에 대하여 고객이 민감하게 반응할 수 있기 때문에 매너교육을 하여 예의를 갖추도록 하는 것이 필요하다.
- **의사소통 교육**: 고객은 전문용어에 대한 이해가 부족하고 그에 대한 관심도 없다. 그러므로 제품의 이상 유무에 대한 설명을 고객의 수준에 맞게 설명할 수 있는 의사소통 능력이 필요하다.

금융 분야

금융 분야에서는 대표적으로 은행, 보험을 들 수 있다. 금융 분야 역시 4차 산업혁명의 영향으로 제도의 개선이 불가피하다. 그래서 사람이 해 오던 일들을 대부분 스마트폰의 앱이나 컴퓨터가 대체하게 될 것이다. 예를 들어, 복잡하고 까다로웠던 보험 가입의 경우 스마트폰의 앱을 통하여 상품에 대한 비교 분석이 가능해지고 가입도 쉬워질 것이다. 과거에 설계사들이 해 왔던 일을 이제는 기술로 대체하게 된다. 물론 설계사들이 모두 사라지는 것은 아니다. 기계보다 설계사를 찾는 고객은 여전히 존재할 것이다. 하지만 설계사를 통하여 가입하게 되는 경우에는 그만큼 보험료가 더 증대되기 때문에 그에 맞는 설계사들의 역량이 더 많이 요구된다. 특히 보험 상품의 경우에는 상품에 대한 단순한 지식을 넘어서 고객의 생활에 대한 부분을 이야기하고 공유해야 하기 때문에 그러므로 이 분야에서는 관계심리 교육에 서비스의 초점을 두어야 한다.

금융 분야 교육에 대한 대처 방안

- **인성교육**: 금융상품은 돈을 다루는 직업이기 때문에 다른 어떤 분야보다 기본적인 도덕성이 요구된다.
- **관계심리 교육**: 상품에 대한 전문지식은 물론이고 고객의 생활과 삶에 대한 부분을 함께 고민하고 공유해 나가기 위하여 그에 맞는 관계심리 교육이 필요하다.

유통(항공) 분야

백화점, 대형할인매장 그리고 항공사들은 가전과 금융 분야와는 조금 다른 접근이 필요하다. 물론 유통이나 항공 분야도 4차 산업혁명의 영향으로 많이 변화하겠지만 여전히 사람이 존재해야 하는 이유가 많다. 로봇이나 인터넷 혹은 스마트폰으로만 구매활동을 한다면 백화점이라는 현장은 굳이 존재할 필요가 없다. 하지만 백화점이라는 공간이 있으면 사람은 당연히 존재하게 된다. 항공 분야도 안전 문제가 직결되었기 때문에 현재로서는 반드시 승무원들의 탑승이 필요하다. 물론 제조나 금융 분야에서도 필요하겠지만, 특히 항공이나 유통 분야에서는 에티켓과 매너가 대단히 중요한 역할을 하게 된다. 고객과 깊은 이야기를 나눌 수 있는 상황이나 여건이 충분하지 않기 때문에 더욱더 에티켓이 강조되고 지켜져야 한다. 또한 에티켓을 수행하는 서비스 담당자들의 태도인 매너도 대단히 중요하다. 단순히 인사를 하거나 설명을 하는 에티켓을 넘어서 인사를 하고 설명하는 태도가 무척 중요한 부분을 차지하게 된다. 에티켓은 훈련을 통해서도 체득할 수 있지만 그러한 에티켓을 수행하는 태도인 매너는 개인의 마음에서 출발하게 된다. 그래서 담당자의 마음을 동기화하는 데 초점을 두어야 한다.

유통(항공) 분야 교육에 대한 대처 방안

- **에티켓 교육**: 여러 사람이 함께 이용하는 공간에서 지켜야 하는 규칙들을 직접 보여 주기 위한 에티켓 교육이 필요하다.
- **매너교육**: 에티켓을 형식적이고 관례적으로 지키는 것이 아니라 진정성을 가지고 실천하도록 하는 태도 교육이 필요하다.
- **의사소통 교육**: 고객과 단순한 정보를 주고받는 수준이 아니라 감정의 교류가 가능한 수준의 의사소통 능력이 필요하다.

의료 분야

의료 분야는 사람의 목숨과 건강을 다루기 때문에 다른 어떤 분야보다 전문성이 더 많이 요구된다. 하지만 의료적인 전문지식만으로 접근을 하기에는 사회문화 발달단계의 성숙도가 그 정도를 넘어섰다. 과거에는 의료에 대한 전문적인 지식과 의술만으로도 충분히 해결 가능하였던 문제들이 이제는 그것만으로는 한계가 있다. 그래서 많은 의료서비스 현장에서 나타나는 갈등이나 문제들이 고객과의 관계 때문에 발생한다. 그러므로 의료 분야에서는 고객과의 관계를 형성하기 위한 관계심리에 초점을 두고 체계적인 교육을 하여야 한다. 하지만 그에 앞서 아픈 환자들과 늘 직면해야 하는 의료인들의 환경적이고 심리적인 고충을 해결해 줄 수 있는 방안이 마련되어야 한다. 특히 100세 시대가 다가오는 현실에서 의료 분야의 서비스에 대한 요구는 더 증가될 것이므로 그에 따른 준비가 더욱 절실하다.

의료 분야 교육에 대한 대처 방안

- **매너교육**: 고객인 환자 당사자와 그 가족들의 민감한 상황에 신뢰감을 줄 수 있는 태도에 대한 매너교육이 필요하다. (의료규정을 의무적으로 설명해야 하는 에티켓과는 다름)
- **관계심리 교육**: 고객의 심리상태를 안정적으로 만들 수 있는 능력과 건강과 질병에 대한 설명을 고객의 수준에 맞게 설득할 수 있는 수준이 필요하다.
- **자기치유 교육**: 아픈 환자들을 접해야 하는 심리적 · 환경적 상황에 대한 스트레스를 관리하고, 스스로 동기부여 할 수 있는 교육이 필요하다.

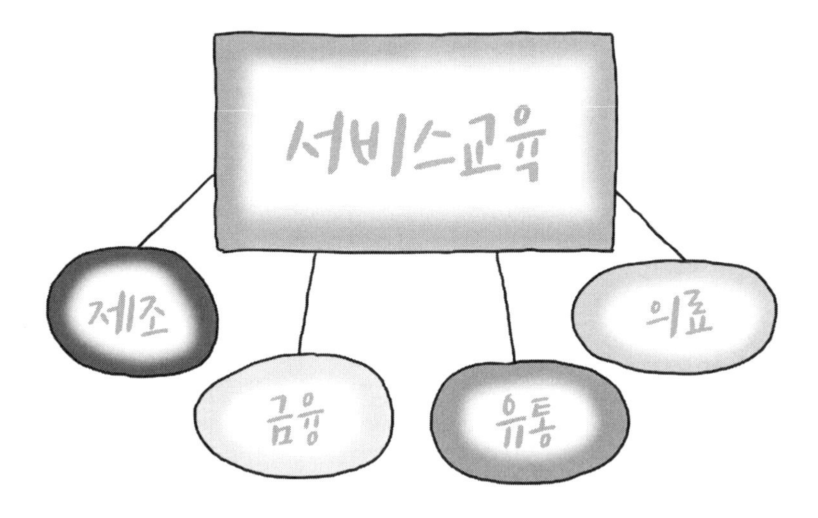
서비스교육
제조
금융
유통
의료

Chapter 04

서비스 심리상담

-Healing & Hope-

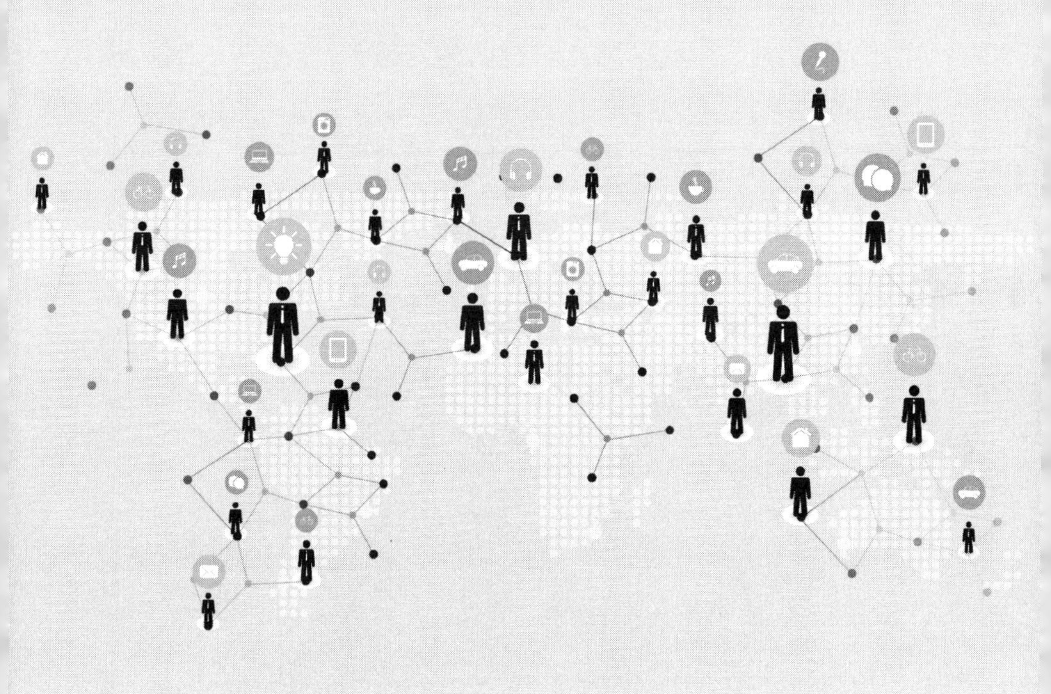

공간이 있어야 뭔가로 채울 수 있듯이 마음 또한 비워야 새로운 것을 채울 수 있다. 하지만 서비스 현장에서는 속상함, 불쾌감과 같은 감정들을 비우기는커녕 가슴에 켜켜이 쌓아 놓다가 지우기 어려운 상처가 되곤 한다. 현장에서 생긴 속상함과 불쾌감을 누군가가 진정으로 공감해 주고 이해해 준다면 우리는 거기서 벗어날 수 있고, 대신 즐거움과 희망으로 채울 수 있다. 하지만 일상에서는 누군가의 진정 어린 공감과 이해를 얻기가 쉽지 않다. 좋은 음악이 자신이 처한 상황에 위로가 되듯 공감을 주는 글귀도 도움이 된다. 글은 종이에 남겨지고 마음에 새겨진 또 다른 소중한 친구다.

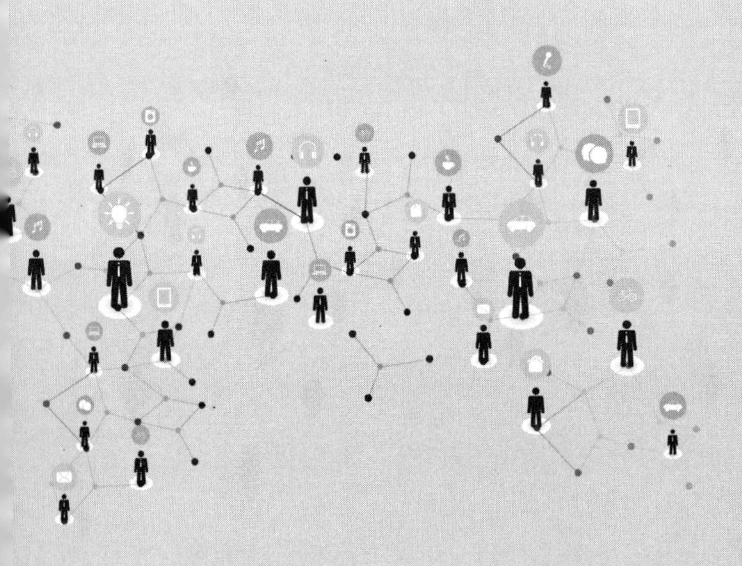

소통하는 서비스

소통이라는 말이 가정과 학교에서뿐만 아니라 어느새 사회 전반에 회자되고 있다. 소통이 화두가 되고 있다는 것은 심리상담 전문가로서 반가운 일이지만 왜 소통이 필요한 것인지, 진정한 의미의 소통이 무엇인지에 대해서는 관심이 소홀한 것 같아서 안타까운 마음이 있다.

우선 지금 대한민국 사회 전반에 소통이 왜 필요한가를 살펴볼 필요가 있다. 사람이 신체적인 외모뿐 아니라 심리적인 부분도 발달하듯 사회도 마찬가지다. 산업문명과 함께 사회문화도 발달하게 된다. 〈국제시장〉이라는 영화가 있다. 이 영화에서는 힘들었던 지난 시절을 담아내고 있다. 지금의 젊은이들은 척박한 환경에서 생존을 위하여 살아가는 그 시대의 사회 모습을 온전히 이해하기가 쉽지 않을 것이다. 그 시절에는 생존을 위해서라면 무엇이든 하려고 하였다. 선택의 기준은 오로지 생존이었다. 하지만 생존을 위해 일을 하다 보니 비인간적인 대우가 사회 전반에 팽배하였다. 이러한 사회문화 단계를 무지의 단계라고 한다. 무지의 단계에서는 사람들이 생존을 위하여 살아가기는 하였지만 비인간적이고 비도덕적인 일들을 개개인이 대응하기에는 힘겨웠다. 그래서 사람들이 모여서 만든 것이 조합(union)이다. 비인간적이고 비도덕적인 상황에 대하여 자신들의 정당성과 합리성을 주장하기 시작하였다. 이러한 사회문화 단계를 이성의 단계라고 한다. 이때에는 사회 전반에서 이성에 바탕을 둔 합리성과 정당성에 초점을 두고 거래를 시작하게 되었다. 즉, 주고받는 것(give and take)에 중점을 두고 사회의 모든 선택기준이 거래에서 시작되었다. 열심히 일한 만큼 얻어 가는 구조이다 보니 모든 사람들이 열심히 일을 하였고, 그 결과로 산업이 발전하게 되었다.

요즘 대기업 인사 담당자들의 이야기를 빌면 이전과 다른 현상이 나타나고 있다. 어렵게 들어간 회사인데 얼마 지나지 않아 퇴사를 한다는 것이다. 다른 회사로 이직하기도 하지만, 그냥 싫어서 그만둔다는 것이다. 학교나 회사 그리고 사회 전반에 나타나는 현상 중 하나는 자신의 감정이 어느새 모든 것의 중심이 되는 현상이다. 이러한 사회문화 단계를 감성의 단계라고 한다.

감성의 단계에서는 모든 선택의 기준이 자신의 감정에 있다. 그러다 보니 이성의 단계에 익숙한 사회에서는 도저히 감성의 단계에서 나타나는 현상을 이해하기 어렵게 되었다. '기분이 좋지 않아서', '나를 무시하는 것 같아서', '그냥 우울해서'와 감정들이 문제의 원인이 된다. 그래서 가정과 학교 그리고 사회 전반에서 소통을 강조하게 되었다. 최소 일주일에 한 시간 정도는 서로가 이야기를 나누자는 방안을 소통이라고 한다. 소통은 그것만이 아니다. 만났던 상대방의 표정, 눈빛, 자세, 목소리의 음정, 음색, 크기 등이 기억나야 한다. 하지만 지금 대한민국은 가정이나 학교 그리고 직장에서 만나서 이야기를 나누었던 사람들의 그것들을 잘 기억하지 못한다. 분명 만나서 이야기를 나누었는데도 불구하고 그러한 것들에 대한 기억이 선명하지 않다. 이러한 것을 '기계적 의사소통'이라고 한다. 이것은 마치 영혼 없이 녹음한 말들을 벽을 향하여 반복 재생하는 자동응답기 같은 것이다. 지금의 사람들이 무기력한 것은 바로 영혼 없는 소통인 기계적 의사소통을 하기 때문이다.

화초를 키울 때에도, 물을 정기적으로 주는 것이 중요한 것이 아니라 햇살을 더 필요로 하는지, 물이 더 필요한지를 항상 관찰하는 것이 중요하다. 화초도 이렇게 관찰을 하며 관심을 주어야 하는데 하물며 인간은 어떠하겠는가? 내 가족이, 내 동료가 어떤 표정과 눈빛인지, 그리고 목소리의 음정은 어떠한지 관심을 갖는 것이 바로 진정한 소통이다. 가정과 직장에서의 기계적인 의사소통에 지쳐 무기력한 채 찾아오는 고객들에게 그들의 표정과 눈빛 그리고 목소리의 음정과 음색에 관심을 두는 본질적 의사소통을 하게 된다면 아마도 그들은 서비스에 대한 표면적 요구뿐만 아니라 기계적인 의사소통으로 상처받았던 마음을 치유할 수 있을 것이다. 이제 서비스는 단순히 고객의 요구만 들어주는 것이 아니라 진정한 소통을 통한 치유를 할 수 있는 것이 되어야 한다. 진정으로 소통하는 서비스는 꼭 필요하고 참으로 아름다운 울림이 될 것이다.

HEARTFELT 마음

우리 사회에서 언제부터인가 서비스 업종에 종사하는 사람들을 감정 노동자라고 이야기한다. 이러한 표현이 생겨난 배경은 그만큼 정신적인 고통의 심각성이 갈수록 더해지고 있다는 것을 의미한다. 어찌 보면 대한민국의 거의 모든 분야가 서비스업이고, 거기 종사하는 사람들이 정신적인 고통을 받는 감정 노동자라고 보아도 무방할 것이다. 대형할인매장이나 백화점에서 일하는 사람에서부터 학생들을 가르치는 교사, 대민 행정을 하는 공무원 등에 이르기까지 모든 분야에서 정신적인 고통을 호소하고 있다. 그렇다면 이러한 정신적인 고통의 근원적인 원인은 무엇이고 이러한 고통에서 벗어날 수 있는 해결책은 무엇인지 모색해 보는 것이 의미가 있을 것이다.

우선 서비스업에 종사하는 사람들이 호소하는 정신적인 고통의 원인은 여러 가지가 있을 수 있지만, NLP(Neuro-Linguistic Program) 관점에서는 다음과 같이 설명할 수 있다.

사람의 생각은 언어로 구성된다. 이렇게 언어로 구성된 생각들은 우리의 행동을 통제하고 결정한다. 여기서 중요한 것은 우리의 언어는 속으로 되뇌는 말이 있고 겉으로 표현하는 말이 있다는 것이다. 물론 심리학적으로 건강한 사람들은 속으로 하는 말과 겉으로 표현하는 말이 일치된다. 이러한 상태를 일치성(congruence)이라고 한다. 대부분의 어린아이가 심리적으로 행복하고 해맑은 이유는 겉으로 표현하는 말과 속으로 구성하는 말이 일치하기 때문이다.

반면, 겉으로 표현하는 말과 속으로 되뇌는 말이 불일치될 때 심리적으로 문제가 생기고 정신적 피로감(fatigue)을 느끼게 된다. 여기에서 바로 서비스업에 종사하는 사람들이 정신적인 고통을 호소하는 원인을 찾을 수 있다. 대부분의 서비스업에 종사하는 사람들이 겉으로 표현하는 말들은 다 좋은 것들이다. '반갑습니다.' '무엇을 도와드릴까요?' 등과 같은 표현 말이다. 하지만 그러한 표현 이면의 마음에는 어떤 말들이 구성되어 있을까? 즉, 겉으로 표현하는 말들에 대한 진심 어린(HEARTFELT) 마음이 있을까 하는 것이다. 만약 서비스 현장에서 하는 표현들이 진정성이 있다면 문제가 없겠지만 그렇지 않다면 정신적인 고통에서 벗어나기 힘들 것이다. 그것은 마치 사랑하지도 않는 사람에게 억지로 사랑한다는 표현을 매일같이 해야만 하는 부담과 같은 고통이다. 실제로 몇 년 전에 모 업체의 서비스 첫 멘트가 '사랑합니다, 고객님.'이었다. 이 서비스 문구가 잘못된 것은 아니다. 그러나 그러한 표현에 대하여 진심 어린 마음이 생기지 않았던 서비스 담당자에게는 이러한 말들이 얼마나 지겹고 힘들었을지 그 고통이 짐작된다.

이러한 정신적 고통에서 벗어나는 최선의 방법은 겉으로 표현하는 말들에 대한 진심 어린 마음을 가지는 것이다. 아마도 많은 리더나 책임자들은 이러한 태도의 중요성을 공감하고 기대할 것이다. 여기서 중요한 것은 서비스 현장에 종사하는 사람들이 진심 어린 마음을 갖도록 하기 위해서는 먼저 그들의 마음이 치유되어야 한다는 것이다. 서비스 현장 종사자들도 하고 싶은 말과 표현이 있을 것이다. 그러한 표현을 안정적으로 허용된 공간에서 마음껏 노출할 수 있어야 한다. 자신들의 슬픔을 표현할 수 있고 아픔을 이야기할 수 있는 치유의 공간과 시간이 그들에게 절실히 필요하다. 그러므로 리더나 책임자들이 서비스 현장 종사자들에게 진심 어린 마음과 태도를 기대한다면 더욱더 그들의 마음에 대한 치유를 먼저 제공해 주어야 한다.

서비스 현장을 찾는 고객들도 진심 어린 마음이 담긴 서비스를 받기를 기대할 것이다. HEARTFELT 마음! 이러한 마음을 가진 사람들이 넘치는 서비스 현장들이 많아지기를 기대해 본다.

에너지 방향의 법칙

어린 시절 햇살 좋은 날, 동네 친구들끼리 옹기종기 모여 앉아 문방구에서 구입한 돋보기로 햇빛을 모아 신문지에 대고 있으면 불이 붙는 것을 보고 신기해하곤 했던 기억이 있다. 어찌 보면 이 지구상에 존재하는 태양에너지를 돋보기라는 도구를 통하여 자신이 원하는 대상에 비춘 단순한 결과일 뿐이다. 말 그대로 그냥 존재하고 있는 에너지의 방향을 원하는 곳으로 옮긴 것이다. 에너지의 방향을 자신이 원하는 곳으로 옮기는 것을 일상적으로 의지(will power) 혹은 목적(purpose)이라고 표현하기도 한다.

그렇다면 서비스 관점에서 볼 때 에너지의 방향인 서비스의 목적은 무엇일까? 당연히 고객만족이라고들 이야기한다. 백화점이나 학교, 그리고 공공기관의 모든 곳에서 표면적으로는 고객만족을 추구한다고 이야기하지만 실상은 조금 다른 것 같다. 즉, 서비스를 제공하는 사람들의 에너지의 방향이 고객만족에 있는 것이 아니라 고객의 불만 해소를 향하고 있다. 그 증거로 엄연히 규정에 근거하여 서비스가 제공되어야 하나 실상은 큰소리를 내거나 불평을 하는 고객들에게 더 신속하고 적극적인 서비스를 제공한다. 오히려 묵묵히 기다리거나 불편을 감수하는 착한 고객들은 등한시하는 현상을 서비스 현장 전반에서 찾아볼 수 있다.

그래서인지 많은 서비스교육 중에서 가장 인기 있고 관심 있는 교육과정이 '고객불만 응대교육'이다. '화난 고객 다스리는 방법'이라는 표현들은 서비스 현장에 있는 사람들에게는 참으로 매력적일 수밖에 없다. 서비스의 목적이 고객만족이라고 하면서 실상은 불만고객, 화난 고객들에게 초점을 둔다는 것은 모순이 있는 것 같다. 이러한 현상이 일어나는 이유 중 하나는 사람들이 가지고 있는 불만이 없어지면 그것이 만족이 될 것이라는 생각 때문이다. 그래서 실제로 서비스 고객만족지수(CSI)를 산출할 때 '만족점수-불만점수'로 계산한다. 이러한 방법은 타당하게 보일지 몰라도 중요한 부분을 간과하고 있다.

사람이 가지고 있는 감정의 영역은 크게 세 가지로 나눌 수 있다. 기쁨, 즐거움, 행복 등과 같은 긍정적인 정서적 감정의 영역을 통틀어서 '만족'이라고 표현한다. 반대로 화남, 실망, 불행 등과 같은 부정적인 정서적 감정의 영역을 통틀어 '불만'이라고 표현한다. 긍정적인 감정인 만족과 부정적인 감정인 불만은 그 경험에 대한 기억이 감정으로 남아 있게 된다. 하지만 인간에게는 이러한 만족과 불만 이외에 또 다른 영역의 감정이 있다. 그것이 바로 긍정적인 정서적 감정도 아니고 부정적인 정서적 감정도 아닌, 중립적인 정서적 감정인 무(無)불만이라는 것이다. 무(無)불만이라는 것은 경험을 하였지만 그 경험에 대한 기억이 나지 않는 경우다. 예를 들어, 지금까지 살면서 다녔던 식당들이 수도 없이 많을 것이다. 그중에 기억에 남는 식당은 좋은 경험 덕분에 만족스러웠던 식당이거나 반대로 불쾌한 경험 때문에 불만스러웠던 식당일 것이다. 그렇지만 다녀왔던 기억이 나는 식당보다 기억이 잘 나지 않는 식당이 훨씬 많을 것이다. 이처럼 기억이 나지 않는 상태를 바로 무(無)불만 상태라고 한다.

만약 서비스 현장에서 담당자가 열심히 제공한 서비스를 고객이 기억하지 못한다면 자신의 일에 대하여 허탈하고 허무하게 느낄 것이다. 서비스 현장에 근무하는 사람들이 자신이 하는 일에 대해 힘들어하는 이유 중 하나는 불만고객이 차지하는 비중도 있지만 제공한 서비스를 기억하지 못하는 무(無)불만 고객 때문도 있다. 하루 중 만나는 대부분의 고객이 무(無)불만 상태로 돌아가서 애써 제공한 자신의 노력을 전혀 기억하지 못한다면 자신이 하는 일들이 얼마나 허탈하고 허무하게 느껴지겠는가?

사람들은 불만이 없으면 만족하는 것으로 착각한다. 그것은 마치 자신이 속한 직장이나 가정에 불만이 없다고 해서 행복하다고 치부하는 것과 다를 바가 없다. 병이 없다고 건강하다고 말할 수는 없다. 모든 서비스 현장에서 추구하는 방향은 만족이라고 표방하면서 에너지의 방향은 그것과는 정반대로 부정적인 정서적 감정에 초점을 두고 있다. 부정적인 감정을 없앤다고 긍정적으로 바뀌는 것이 아니라는 점을 기억하자. 긍정적인 감정인 만족은 그것에 더 많은 에너지를 집중할 때 얻게 되는 것이다. 결혼생활을 하면서 서로 다투지 않고 상처 주지 않기 위해서 살아가려는 가정과 서로 아껴 주고 위해 주면서 살아가려는 가정은 분명 다를 것이다. 서비스도 마찬가지다. 고객에게 기쁨과 즐거움을 주려는 서비스와 반대로 불평 불만을 듣지 않으려고 애쓰는 서비스는 다를 것이다.

서비스 현장을 찾아오는 고객에게 서비스라는 돋보기로 만족이라는 긍정적인 감정에 에너지의 방향을 모은다면 고객만족, 나아가서는 고객감동이라는 불길이 활활 타오르게 될 것이다. 당신의 서비스 현장에는 어떤 에너지 방향의 법칙을 적용할 것인가 생각해 보길 바란다.

서비스
긍정적 감정
고객
감동

'네 탓이오'

지금 대한민국에 살아가는 사람들에게는 여러 가지 화나는 일도 많고, 불안한 일도 많으며, 억울한 일도 많다. 경제적인 문제로 힘들어하고, 자식 문제로 속상해하며, 노후에 대한 걱정으로 불안해한다. 그래서인지 언제부터인가 이러한 마음을 치유하기 위한 많은 저명인사들의 주옥같은 명언들이 유행처럼 여러 매체들을 통해서 전파되고 있다. 참으로 필요한 일이고 의미 있는 행동이다.

스님, 목사, 신부와 같은 성직자에서부터 대학교수, 그리고 인기 연예인까지 각기 다른 분야에서 일을 하는 그들의 명언의 기저에는 공통된 점이 있다. 그것은 스스로 마음을 비우고 자신을 다스려야 한다는 것이다. 즉, 모든 문제는 나로부터 시작되고, 번뇌하는 지금의 마음 역시 자신의 문제라는 것이다. 말 그대로 모든 것은 다 '내 탓이오.'라는 의미다. 세상사 모든 것이 나로부터 출발하고, 그래서 자신이 희생하고 욕심을 버리고 마음을 비우면 된다.

물론 그 명언들에 백 번 공감하고 그 의미를 이해한다. 하지만 모든 문제들에 대하여 각자가 마음을 다스리는 것만이 해결책이라고 하기에는 다소 무리가 있는 듯하다. 우선 보통 사람들은 자신의 문제로 모든 것을 수용하면 된다고 이야기하는 분들만큼의 정신적 수양을 통한 내공을 가지고 있지 않다. 그러기에 사람들이 자신에게 상처를 준 사람을 원망하고 미워하고, 경제적인 힘듦에 고통스러워하며, 아무것도 보장되지 않은 미래를 불안해하는 것은 당연한 일일지도 모른다. 상처받고 고통스러워하고 불안해하는 사람들을 따뜻하고 의미 있는 말들로 치유할 수도 있겠지만, 무엇보다도 그러한 문제들을 해결하고 예방할 수 있는 정책이나 대안이 나와야 한다. 신체적으로나 정신적으로 상처를 주는 사람에게는 응당한 처벌이 있어야 하고, 경제적인 고통을 겪는 사람들에게는 대책을 마련해 주어야 하며, 미래에 대한 불안을 없애기 위해서는 비전과 정책을 제시해야 한다. 그것이 국가와 정부 그리고 행정기관이 해야 할 일이다.

이러한 정책과 대안 없이 모든 문제를 개인의 마음에 국한하는 것은 아무런 보호장치가 없는 동물원을 산책하는 것과 같다. 서비스 현장도 비슷하다. 모든 문제의 발생 원인이 서비스 담당자에 있다고만 생각한다. 그래서 고객의 큰소리 앞에서는 무조건 '죄송하다.'는 말이 자동적으로 나온다. 그러다 보니 서비스 담당자에게 반말을 하는 것을 넘어서 욕설과 같은 언어적 폭력을 일삼는 경우가 종종 발생하기도 한다. 고객으로부터 그러한 경험을 한 서비스 담당자는 얼마나 큰 마음의 상처를 받겠는가? 물론 규정상 잘못한 것이 있으면 분명 그에 대한 정중한 사과가 필요하다. 하지만 고객의 일방적인 큰 목소리 앞에서 모든 것이 통용되는 것은 절대적으로 잘못된 일이다.

서비스는 규정에 근거하여 진행되어야 하는 과정이다. 누구는 큰소리를 친다고 통용되고 누구는 불평을 하지 않는다고 넘어가는 식으로 개인의 감정에 의해서 움직이는 것이 아니라, 서비스 규정에 근거하여 모든 것이 진행되어야 한다. 따라서 서비스 담당자 개인에게만 모든 것을 떠넘기는 것이 아니라 법적으로 대응할 수 있는 각 조직의 분명한 서비스 정책(policy)과 제도(system)가 있어야 한다. 소란을 피우는 고객들에게는 법적으로 어떻게 대처할 것인가에 대한 정책이 분명해야 하고, 고객의 불만 요소들을 미연에 방지하기 위해서는 서비스 제도를 어떻게 구축할 것인지에 대한 명확한 기준이 있어야 한다. 그리하여 고객이건 서비스 담당자건 간에 규정을 어긴 사람에게 그 책임을 물어야 한다. 그래야 서비스 담당자들도 편안한 마음으로 보다 나은 서비스를 제공할 수 있을 것이다.

"고객이 하는 폭언과 욕설은 서비스 담당자의 월급이다."라고 이야기하는 경영자나 강사들을 본 적이 있다. 참으로 어이없는 발상이고 무서운 생각이다. 폭언과 욕설에 상처 받아도 그것을 서비스 담당자가 수용하고 받아들이라는 것은 서비스를 마치 계급사회나 신분사회로 생각하는 것과 같다. 서비스는 직업이다. 직업은 직업일 뿐이지 신분이나 계급을 의미하는 것은 아니다. 그래서 서비스는 더 이상 서비스 담당자만의 탓이 아니다. 서비스 현장에서 일어나는 모든 문제는 제도나 정책으로 대처해 나가야 한다.

서비스 현장에서 발생하는 잘못된 관행들은 고객 탓이고 정책과 제도 탓이다. 정책과 제도가 제대로 기능하지 못하는 환경 속에서 비인격적으로 행동하는 '네 탓이다'.

요구와
욕구 사이

사는 게 참 팍팍하다는 이야기를 여기저기서 부쩍 많이 듣는다. 특정 계층이나 특정 직업이 아니라 다양한 사람들에게서 이런 푸념을 들을 때마다, 저마다의 사연이 있겠지만 정말이지 요즘 살아가는 하루하루가 많이 지치고 힘들다는 것을 짐작하게 한다. 사는 게 힘들 때 사람들의 입에서 이구동성으로 나오는 말 중에 하나가 "이민이라도 갈까?" 하는 말이다. 최근에 새로운 공부를 핑계로 방학을 이용하여 캐나다에서 생활을 한 적이 있다. 잠깐 여행하는 것이 아니라 생활을 하다 보니 자연스레 한인이 운영하는 식당에서부터 카센터, 할인매장, 미용원 등을 이용하게 되었다. 특이한 점은 거기서 일하는 한인 대부분이 한국에서 고학력자이고 괜찮은 직장에서 근무했다는 점이었다. 고학력에다가 좋은 직장 경력을 가지고 한국에서는 꺼리는 일들을 스스럼없이 하는 것을 보면 여기서는 이런 일들이 돈벌이가 꽤 되나 보다 하고 생각하였다. 그러나 막상 실상을 물어보니 돈벌이는커녕 식당과 가게 일에 얽매여서 여유를 부릴 수가 없다고 한다. 그렇지만 마음은 편하다고 하니 이해가 될 듯하면서도 되지 않았다. 한국에서보다 더 힘든 일을 하면서 돈을 더 많이 버는 것도 아닌데 왜 이런 고생이 마음 편하다고 하는 걸까? 환경 때문이라고 할지 모르겠지만 한국에도 얼마든지 공기 좋고 환경이 깨끗한 곳은 많다. 한국에서는 엄두도 내지 못하는 일과 생각 이상으로 적은 돈벌이이지만, 이민을 가서는 모든 것을 감수하고 오히려 자랑스럽게 일을 해낸다. 물론 여러 가지 이유가 있겠지만 심리학적인 측면에서 조금씩 이해가 되기 시작하였다. 그것은 바로 한국에서 터부시하는 일들을 그곳에서는 어느 누구도 무시하지 않기 때문이다. 즉, 일은 그냥 일일 뿐이다. 일을 하는 것 자체가 존중을 받는 사회적 분위기가 형성되어 있다.

사람들이 살아가는 사회에는 요구(requirement)와 욕구(need)가 있다. 요구란 필요에 의해서 서로 주고받는 행위과정이다. 물건이 필요하거나, 맛난 음식을 먹고 싶거나, 좋은 차를 타고 싶거나, 아픈 곳을 치료받고 싶은, 이 모든 것은 사람들이 가지고 있는 요구다. 요구는 지극히 주관적이고 개인적인 것이므로 합리적이고 객관적인 수준에서 충족이 되고, 상호 간에 원활히 주고받으려면 명백한 규정과 규칙이 있어야 한다. 명백한 규정과 규칙이 없이 개인의 요구만을 강조한다면 사회혼란의 원인이 된다. 그래서 자신의 요구를 충족시키고 싶다면 정해진 규정과 규칙을 따라야 한다.

하지만 대한민국에서는 이러한 요구의 수준이 정도를 지나치고 있는 것 같다. 규정과 규칙이 정해 놓은 그 이상의 요구를 하는 경우도 문제지만 그것보다 더 큰 문제는 자신이 요구에 대한 돈을 지불하였으니 마치 자신을 상전처럼 대접해 달라고 하는 고객의 태도다. 안타깝고 부끄러운 일이지만 지금 대한민국 서비스 현장에서는 슈퍼갑질의 횡포로 인하여 스스로 목숨을 끊는 일들이 발생하고 있다. 마음에 상처가 얼마나 컸으면 그토록 극단적인 행동을 하였을까? 그분들도 가정에서는 존경받는 아버지, 어머니, 그리고 남편과 아내였을 텐데……

고객의 입장에서는 자신의 요구에 상응하는 대가를 원하고, 규정과 규칙을 지켰을 것이다. 하지만 사회라는 것은 요구를 위한 규정이나 규칙만이 전부가 아니다. 사람에게는 욕구라는 것이 있다. 욕구란 다른 사람에게 존중받고 이해받고 싶은 마음이다. 한국에서는 터부시하는 일들을 이민을 가서 하게 되면 경제적으로, 시간적으로 여유가 없을지라도 마음만은 편안한 이유는 바로 존중받고자 하는 욕구가 충족되기 때문이다.

지금 서비스업에 종사하는 대부분의 사람들이 힘들어하는 이유 중 하나는 고객의 다양한 요구 때문이 아니라 존중받지 못하는 자신에 대한 존재감 때문일지도 모른다. 내가 하기에 꺼려지는 일을 누군가는 해야 하는 것이 삶이다. 그렇기 때문에 그런 일을 하는 사람을 오히려 존중해야 한다. 사회가 성장하려면 사람들의 요구가 다양해져야 하지만, 사회가 성숙해지려면 다른 사람으로부터 존중받고 이해받고 싶어 하는 욕구가 상호 충족되어야 한다. 미성숙한 어린아이는 문을 열고 들어가는 데만 정신이 쏠려 있지만, 성숙한 사람은 손잡이를 잡고 서서 뒤따라 들어오는 사람까지 배려한다. 지금 우리 사회는 다양한 요구도 중요하지만 다른 사람을 존중하고 이해하려는 욕구 충족이 더 필요한 것 같다.

생채기 예방주사

건강의 척도를 이야기할 때 빠트리지 않는 표현이 바로 감기다. "나는 감기 한 번 걸리지 않아."라는 말은 그만큼 건강하다는 표현이다. 이렇듯 감기는 건강한 사람들에게는 있는 듯 없는 듯 스쳐 지나가지만, 면역력이 약한 사람들에게는 일정 기간 머물다 간다. 기침이나 코막힘과 같은 증상으로 잠깐 머물다 가는 경우도 있지만, 심한 경우에는 고열이나 폐렴과 같은 무서운 합병증을 일으켜 죽음에 이르게까지 할 수도 있다. 그래서 동네 병원을 찾아가서 독감예방주사를 접종하여 감기를 사전에 예방하려고 한다.

30~40년 전만 하여도 독감예방주사라는 것이 지금처럼 흔하지 않았고 그것을 맞는 경우도 드물었다. 그 시절에는 의료시설이 열악하기도 했지만 지금과 같이 다양한 바이러스가 존재하지도 않았을 것이며, 또한 지금처럼 복잡한 사회관계와는 달리 단순한 관계 속에서 생활했기 때문일 것이다. 하지만 현대인들은 많은 사람과 교류해야 하는 사회환경에서 살아가다 보니 다양한 경로를 통하여 감기 바이러스에 많이 노출되게 된다. 그래서 독감예방접종과 같은 조치를 취함으로써 감기로부터 건강을 지키려고 한다.

똑같지는 않지만 서비스 분야도 비슷하다. 현재 대한민국 대부분의 산업이 서비스 문화에 기초하고 있다. 유통, 금융, 항공, 호텔과 같은 전통적인 분야에서부터 교육, 행정, 의료 등 모든 분야가 서비스를 바탕으로 하고 있다. 과거와는 전혀 다른 사회환경 체제에서 생활하다 보니 이전과는 전혀 다른 현상들이 발생하고 있다.

대한민국에서는 언제부터인지 슈퍼갑질이라는 현상이 나타나기 시작하였다. 이제 갓 스물이 넘은 사람이 서비스 담당자를 마치 머슴 부리듯 했다는 기사를 접할 때면 마음이 씁쓸해진다. 만약 우리 사회가 서로를 배려하는 성숙한 사회가 되지 않는다면 이러한 슈퍼갑질에 대한 서비스 종사자들의 심리적, 정신적 피해는 더욱 커져 갈 것이다.

서비스 담당자들이 심리적 상처를 받지 않고 건강한 서비스를 수행하기 위해서는 자아존중감(self-esteem)을 가져야 한다. 심리학에서 말하는 자아존중감은 자기 자신을 긍정적이고 가치 있는 존재로 생각하는 개념을 말한다. 사람들에게 자아존중감이 중요한 이유는 자아존중감 지수가 높으면 높을수록 자아효능감(self-efficacy)도 상승하기 때문이다. 자아효능감이란 자신 스스로 주어진 상황을 극복할 수 있고 자신에게 주어진 과제를 성공적으로 수행할 수 있다는 신념이나 기대를 말한다. 학교나 직장 그리고 사회의 모든 곳에서 개인이 높은 자아효능감을 가지고 생활한다면 자신에게 내재된 잠재능력(potential ability)을 발휘하게 되고, 사회는 더 생산적이 될 것이다. 특히 지금 대한민국에서 모든 산업의 기초가 되는 서비스 업종에 종사하는 사람들이 이러한 자아효능감을 가지고 일을 한다면 더 좋은 양질의 서비스를 고객에게 제공할 수 있을 것이다.

자아효능감을 높이는 근원은 바로 자아존중감이다. 하지만 슈퍼갑질을 하는 고객들의 태도도 문제지만 시간적으로나 환경적으로 열악한 상태에서 서비스 종사자들이 스스로 자아존중감을 갖기란 현실적으로 쉽지 않다. 물론 자아존중감은 서비스 담당자 스스로가 가져야 하지만 그렇게 되기가 쉽지 않다. 그래서 일정 기간의 훈련과 교육을 통하여 향상될 수 있도록 하여야 한다. 그렇지만 대부분의 서비스 업종은 자아존중감을 향상시키는 교육을 등한시한다. 그래서 어쩌면 많은 서비스 종사자들이 고객과의 관계 속에서 가슴속에 생채기를 입은 채 살아가는지도 모른다. 신체적으로 생긴 생채기는 눈에 보여서 쉽게 치료할 수 있지만 마음속 깊이 생긴 생채기는 눈에 보이지 않아 치유가 어려울 수 있다. 그래서 지금 대한민국 서비스업에 종사하는 모든 사람에게 필요한 것은 고객과의 관계에서 얻게 된 마음속 생채기를 힐링(healing)하는 시간과 아울러 그런 상처가 생기지 않게 미리 예방할 수 있는 생채기 예방주사인 자아존중감 훈련과 교육이다.

환절기에 건강을 챙기기 위해 독감예방주사를 접종하듯이, 열악하고 힘든 서비스 환경으로부터 서비스 담당자의 자아존중감을 향상시키기 위한 마음의 생채기 예방주사를 접종하는 것이 필요하다.

의미

지금은 상상할 수 없을 정도로 먹거리가 부족하였던 지난 시절의 추억 중 하나가 바로 풍선껌이다. 지금 생각하면 생고무처럼 질기고 단단한 풍선껌이었지만 그 시절에는 그 풍선껌이 너무도 좋아서 함부로 다룰 수도, 버릴 수도 없었다. 그래서 단물이 이미 빠져 버린 껌도 책상이나 벽에 붙여 놓고 다시 음미하곤 했다. 아마 요즘 어린아이들에게 그런 이야기는 진부한 이야기처럼 들릴지 모른다. 많은 사람들은 가난했던 시절이었기에 그렇다고 말할지 모르지만, 가난이라는 환경보다도 더 중요한 것은 풍선껌에 부여하는 의미다. 그 시절에는 풍선껌을 긍정적인 의미로 받아들였기에 소중하고 가치 있게 다루었다. 우리 주위를 가만히 살펴보면 자신이 긍정적인 의미를 투사하는 물건은 너무도 소중하고 가치 있게 다룬다. 비록 중고차일지라도 자신의 차에 긍정적인 의미를 둔 사람은 늘 세차를 하고 광택을 내는 데 노력과 수고를 아끼지 않는다. 그래서 남들이 보아도 그 차에 대한 애정을 느낄 수 있다. 사랑하는 자녀에게는 긍정적인 의미를 두기 때문에 세상 무엇과도 바꿀 수 없는 가치 있는 존재로 생각한다. 참 신기한 것은, 아무리 값비싼 차라고 하여도 긍정적인 의미를 부여하지 않는 순간 소홀히 여겨 방치하게 되고, 그러다 보면 남들도 그 차에 흠집을 내고 함부로 하기가 쉽다. 자식도 마찬가지로 긍정적인 의미를 부여하지 않고 애정과 관심을 가지지 않으면 그 아이는 밖에서 남들에게 푸대접을 받을 가능성이 크다. 즉, 우리가 사람이나 사물 그리고 자신이 하는 어떤 일에 긍정적인 의미를 부여할 때 비로소 그

대상이 가치 있게 된다. 그렇게 될 때 다른 사람도 그에 대한 애정을 함께 느끼고 소중히 대하게 된다. 반대로 자신이 긍정적인 의미를 부여하지 않고 부정적이거나 관심을 가지지 않으면 남들도 그것을 비슷하게 인식하여 함부로 대하게 된다.

서비스도 이와 비슷하다. 자신에게 주어진 상황이나 환경에 어떤 의미를 부여하느냐에 따라 그 결과는 다르게 나타난다. 얼마 전 개인적인 이유로 대학병원 두 곳을 다녀왔다. 첫 번째로 갔었던 병원에서는 의사와 간호사를 비롯한 모든 사람이 분주하고 지쳐 있는 느낌이었다. 얼마나 격무에 시달렸으면 저렇게 힘이 들까 하는 안쓰러운 마음도 있었지만, 그 병원에 오래 머물고 싶은 마음은 없었다. 없던 병도 생길 것 같았다. 두 번째로 갔었던 병원은 그야말로 생기가 느껴지는 분위기였다. 물론 알 수 없는 여러 요인이 있을 수 있겠지만 이토록 다른 차이를 내는 원인이 무엇일까 곰곰이 생각해 보았다.

심리학적 관점에서 보자면 그 차이에 대한 이유는 바로 의미에 대한 부분이라고 생각한다. 현재 하는 일에 대한 의미는 자신의 현재 심리상태를 그대로 반영하고 있기 때문이다. 첫 번째로 갔던 병원에서는 하얀 가운이 왠지 변색된 듯 낡아 보였고, 특히 간호사들이 신은 흰색 신발은 더 이상 하얀 느낌을 가질 수 없었으며, 걸을 때 보였던 까맣게 변해 버린 신발 밑창은 마치 병원 복도의 오염을 그대로 방증하는 듯하였다. 그런데 두 번째로 방문하였던 병원은 눈이 부실 정도로 하얀 가운과 신발로 가득했고, 그래서인지 표정 또한 굉장히 밝게 느껴졌다. 환자들이 묻는 말에 무뚝뚝한 표정과 말투로 대하는 첫 번째 병원과는 달리 친절하면서도 단호한 표현으로 상황을 정리하는 모습에서 같은 대학병원이지만 엄청난 차이점을 새삼 깨닫게 되었다.

사람은 자신이 긍정적인 의미를 두고 애정과 관심 쏟는 곳에 가치를 두게 된다. 중요한 자리에 몸가짐과 마음을 함부로 하고 나가는 경우는 없을 것이다. 비싼 옷이 아니더라도 나를 가장 돋보이게 하는 옷으로 자신을 꾸미고 가장 좋은 표정과 말투로 자신을 표현하려고 할 것이다. 취업 면접을 하는 청년들은 그 어느 때보다 자신에게 많은 관심을 가지고 자신감이 넘치는 긍정적인 마음을 표현하려고 한다. 마음에 드는 이성을 소개받은 사람은 상대에게 좀 더 잘 보이기 위해 꾸미고 좋은 모습으로 대하려고 노력한다. 이 모든 것은 상황이나 환경이 아니라 자신의 상황이나 환경에 부여하는 의미의 문제인 것이다. 현재 나의 표정과 말투 그리고 내가 입은 옷과 신은 신발, 이 모든 것은 상황이나 환경이 아닌 내가 있는 상황이나 환경에 대한 나의 의미를 반영하는 것이다. 그러므로 다른 사람들이 나를 가치 있게 대하기를 바란다면 내가 나를 가치 있게 대하여야 한다.

의미는 우리가 만드는 것이 아니라 발견하는 것이다. 의미를 찾지 않으면 결코 발견할 수 없다. 소풍의 즐거움 중에 하나가 보물찾기인 것처럼 인생과 일에 대한 즐거움도 긍정적인 의미를 찾는 것에 있는 것 같다.

공부하는 서비스

부모의 관심사 중 하나가 자녀의 공부다. 공부를 잘해야 좋은 대학에 가고 좋은 인생을 살아갈 수 있다고 생각하기 때문이다. 그래서 자녀가 공부를 잘할 수 있도록 다방면의 노력을 강구한다. 그러나 부모들이 생각하는 공부와 본질적인 공부의 의미는 조금 다르다.

우선 공부와 성적은 다르다. 일반적으로 부모들이 생각하는 공부는 성적을 의미한다. 주위에서 보면 성적을 높이는 방법이 따로 있다고 한다. 그러한 방법을 익히면 성적은 높일 수 있지만 정답이 주어지지 않은 상황에서는 대처하기 힘들어한다. 즉, 정답 이외에는 생각해 보지 않았기 때문에 어떻게 해야 하는지를 모른다.

본질적으로 공부란 지금까지 경험하지 못한 새롭고 어려운 과제들을 직면하고 해결해 나가는 과정이다. 우리는 이전과는 전혀 다른 사회를 살아가고 있다. 열심히 노력하여 사법고시에 합격만 하면 인생이 보장되고, 학교의 지역적 위치에 관계없이 의과대학을 졸업하면 개원하는 것이 쉬웠으며, 좋은 대학을 졸업하면 취업 걱정이 없었던 시절은 이미 오래전 이야기가 되어 버렸다. 요즘은 좋은 대학을 나오면 모든 것이 해결될 줄 알았던 젊은이들이 막상 사회에 나와서 부딪히는 새로운 일에 좌절하고 상처를 받는다. 이들에게는 좋은 성적이 아니라 새로운 일을 직면했을 때 해결해 나가는 학습능력을 키워 주는 공부가 필요하다.

우리가 살아가면서 수많은 일을 직면하고 그러한 것들을 해결해 나가는 과정이 어찌 보면 다 공부다. 결국 인생은 공부하면서 살아가는 것이라고 할 수 있다. 그러한 과정이 학습과정이고 학습과정의 결과가 우리의 삶을 만들어 간다. 이러한 공부의 원리를 잘 적용해야 인생을 지혜롭고 행복하게 살아갈 수 있다. 이러한 공부의 원리를 잘 적용하기 위해서는 근본적인 조건이 존재한다. 우선 주변 사람들의 사랑과 믿음이 필요하다. 어린 시절 아이가 걸음마를 배울 수 있도록 도와주기 위해서는 아이가 걷다 넘어졌을 때 안쓰럽고 아프더라도 그러한 고통의 과정을 인정하고 스스로 일어서서 걸어갈 수 있도록 지켜봐 주는 부모의 믿음과 사랑이 절대적으로 필요하다. 만약 넘어졌다고, 혹은 상처가 났다고 비난하거나 무관심하게 내버려 둔다면 나중에 커서 잘 걸을 수 있을지 몰라도 정서적으로는 마음의 상처가 될지도 모른다. 즉, 부모의 사랑과 믿음 속에서 자녀들은 자아존중감이 생기고 스스로 새로운 일들을 해결해 나가는 학습능력이 커지게 된다. 그로 인해 자아존중감을 바탕으로 형성된 학습능력을 발휘해 새롭고 어려운 인생의 과제들을 슬기롭고 지혜롭게 해결할 수 있게 된다.

서비스도 비슷하다. 주어진 공간에서 같은 일을 하고 비슷비슷한 고객들을 만나는 것 같지만, 실상은 고객에 따라서 너무도 다양하고 복잡한 일을 하게 된다. 서비스 자체가 힘들다기보다는 고객에 따라서 늘 다르게 응대해야 하는 어려움이 있다. 그래서 고객을 대하는 사람은 심리에 대한 공부를 하여야 한다. 상품이나 제품과 같은 서비스에 대한 전문지식을 습득하는 것이 성적을 높이는 것이라면, 다양한 고객을 대하는 것은 공부를 하는 것이라고 할 수 있다. 대한민국의 대부분의 서비스 현장은 제품이나 상품에 대한 전문지식이라는 성적을 높이는 것은 잘할지 모르지만 사람을 응대하는 공부에 대한 수준은 현장마다 천차만별인 것 같다.

사람을 대하는 것에 타고난 재능을 가진 서비스 담당자들도 있을 수 있지만 대부분은 어떻게 사람들을 대해야 하는지 잘 모르는 경우가 많다. 서비스라는 공간이 고객의 요구가 무엇인지 알아내고 그것에 맞게 응대해 주는 과정인 것 같지만 실제로는 그 과정에서 너무도 많은 일들이 파생된다. 이러한 과정에서 어떤 일은 비수처럼 서비스 담당자들의 가슴을 찌르기도 한다. 그 상처가 너무 아파서 이를 악물고 빼고 나면 벌어진 상처에서 열정과 꿈이 빠져나오고, 시간이 지나면 허탈과 허무감이라는 흔적이 남게 된다…….

제품이나 상품에 대한 전문지식을 측정해서 평가하는 성적만으로는 이제 서비스가 통하지 않는 시대가 되어 버렸다. 상품과 제품에 대한 전문지식 외에 다른 것을 공부하여야 한다. 지금의 시대는 사람의 심리에 대해 공부해야 하는 시대다. 그리고 그 속에서 서비스 담당자로서의 기쁨을 찾아가야 할 때인 것 같다. 오래전 공자님이 말씀하셨다. "배우고 또 배우니 기쁘지 아니한가!(學而時習之 不亦說乎!)"

화단의 비밀

화초를 기르는 일은 건강한 삶을 유지하는 데 도움이 된다고 한다. 특히 마당이 없는 아파트 생활을 하는 사람들은 화초를 접하기가 쉽지 않기 때문에 야외의 모습을 고스란히 담은 것은 아니지만 그나마 비슷한 느낌을 연출하기 위하여 실내화단을 꾸며서 화초를 가꾸기도 한다. 넓은 마당은 아닐지언정 실내에서 아름답고 싱그럽게 펼쳐진 화초를 보면 마음의 여유로움은 물론 삶의 즐거움과 활력을 느낄 수 있다.

그러나 정작 실내 화초를 가꾸는 사람들의 노력은 생각만큼 녹록지 않다. 물을 주는 것부터 실내 온도를 관리하는 것까지 관심과 정성을 기울여야 한다. 그래서 어떤 사람들은 그러한 수고 때문에 조화를 들여놓는 경우도 있다. 물론 요즘 조화들은 생화 같은 느낌을 주어 색감이나 모양이 감쪽같을 정도로 잘 나와서 실내 인테리어 용도로 사용하는 경우가 많다. 빈 공간의 허전함을 채우기 위하여 잘 장식된 인테리어용 조화는 사람들로부터 한두 번 관심을 받을 수 있으나 시간이 지나면 별 관심을 받지 못할 뿐만 아니라 식상하다고 외면받는 경우도 생긴다. 그 이유는 간단하다. 조화는 살아있는 생명체가 아니기에 사람들의 관심에 대한 반응도 그리고 주인의 정성에 부흥한 성장도 없기 때문이다. 관심과 정성이 없어도 놓인 그 자리에 있는 무생물에 불과한 물건이다. 반면 화초는 살아있는 생명체다. 즉, 사람들의 관심에 따라 반응하고 주인의 정성에 의해서 성장한다. 만약 주위의 관심과 정성이 없으면 성장도 멈추고 말라 비틀어져서 죽고 만다. 그래서 화초를 키우는 일은 정성과 관심이 끊임없이 필요한 생명체와의 지속적인 관계다. 그만큼의 관심과 정성이 있어야 비로소 실내에서 풍성하고 신선한 숲속의 평안한 분위기를 화초를 통해서 누릴 수 있다.

서비스도 비슷하다. 단순히 고객이 요구하는 것과 그 요구에 대한 답을 주면 되는 간단한 프로세스인 것 같지만 실제로는 그리 간단한 일이 아니다. 고객의 요구와 서비스 제공자가 그에 대한 답을 주는 과정 사이에는 복잡하고 미묘한 역동이 일어난다. 즐거워하고 고마워하는 사람, 역정을 내는 사람, 무덤덤한 사람, 불쾌하게 생각하는 사람 등 다양한 반응이 나온다. 이러한 다양한 반응의 원인을 NLP 심리학적으로 해석해 보면, 사람들은 그들이 요구하는 '무엇을(what)'에 대한 반응도 중요하지만 그 무엇을 주는 사람이 '어떻게(how)' 하느냐에 따라서 감정의 결과들이 달라진다. 또한 그 무엇을 '언제(when)' 주느냐에 따라서 달라진다. 왜냐하면 대인관계 속에서 나타나는 감정들은 '무엇'이라는 매개물보다도 제공하는 사람이 '어떻게' 그 무엇을 주느냐에 따라서 달라지고, 또한 무엇이라는 매개물을 받는 사람의 심리상태인 '언제'에 따라서 달라지기 때문이다. 예를 들어, 식사를 차려 주는 것만으로 자녀들은 고마워하거나 감동받지 않는다. 물론 식사를 차려 준다는 것도 중요하지만 더 중요한 것은 어떻게 차려 주느냐는 것이다. 즉, 무작정 식사를 준비하는 것이 아니라 자녀의 심리상태를 고려하는 태도에 따라 감정은 다르게 나타날 것이다. 무표정하게 식사를 차려 준다면 그 노력에 대한 보상은커녕 밥을 먹는 사람은 부담감을 가질 것이다. 또한 밖에서 있었던 속상한 일 때문에 힘들어 하는 자녀의 심정을 헤아리지 않고 무조건 차려 놓은 밥을 먹으라고 한다면 그 또한 반감을 사게 될 것이다. 식사를 차린 사람 입장에서는 자신의 수고와 노력이 외면당하는 것이 속상할지도 모르지만 이왕 노력과 수고를 한다면 좀 더 효율적이고 효과적으로 하는 방법을 찾아야 한다. 그것이 바로 대인관계 방법(interpersonal skill)이고 서비스 스킬이다.

'무엇을' '어떻게' 제공할 것인가 하는 것이 바로 사람에 대한 정성이고 그 무엇을 '언제' 하면 좋을지 생각해 보는 것이 바로 관심이다. 왜냐하면 고객은 빈 공간에 놓인 생명력 없는 조화가 아니라 늘 타인의 관심과 정성을 필요로 하는 화초처럼 살아있는 존재이기 때문이다. 즉, 고객을 관심과 정성으로 어떻게 대하느냐에 따라서 그 결과는 전혀 다르게 나타난다. 그래서 고객이라는 존재는 서비스의 관심과 정성이 가득할 때 만족이라는 아름다움의 꽃을 활짝 피우게 된다. 서비스는 서비스 현장이라는 정원에서 고객이라는 아름다운 화초를 가꾸는 의미 있는 일이다.

용서의 진실

'열 길 물속은 알아도 한 길 사람 속은 모른다.'라는 속담이 있다. 그만큼 사람의 마음을 안다는 것은 쉬운 일이 아니다. 그러나 우리는 다른 사람의 마음을 알고 있다는 착각을 하면서 사는 것 같다. 배우자의 마음, 자녀의 마음 그리고 직장 상사나 부하직원의 마음을 우리 자신의 일방적인 관점에서 다 알고 있다고 생각하는 것이 인간관계 속에서 빚어지는 갈등과 불화의 원인이 되고 상처가 되는 것 같다.

그래서 사람의 마음을 체계적으로 연구하려고 시작된 학문이 심리학이다. 이러한 인간의 마음을 보다 과학적으로 접근하려는 최초의 시도가 바로 빌헬름 분트(Wilhelm Maximilian Wundt)의 실험실의 심리학이었다. 1879년 독일 라이프치히 대학교의 교수인 분트는 연구자 자신의 의식을 스스로 분석함으로써 인간의 마음을 이해하려는 내성법(Introspection)이라는 방법을 사용하였다. 이러한 시도는 사회심리학, 발달심리학을 거쳐 학습심리학, 인지 및 지각심리학, 산업 및 조직심리학, 임상 및 상담심리학 등 현재 심리학의 초석이 되었다.

여기서 주목할 점은 심리학의 발전은 그 시대의 사회적 요구들을 반영하고 있다는 것이다. 21세기가 되면서 심리학은 또 다른 형태로 나타나기 시작했는데, 그 대표적인 분야가 바로 긍정심리학이다. 미국에서 시작된 긍정심리학은 말 그대로 사회 전반적으로 사람들이 행복해하지 못하는 현상을 반영한 심리학의 새로운 영역이다. 물론 전통 심리학적 관점에서는 긍정심리학이나 행복심리학을 심리학의 분야로 인정하지 않으려 할 수도 있지만, 그만큼 부정적인 사회 전반의 현상을 반영하는 부분으로 이해해야 할 것이다. 하기야 필자가 유학을 하던 20여 년 전에 그 당시 수업과목 중 '상실과 슬픔을 위한 상담(Loss and Grief Counseling)'이라는 과목에서 당시로서는 생경하였던 '치유(healing)'라는 단어를 접하였는데, 몇 년이 지난 후 긍정심리학이나 행복심리학이 자연스럽게 나오게 되었다. 그 당시 미국이나 캐나다에서는 개인이 느끼는 슬픔과 상실이 개인의 차원을 넘어 사회문제로 대두되었고, 그래서 치유라는 표현이 사회적 화두가 되었으며, 그 이후에는 행복과 긍정을 다루는 부분으로 전개되어 갔다.

우리나라에서도 치유라는 말이 몇 년 전부터 TV 프로그램으로 소개되면서 이제는 이 말이 어색하지 않게 되었다. 그것은 우리 사회도 슬픔과 상실에 대한 치유와 좀 더 행복하게 살아갈 수 있는 긍정심리학이 필요한 시대에 접어들었다는 것을 방증하는 셈이다.

그런데 미국에서는 최근 5~6년 전부터 용서심리학(Helping Clients Forgive)이라는 분야가 긍정심리학에 이어서 나타나기 시작하였다. 행복해지기 위해서는 용서를 해야 한다는 이론이다. 말 그대로 사람들이 용서할 수 있는 마음을 갖도록 하는 방법을 다루는 분야다. 그러나 우리가 생각하는 용서와는 조금 다른 점이 있다. 용서란 나에게 상처를 준 상대방을 이해하는 것이 아니라 더 이상 그 상대방을 원망하지 않는 것이다. 물론 자신에게 상처를 준 상대방을 너그러이 이해할 수 있다면 더할 나위 없이 좋겠지만 우리들은 그렇게 완벽하고 위대한 존재가 아니다. 또한 용서란 나에게 상처를 준 사람과 화해를 하는 것을 의미하는 것이 아니다. 물론 화해를 하면 좋겠지만 화해를 하려는 내 마음과는 달리 깊이 반성하고 뉘우치지 않는 상대방 때문에 더 깊은 상처를 받을 수 있다. 우리에게서 용서라는 아름다운 행동이 쉽게 나오지 않는 것은 용서에 대해 이처럼 많은 오해를 갖고 있기 때문이다.

용서란 바로 나에게 상처를 준 사람에 대한 원망이나 분노, 미움을 스스로 그만두는 것이다. 그래야만 분노와 미움이 지나간 우리 마음속에 행복이라는 희망을 채울 수 있다. 그런 점에서 용서는 포기와 다르다. 용서란 분노와 미움 대신 그 자리에 행복을 키워 가는 아름다운 작업이다.

정작 상대방은 기억조차 못하는 상처는 이제 용기 있게 던져 버리자. 우리는 살아가면서 서비스 현장에서 고객들에게, 혹은 가정에서 배우자나 가족에게, 그리고 직장에서 상사에게 받았던 많은 상처 때문에 많이 힘들고 괴로웠을지도 모른다. 하지만 지금 이 순간 우리가 할 수 있는 가장 아름다운 일은 과거에 받은 상처를 용서라는 이름으로 떠나보내고, 행복이라는 희망의 마음으로 내일을 맞이하는 것이라고 생각한다. 용서는 우리가 할 수 있는 최고로 아름다운 일이다.

심(心)테크

현대를 살아가는 사람들의 소망 중에 흔히들 가장 많이 갈구하는 것 중 하나가 재테크다. 저마다의 사용 목적이 다를 수 있겠지만 돈의 풍요로움에 대한 갈망은 대부분 비슷한 것 같다. 그래서 부동산에 대한 정보를 찾게 되고, 주식과 같은 금융상품에 대하여 관심을 갖게 된다. 얼마 전에는 금(金)에 사람들의 이목이 집중된 적이 있었다. 금의 가치가 급격히 상승하다 보니 금을 통한 재테크를 금테크라고 하였다. 그런데 최근에는 '레고 재테크'라는 새롭고도 흥미로운 말을 들은 적이 있다. 바로 어린이들이 갖고 노는 레고라는 장난감이 새로운 재테크 수단으로 각광을 받고 있다는 것이다. 덴마크에 본사를 둔 '레고'라는 완구전문업체 회사는 덴마크어인 '레그 고트(leg godt)'를 줄인 말로서 '잘 논다(play well)'라는 뜻을 가지고 있다. 어찌 되었건 이렇게 어린이들이 가지고 노는 장난감이 재테크의 수단이 된 배경은 다음과 같다.

레고라는 장난감은 시리즈로 상품이 출시되다가 어느 순간 그 상품이 단종되어서 더 이상 출시되지 않으면, 레고 시리즈를 모으는 수집가들은 단종된 중고상품을 비싼 가격에 구입한다고 한다. 그래서 레고라는 장난감이 몇 년이 지나고 나면 10배 혹은 100배 그 이상의 가치가 생긴다고 한다. 이처럼 레고를 통해서 재테크를 하는 것을 '레테크'라고 한다.

몇 십만 원 하는 장난감의 가격이 몇 년 후에는 10배나 100배, 어떤 경우에는 그 이상의 가치가 생긴다니 의아하면서도 흥미롭기까지 하다. 하지만 그러한 가치를 얻으려면 조건이 있다고 한다. 우선 블록으로 구성된 레고의 모든 조각들이 정확하게 맞추어져 있어야 하고, 구입할 당시의 상품 박스도 흠집 하나 없이 그대로 보존되어 있어야 한다. 수십, 수백 개 혹은 수천 개가 넘는 작은 블록 조각 중에 하나라도 없으면 혹은 흠집이라도 생기면 그 상품 가치는 사라지게 된다. 상품이 하나인 경우는 그렇다 하더라도 수십 혹은 수백 가지가 넘는 장난감을 흠집 없이 조립하고 몇 년간을 보관하려면 일반사람들이 생각하는 것 이상의 노력이 필요할 것이다. 자그마한 블록들을 맞추어 가는 과정에서 한 조각 한 조각 정성을 들여 맞추어야 흠집이 생기지 않게 되고, 이러한 작업을 수십 개가 아닌 수백 개 혹은 수천 개를 할수록 그 가치는 점점 더 높아질 것이다. 이처럼 레고라는 장난감을 재테크로 활용하려면 그 상품에 대한 지속적인 애정과 끊임없는 정성을 들여야 한다.

서비스도 비슷하다. 고객이라는 존재를 통하여 수익을 창출하지만 그 고객이 지금과 비교하여 향후에 수십 배 혹은 수백 배의 가치를 나에게 가져다줄 수도 있다. 하지만 그러한 향후의 가치는 거저 얻어지는 것이 아니다. 레고 장난감의 모양이 각각 다르기 때문에 맞추어 가는 조립 과정을 다르게 해야 하고, 향후의 가치를 높이기 위하여 흠집 없이 작업을 완성하고 그 작품을 보관하려면 조각 하나, 작품 하나에 더 심혈을 기울여야 한다. 장난감조차도 미래에 가치를 얻으려면 정성과 노력을 기울여야 하는데, 고객이라는 사람은 그 정성과 노력이 더 많이 필요할 것이다. 레고라는 완구를 구입하였을 때에는 우선 그 모양이 어떠한지 그리고 어떠한 방법으로 조각들을 맞추어 가야 하는지 고민하고 정성을 쏟아야 하듯이, 고객도 마찬가지다. 각자가 어떤 심정으로 나를 찾아왔는지 그리고 그러한 마음을 어떻게 맞추어 주어야 하는지 고민하고 또 고민하여야 한다. 만약 그러한 점을 헤아리지 않고 혹은 정성을 들이지 않고 건성으로 대하게 되면 그 고객은 나중에 나에게 지금보다 큰 가치를 절대 가져올 수 없을 것이다. 지금보다 더 큰 가치를 얻으려면 지금 만나는 고객 한 사람 한 사람에게 그 마음의 조각들을 맞추어 가야만 한다. 그렇게 정성을 들여서 맞추어진 고객을 바로 고객만족이라고 한다. 만족한 감정을 가진 고객들은 몇 년이 지나고 혹은 몇 십 년이 지나고 나면 분명 나에게 지금보다 큰 가치를 가져다줄 것이다. 서비스 장면에서 이러한 재테크 방법을 바로 심(心)테크라고 한다.

'공심위상(攻心爲上) 공성위하(攻城爲下)'라는 말이 있다. 사람의 마음을 얻는 것이 최상이고 상대의 성(城)을 공격하는 것이 가장 하수라는 의미다. 서비스도 이제부터 심(心)테크로 해 보는 것이 어떨지.

명품

계절은 우리의 생활패턴을 바꾼다. 특히 추운 겨울에는 스키나 스노보드와 같은 활동을 제외하고는 다른 계절에 비하여 대부분의 야외활동이 줄어든다. 그러다 보니 겨울만이 갖는 현상들이 나타나는데 그중에 하나가 홈쇼핑 매출이 급증한다는 것이다. 가끔 홈쇼핑을 들여다보면 그만의 매력에 빠져들 때가 있다. 쇼호스트들의 상품에 대한 설명을 듣다 보면 딱히 필요 없는 것인데도 당장이라도 사야 할 것만 같은 유혹을 느낀다. 얼마 전 가죽소파에 대한 상품 설명을 보는데 쇼호스트들이 그냥 소파에 앉아서 편히 쉬는 일상의 장면을 연출하면서 자신이 소개하는 천연가죽 소파만의 장점을 부각시키려고 하였다. 편안하게 온몸의 체중을 소파에 맡겼다가 다시 일어났을 때, 앉았던 흔적은 온데간데없이 원상 복원되는 점을 강조하였다. 물론 한두 번 체중을 싣는다고 해서 소파의 복원력이 없어진다면 그것은 당연히 소파로서의 기능을 한다고 할 수 없겠지만, 아무튼 쇼호스트들의 표현을 빌리자면 몇 년을 사용하여도 그 복원력은 계속된다고 하니 의심보다도 관심이 앞섰다. 사실 소파라는 가구는 단순히 실내에 비치하여 두는 가구가 아니라 사람들의 체중을 감당하는 기능을 해야 한다. 그것도 체중이 무거운 사람부터 가벼운 어린아이에 이르기까지 다양한 사람들의 체중을 감당해야 한다. 만약 소파에게 생각할 수 있고 느낄 수 있는 마음이 있다면 우리가 실내에 비치하는 가구 중에 가장 힘들다고 하소연할지도 모른다.

사실 비슷비슷한 기능을 하는 소파라고는 하지만 그 가격 차이는 천차만별이다. 몇 십만 원부터 몇 백만 원, 몇 천만 원에 이르기까지 다양하다. 그 가격의 차이는 디자인이나 크기의 차이도 있겠지만 가장 중요한 것은 가죽의 재질에 따른 복원력이다. 엄격히 말하자면 명품(名品) 가죽소파는 단순한 복원력을 뛰어넘어서 시간이 지날수록 세월의 흔적을 더 멋스럽게 담아내고 표현한다. 즉, 단순히 눈으로 즐기기 위해서 비치되어 있는 가구가 아닌 많은 사람들에게 편안함을 주면서 오랜 세월이 지나도 체중의 흔적을 견디어 내고 그 흔적들을 또 다른 모습으로 표현할수록 명품인 것이다.

똑같지는 않지만 수많은 고객과 접하는 서비스 현장도 비슷하다. 생김새만큼이나 다양한 고객들의 성향을 고스란히 받아야 하는 것이 피할 수 없는 현실이다. 그러한 고객들 때문에 느끼는 피곤함이나 상처가 서비스를 하는 입장에서는 참으로 곤혹스러운 일이다. 그렇다고 고객을 만나지 않는 서비스 현장을 기대한다는 것은 대기 중에 있는 유해가스나 바이러스가 두려워서 숨을 멈추려고 하는 어리석은 일과 같은 것이다. 중요한 것은 고객을 만나지 않는 것이 아니라 고객들을 만나더라도 피곤함과 상처에 아파하면서 그대로 있지 않고 빨리 자신의 상태로 돌아서는 능력이 필요한 것이다. 그것을 심리학에서는 회복탄력성(resilience)이라고 한다.

우리는 살아가면서 다양한 사람을 만나고 수많은 일을 경험한다. 그 속에서 기쁨과 즐거움도 경험하지만 때로는 원치 않는 상처를 받고 아파할 때도 있다. 이러한 슬픔과 상처를 경험하였을 때 일반적으로 네 가지 형태의 반응을 한다. 첫째, 굴복이다. 슬픔과 상처를 받고 주저앉아서 절망의 상태에 갇히는 것이다. 둘째, 생존이다. 슬픔과 상처를 안고 마지못해 살아가는 것이다. 셋째, 회복이다. 누군가에게 받은 슬픔이나 상처 이전의 상태로 돌아가는 것이다. 슬픔과 상처는 없을 수 있겠지만 세월의 흐름에 대한 성장이나 성숙도 없다. 넷째, 번영이다. 슬픔과 상처를 넘어서서 또 다른 자신의 의미를 발견하고 자신을 성장시키고 성숙시켜 나가는 것이다. 싸우지 않기 위해서 결혼생활을 하는 사람은 없을 것이다. 하지만 사람들은 부부 사이에 싸우지 않고 지내는 방법에 관심을 갖는다. 결혼생활은 싸우지 않는 것이 중요한 것이 아니라 얼마만큼 행복하게 사느냐가 중요하다. 서로 다투지 않고 싸우지 않는다고 행복한 것은 결코 아니다. 더 중요한 것은 불가피한 다툼에서도 행복할 수 있는 방법을 찾는 것이 필요하다. 서비스 현장에서 고객에게 상처받지 않으려고 하는 것이 일을 하는 목적이 될 수 없다. 다양한 고객들로부터 받게 되는 상처나 아픔에 머물지 않고 새로운 의미를 발견하는 탄력성이 필요하다.

명품 소파는 수많은 사람의 무게에 눌리기는 하여도 푹 꺼지지 않고 다시 복원되어 세월의 멋스러움을 담아낸다. 서비스 장면에서도 자신의 경험들을 명품으로 만들어 내는 사람이 많아지길 희망한다.

덕분입니다!

혹독하고도 매서운 추위 속에서 가장 기다려지는 것 중 하나가 바로 봄이다. 하지만 겨울 추위 못지않게 추운 시간이 봄 추위다. 추위에 얽힌 저마다의 추억이 있겠지만 나에게는 그중에서도 중학교 시절 주일학교 선생님이 해 주신 이야기가 문득 떠오른다.

어느 노부부가 생활이 적적하여 고양이 한 마리를 키우기로 결정하고 고양이를 자식처럼 생각하며 대하여 주었다. 그런데 막상 고양이는 기뻐하고 좋아하는 것이 아니라 밥도 잘 먹지 않고 늘 기운이 없어 보였다. 그래서 노부부는 어떻게 하면 좋을까 고민하다가 짝을 지어 주면 좋겠다는 생각에 한 마리를 더 데려왔다. 그러자 두 고양이는 노부부가 생각했던 대로 활기를 띠고 즐거운 시간을 보냈다. 그러던 중 처음으로 맞이한 무더운 어느 여름날, 부부는 특이한 현상을 목격하였다. 그늘에 있어도 더운 날인데도 불구하고 마당에서 두 고양이가 꼭 껴안고 있는 것이다. 무더위에도 서로를 부둥켜안고 있는 모습이 신기하면서도 사이가 너무 좋아 저러겠지 하며 흐뭇하게 생각하였다. 시간이 지나 매서운 칼바람이 부는 겨울이 왔다. 두 고양이에게는 역시 처음으로 맞이하는 겨울이었다. 그런데 이번에는 서로가 아예 근처에 가지도 않고 따로 떨어져서 부들부들 떨고 있는 것이었다. 부부는 둘의 사이가 갑자기 나빠져서 그렇다고 생각하였다. 하지만 안타깝게도 얼마

되지 않아서 두 고양이는 얼어 죽었다. 노부부는 둘의 죽음이 너무도 안타까웠지만 한편으로는 그 기이한 행동에 대한 이유가 궁금하여 고양이 전문가를 찾아가 물었다. 사실을 알게 된 노부부는 매우 놀랐다. 고양이들은 무더운 여름에는 자신의 더위를 다른 고양이에게 주려고 서로 부둥켜안고 있었던 것이고, 추운 겨울에는 자신의 체온을 빼앗기지 않으려고 서로를 멀리했던 것이었다.

어린 시절 들었던 이야기이지만 세월이 지난 지금도 이기주의가 얼마나 어리석은 것인지를 깨닫게 해 주는 고마운 이야기다. 서비스 장면도 비슷하다. 나와 남이 서로 다른 개체라는 다름을 인정하는 개인주의와 '나' 중심으로만 생각하는 이기주의는 다른 것이다. 나와 다른 '너'를 진정으로 인정할 때 소중한 '나'를 발견하게 되고, 서로를 존중해 주는 성숙한 사회문화가 된다. 진정한 개인주의는 '나'도 소중하고 '너'도 소중하며, 그래서 성숙된 '우리'가 되는 것이다. 하지만 '나' 중심으로만 생각하는 이기주의는 다른 사람에 대한 배려와 생각은 전혀 존재하지 않는다. 오로지 내 생각만이 옳고 나 때문에 다른 사람들이 이익을 얻게 된다는 교만과 독선의 태도를 가진다. 그래서 잘 되는 일은 내가 한 덕이고, 잘못된 결과들은 다 남의 탓으로 돌린다. 좋은 결과를 얻으면 나 때문에 생겨난 것이기 때문에 그 기쁨을 나 혼자만 느끼게 되며, 좋지 않은 결과를 얻으면 다른 사람 탓으로 돌리기 때문에 서로에 대한 위로는커녕 문제해결에 대한 실마리를 찾지 못하게 되어 외로움과 피곤함 속에서 살아갈 수밖에 없다.

조직 구성원들이 불만투성이였던 규모가 작은 조직을 코칭한 적이 있었다. 조직은 더 이상 성장하지 못한 채 현 상태를 유지하는 데 급급하였고, 거기에다 늘 조직문화에 대한 불만이 제기되었다. 코칭을 하다 이러한 현상의 원인으로 발견한 것 중 하나가 바로 CEO의 비합리적 신념이었다. "누가 지금 월급을 주는데?" "누구 덕에 직원들이 먹고 사는데?" 조직 구성원들 역시 "나니까 이런 대접 받고도 버티는 거죠." "나니까 이 월급으로 이만큼 일을 해주죠."라는 비합리적 신념을 가지고 있었다. 결국 CEO도 직원들도 모두 '나 때문에'라는 자기중심적이고 이기적인 생각을 하다 보니 외로움과 피곤함이 늘 불만으로 자리하고 있었다. "직원들 덕분에 지금 조직을 잘 운영하고 있습니다." "사장님 덕분에 이런 회사에서 일할 수 있네요."라는 신념의 변화를 통하여 결국 조직문화를 바꾸고 성과를 향상시킨 사례가 있었다.

'나 때문에'가 아니라 '당신 덕분에'라는 신념의 전환이 일어날 때 서로에 대한 감사함이 생기고 일에 긍정적인 의미가 부여된다. 게슈탈트(Gestalt) 심리학에는 '전체는 단순한 부분의 합이 아니다.'라는 말이 있다. 이것은 각 개체의 조합구성 양식에 따라 전체의 결과가 달라진다는 말이다. '팀장님 덕분에' '선생님 덕분에' '고객님 덕분에'라는 조합구성의 말들이 서비스 현장에 가득하길 바라본다.

"오늘도 저는 행복합니다." 왜냐하면 이 글을 읽어 주시는 "여러분 덕분입니다."

페이스메이커

인생을 흔히 마라톤에 비유한다. 기록이라는 시간의 의미도 있겠지만 42.195킬로미터를 묵묵히 달린다는 것 자체만으로도 대단한 일이다. 그래서 많은 사람이 인생을 마라톤과 비슷하다고 하는 것 같다.

마라톤을 완주하는 데 여러 가지 필요한 것들이 있겠지만 그중에서도 중요한 것이 페이스메이커(Pacemaker)의 도움이다. 일반적으로 사람들은 페이스메이커의 역할을 단지 마라톤을 하는 사람과 함께 달려 주고 연습해 주는 것으로만 이해하지만, 실상은 그것보다 더 큰 역할이 숨어 있다고 한다. 마라톤을 훈련하는 동안 심장이 터질 것 같고 다리의 근육은 굳어져서 더 이상 한 발짝도 내딛기 힘든 고통 속에서도 멈추지 않고 달릴 수 있는 것은 그러한 고통을 페이스메이커가 곁에서 이해하고 격려해 주기 때문이라는 것이다. 인간의 한계를 느끼는 순간, 그것도 혼자 고스란히 감수해야 하는 그 고통의 순간 모든 것을 포기하고 주저앉고 싶은 그 순간에도 누군가가 자신을 이해하고 격려해 준다는 것 자체만으로 초인적인 힘을 내고 목표를 향해서 달려가는 것 자체가 감동이다. 그래서 마라톤을 인생과 비유하는 것 같다.

우리는 인생을 살아가면서 수많은 고통을 경험한다. 하지만 그러한 고통 속에 주저앉지 않고 계속 정진해 나가는 것은 저마다의 페이스메이커가 있기 때문일 것이다. 나의 인생의 고통을 진정으로 이해해 주고 지지해 주는 인생의 페이스메이커는 부모님이 될 수도 있고, 배우자가 될 수도 있고, 혹은 스승이나 친구가 될 수도 있다. 누가 됐든 그들은 인생의 고통을 견딜 수 있게 도와준다.

극한의 고통도 누군가의 이해와 지지만 있으면 견디어 내는 기적 같은 현상을 심리학에서는 'Pace-Pace-Lead'라고 한다. 즉, 사람은 자신의 상황에 누군가가 맞추어 주면 그 사람을 전적으로 신뢰하고 따르게 된다. 표면적으로는 누군가의 상황에 맞추어 준다는 것이 쉬운 일처럼 느껴질지 모르지만 사실상 쉬운 일이 아니다. 사람의 경험은 오로지 그 사람만이 겪고 있는 고유의 주관적 경험이기 때문이다. 그러나 우리들은 그 사람이 경험하고 있는 고유의 주관적 경험을 자신의 경험이나 가치로 쉽게 판단하고 대응하는 경우가 허다하다. 그래서 상대방을 이해하기보다는 자신의 경험으로 평가 및 판단하고 해결책을 제시하려고 한다. 우리가 경험하는 갈등의 원인이기도 하고 분란의 근원이기도 하다.

서비스 현장도 비슷하다. 현장을 찾는 고객들의 상황을 현장 근무자의 입장에서 이해하게 된다면 그것은 갈등과 분란을 일으키는 원인이 된다. 설령 당장은 괜찮다고 하더라도 언젠가는 엄청난 갈등과 분란이 일어날 가능성이 커질 것이다. 고객은 제한된 관계 속에서 살아가는 현대인들이기 때문에 누구보다도 이해받기를 원할지도 모른다. 그러한 고객들의 주관적 상황을 그들의 입장에서 이해해 준다면 서비스 담당자의 제안을 더 신뢰하고 따르게 될 것이다. 이러한 프로세스가 바로 Pace-Pace-Lead다. 이러한 신뢰는 다른 곳에 있는 것이 아니라 바로 고통 속에서 힘들어하고 외로워하는 고객들의 주관적 경험을 이해해 주는 데서 출발한다.

이러한 원리는 서비스 현장을 찾는 고객들에게만 적용하는 것이 아니라 현장에서 일하는 내부고객들에게도 필요한 것이다. 서비스 현장에서 다양한 고객들을 늘 밝은 표정으로 응대하려고 노력하는 서비스 담당자들의 마음은 누가 위로해 줄 것인가? 그래서 서비스 현장에서 일하는 내부고객 모두에게도 서로의 상황을 이해해 주려는 Pace-Pace-Lead 프로세스가 필요한 것 같다.

고통의 순간은 늘 외롭고 힘들다. 그래서 고통의 순간을 견디는 것이 어렵다. 그렇기 때문에 고통의 순간에는 더 절실하게 누군가의 이해와 지지가 필요하다. 수상 소감 장면을 보면 현재의 자신을 있게 해 주고 힘든 시기를 극복할 수 있도록 항상 지지하고 이해해 주었던 사람을 꼭 거명한다. 마찬가지로 모든 서비스 담당자들이 서비스 현장을 방문하였던 고객의 입에서 그리고 함께 현장에서 근무하였던 사람들의 마음속에서 행복했던 인생의 페이스메이커였다는 이야기를 들었으면 좋겠다.

거울

사춘기가 되어 이성에게 관심을 가지는 시기가 되면 유독 거울을 많이 들여다보게 된다. 비단 이성에게뿐만 아니라 다른 사람에게 좀 더 멋진 모습 혹은 예쁜 모습으로 보이기 위하여 빈번하게 거울과 마주한다. 사실 우리는 살아가면서 자신의 얼굴보다 남의 얼굴을 훨씬 많이 본다. 다시 말해, 자신의 표정이나 눈빛과 같은 모습을 다른 사람에게 절대적으로 노출하면서 살아간다. 그러다 보니 자신을 꾸미고 가꾸기 위한 필수조건 중에 하나가 바로 거울이다.

거울은 인간이 자신이 어떤 존재인지 확인하고 싶은 욕구와 자신을 좀 더 멋진 사람으로 보여 주기 위하여 만들어졌을 것으로 짐작된다. 영어 단어 'mirror'는 그 유래가 라틴어 '*mirare*'에서 유래되었고 그 뜻은 '보다'라는 의미이다. 아마도 자신을 보려고 하는 마음이 거울이라는 뜻에 내포되어 있는 것 같다. 만약 거울이 없다면 다른 사람의 모습만 보게 되고 자신이 어떤 모습인지, 더 나아가서는 자신의 존재 자체를 모르고 살아갈지도 모른다. 거울을 보면서 외모만 가꾸는 것이 아니라, 거울에 비친 모습을 통하여 자신의 현재 상태까지도 확인하게 된다. 자신의 우울한 상태에서의 모습, 기쁘고 설레는 상태에서의 표정, 혹은 병약한 상태에서의 외모까지도 거울을 통하여 확인한다. 때로는 현재 상태의 모습을 확인하는 것을 넘어서 자신이 원하는 상태의 모습을 연출하려는 노력을 거울을 통하여 하기도 한다. 배우나 가수들은 자신이 연출하고자 하는 모습을 거울을 보면서 부단히 연습한다고 한다. 또한 골

프를 배우는 효과적인 방법 중에 하나도 바로 거울에 비친 자신의 모습을 분석하고 훈련하는 것이다. 이처럼 거울이란 자신의 현재 상태를 확인하는 것과 나아가서는 자신이 원하는 모습을 만들어 가는 데 필요하고 중요한 기능을 한다.

하지만 이러한 모습을 담는 거울은 우리의 외모만을 보여 줄 뿐 우리 존재에 대한 내면의 모습은 보여 주지 못한다. 외모만큼이나 우리 존재에 대한 확인도 절대적으로 필요하다. '나 자신이 어떤 사람인지, 어떤 성격을 가졌는지, 어떤 가치관과 신념을 가진 존재인지 그리고 살아가는 목적은 무엇인지' 등과 같은 존재의 확인이 무엇보다도 필요하다. 이러한 존재의 확인이 없으면 우리는 외부 자극에 대한 감정에 휘둘려 행동하게 된다. 운전 중에 자신을 추월한 차에 순간 화가 나서 살인행위나 다름없는 보복운전을 하는 경우, 진료한 의사의 태도가 못마땅하다고 다음날 술에 취해 병원에서 난동을 부리는 경우, 아기의 울음소리가 자는 데 방해되고 거슬린다고 학대하는 부모의 경우……. 도저히 상식적으로 이해할 수 없는 일들이 지금 대한민국에서 일어나고 있다. 이러한 현상에 대한 이유 중 하나가 바로 자신의 존재에 대한 확인이 없기 때문이다.

그렇다면 자신의 존재에 대한 거울은 무엇일까? 그것을 심리학에서는 반영적 자기대상(mirroring self-object)이라고 한다. 이것은 주로 유아 시절에 주변의 의미 있는 사람, 즉 엄마와의 관계를 통하여 자신을 확인하고 인정받으려는 욕구다. 이처럼 어린 시절 엄마로부터 인정받고 자신의 존재를 확인한 경우에는 건강한 사람으로 성장하지만, 의미 있는 사람으로부터 긍정적 인정을 박탈당한 경우에는 내적 자신감과 능력감을 발달시키는 데 장애를 겪게 되고 충동 행동과 같은 이상행동이 나타난다. 비록 어린 시절에 엄마와의 관계 속에서 반영적 자기대상 관계를 형성하지 못한 경우에도 성장하면서 가까운 사람에게서 인정받고 이해받으면 건강한 사람으로 성장할 수 있다. 다른 사람에 대한 관심과 따스한 인정이 그들의 내적 모습을 확인하고 성장시키는 거울 역할을 한다. 그래서 사회가 건강해지기 위해서는 사람이라는 존재를 인정하고 이해하려는 노력이 가정과 사회에서 절실히 필요하다.

하지만 어떤 부모들은 자신의 이기적이고 감정적인 마음으로 자녀를 인정하려 하다 보니 일관성 있는 사랑을 주지 못한다. 학교에서도 우정과 이해보다는 질투와 시기 그리고 경쟁으로 친구를 대하게 된다. 직장에서는 오직 생존이라는 경쟁의 틀에서 살아간다. 현재 우리 사회 전반에 팽배한 이상행동이 어찌 보면 당연한 현상처럼 느껴져서 안타깝다. 마치 자신을 성장시키는 데 필요한 주변의 거울이 모두 깨진 것 같다. 자신의 존재를 확인하고 성장시킬 수 있는 마음의 거울이 되어 줄 사람이 우리 사회에 절실히 필요하다. 팍팍한 서비스 현장에서도 서로가 서로의 존재를 인정하고 이해해 주는 거울이 되어 주었으면 좋겠다.

마음챙김 (Mindfulness)

새 학기는 학생들이 저마다의 다짐을 하는 시기이다. 특히 고등학교 3학년들에게는 자신의 의미를 되새기기도 하고, 한편으로는 부담을 느끼기도 하는 시기일 것이다. 아마도 대한민국에 있는 모든 고등학교 3학년들은 수능이 끝나고 원하는 대학교에만 간다면 세상 모든 고통에서 해방될 것이라고 생각할 것이다. 물론 자신이 원하는 대학에 간다는 것은 기쁜 일이지만 막상 대학을 가더라도 또 다른 고통이 기다리고 있다는 사실은 현재 수능을 앞둔 학생들에게는 별다른 느낌을 주지 않을 것이다. 앞으로도 군대 문제, 취업 문제, 등록금 문제, 친구 문제 등 직면해야 할 수없이 많은 일들이 있다. 마찬가지로 취업을 목전에 둔 대학생들은 취직만 하면 세상 모든 문제가 해결될 거라고 생각할 것이다. 그래서 신입사원들은 직장생활을 자랑스러워한다. 하지만 역시나 시간이 지나면 다른 문제들로 고통스러워한다. 어찌 보면 우리는 인생이라는 바다에서 고통이라는 파도를 한두 번 경험하는 것이 아닌 수없이 직면해야 할 발달과업(development task)으로 받아들여야 할지도 모른다. 아니, 어떤 측면에서는 삶에 직면하는 고통이 바로 우리의 성장과 성숙을 만들어 내는 발달과업인 것이다.

우리는 고통을 직면하면서 지금보다 더 성장하고 삶이 한층 더 성숙해진다. 신체적인 성장이 성장통이라는 고통을 수반하듯이 정신적인 성장인 성숙 또한 고통을 겪어야만 한다. 그러나 문제는 살아가면서 직면하는 여러 가지 고통을 견디는 것이 결코 쉬운 일이 아니라는 점이다. 어떤 경우에는 직면한 고통이 너무도 힘들어서 스스로 목숨을 끊는 안타까운 일이 사회 일각에서 생기기도 한다. 또한 너무 힘들어서 폭행이나 파괴 등과 같은 비상식적이고 비이성적인 행동을 하기도 한다. 현재 대한민국에서 발생하는 많은 사회문제들은 자신에게 직면한 발달과업과도 같은 고통을 참지 못하고 회피하면서 나타나는 측면도 있는 것 같다.

이처럼 고통을 참지 못하는 원인 중 하나를 '즉각적 만족의 문제점(problems of immediate gratification: PIG)'이라는 심리학적 개념으로 설명할 수 있다. 미성숙한 사람일수록 현재의 감정이 바로 해결되고 지금 당장 충동이 만족되어야 한다고 믿는다. 다른 대안을 찾는다거나 고통을 참는다는 것은 곧 불안으로 이어지고, 심한 경우 비상식적이고 비이성적인 행동을 하게 된다. 여기서 중요한 것은 고통은 시간이 지나면 사라진다는 것이다. 한 잔 술에 목숨을 거는 알코올중독자도 일정 시간 단주의 고통을 버티면 충동이 사라진다. 그래서 알코올중독자들은 무작정 술을 회피하기보다 술을 보면서 견디는 훈련을 해야만 중독에서 완전히 벗어날 수 있다. 이처럼 직면한 고통을 요령 있게 참아 내거나 바라보는 능력을 고통의 용인(distress tolerance)이라고 한다. 견딤의 힘인 고통의 용인은 현재 자신의 감정상태가 아무리 고통스럽더라도 판단을 배제하고 바라보는 '마음챙김(mindfulness)'이 있을 때 가능하다. 마음챙김의 가장 중요한 것은 자아가 존재하고 내가 고통을 바라보고 있다는 것을 의식하고 깨닫는 것이다. 왜냐하면 고통을 겪는 순간 우리는 자칫 자신을 잃어버리고 우리 행동의 주체인 자아를 상실하기 때문이다. 그래서 '현재 내가 무엇을 보고 있는지', '어떤 고통 속에 있는지' 자아를 나의 몸속에, 의식을 나의 감정 속에 머물게 하는 훈련을 하여야 한다. 즉, 지금-여기(here & now)에서의 나를 찾아야만 한다. 지금 이 순간에 나를 찾는 가장 좋은 방법이 바로 자신의 호흡을 의식하는 것이다. 우리는 살아가면서 생명을 유지하기 위하여 호흡을 하고 있지만 호흡한다는 사실을 잊고 산다. 반대로 눈을 감고 들이마시고 내쉬는 호흡을 의식하는 순간 우리 자신은 살아있는 존재임을 깨닫게 되고, 비로소 우리의 몸속에 있는 자아를 만날 수 있게 된다.

지식은 책이나 강연을 통하여 얻을 수 있지만 삶의 지혜는 직면한 고통을 견뎌 내어서 얻게 되는 보물과도 같은 것이다. 서비스 현장이라는 공간에서는 수많은 고객 때문에 고통스러운 일들에 직면하게 된다. 이때 고통을 피하는 것보다 마음챙김이 더 중요한 것 같다. 그래서 직면한 고통이 삶의 지혜라는 보물이 되도록 하는 것이 중요하다. 서비스 현장에서 겪는 고통들이 '마음챙김'을 통하여 한층 성숙해지는 계기가 되었으면 한다.

희망에 대한 즐거움

어린 시절 설렘으로 기다리던 행사 중 하나가 바로 소풍이다. 넉넉하지 않았던 시절이라서 소풍을 가서 먹는 것을 상상하는 것만으로도 즐거웠다. 병 사이다에 군것질거리, 무엇보다도 어머님의 정성으로 만들어진 김밥을 가방에 넣고 소풍을 갈 때 먹거리로 가득한 가방의 무게가 어린 꼬마에게는 다소 무겁게 느껴진다. 그 무게의 버거움도 있었지만, 무엇보다 힘든 것은 최소 2시간 이상의 제법 먼 거리를 걸어서 갔던 것인데, 지금의 학생들에게는 생소하게 들릴 것이다. 신기한 점은 어깨에 멘 가방의 무게가 버겁고 힘들지만, 거기에 대한 불평이나 불만을 갖기보다는 오히려 신이 나서 더 경쾌한 발걸음으로 걸었던 기억이 새록새록하다.

2시간이 넘는 먼 거리를 무거운 가방을 메고 걸어가는 길이 고통이나 불평이 아니라 경쾌함의 시간이 된 이유는 바로 미래에 대한 설렘과 즐거움 때문이다. 우리가 직면한 고통은 고통 자체의 문제보다 그 너머에 있는 미래에 대한 희망에 따라 현재 직면한 고통들 무게가 다르게 느껴진다. 인본주의 심리학자인 프랭클(Viktor E. Frankl)은 죽음이라는 극단적인 고통이 직면한 순간에도 희망에 대한 의지(willing to meaning)를 가진 사람은 그 고통을 견디고 이겨 낼 수 있다는 것을 몸소 체험하였다. 미래에 대한 희망은 곧 즐거움이고 고통을 견디어 내는 힘인 것이다.

서비스 현장도 비슷하다. 다양한 요구와 특성들을 지닌 고객들을 대하다 보면 여러 가지 어려운 일들을 겪어야만 한다. 그와 더

불어 고객들에게 만족을 주어야 하는 역할이 주어진다. 매일 매시간 다양한 고객을 응대하는 일은 결코 쉬운 일이 아니다. 하지만 이러한 고통의 시간을 감당하면서도 서비스 현장을 찾는 사람들에게 만족이라는 정서적 감정을 안겨 주려면 서비스를 제공하는 본인이 자신의 미래에 대한 희망을 가져야 한다. 음식을 만드는 주방장이 행복하여야 음식이 맛있고 그 음식을 먹는 손님도 만족하듯이, 서비스 담당자 스스로가 미래에 대한 희망으로 즐겁고 행복해야 서비스 현장을 찾는 사람들도 만족할 것이다.

고통을 직면하고 견디는 일들은 힘든 일이다. 하지만 분명히 의미 있는 일이다. 서비스 현장에서는 일에 대한 고통을 직면하고 견뎌야 하고 그러한 일들을 견딤으로써 일에 대한 의미와 가치를 찾아야 한다. 단, 그러한 가치와 의미는 미래에 대한 희망의 즐거움이 있을 때 가능할 것이다. 서비스 현장을 찾는 사람들이나 그 사람을 맞이하는 서비스 담당자 모두에게 지금보다 더 나은 삶을 살아갈 수 있다는 희망의 즐거움을 이야기해 주는 서비스 현장이 많아지기를 기대한다.

관점

대한민국의 여심(女心)을 흔들어 놓았던 〈태양의 후예〉라는 드라마가 있었다. 아쉽게도 단 한 번도 그 드라마를 시청하지 못하였는데, 어디를 가나 드라마 속에 등장하는 송중기라는 배우 이야기가 빠지지 않았다. 여자들은 송중기라는 배우를 자신에게 눈길이라도 한 번 주었으면 하는 대상으로 이야기하는 반면, 남자들은 왠지 모를 질투의 대상으로 표현하는 것 같았다. 드라마를 한 번도 시청하지 못하였기에 어떤 내용이 어떻게 전개되었는지는 알 수 없으나 그 배경이 군(軍)이라는 것은 여기저기서 들어 알고 있다. 많은 사람들에게, 특히 여성들에게 군(軍)이라는 집단을 호의적으로 바라볼 수 있게 한 긍정적인 측면이 있어서 다행스럽기는 하지만 군생활을 하면서 고생하였던 사람들에게는 정작 실상과는 다른 드라마 자체로만 여겨졌을지도 모른다.

군생활이라는 것이 젊은이들에게는 힘듦과 고통을 감내해야 하는 기간임은 자명한 일이다. 특히 우리나라처럼 선택이 아닌 의무로 군생활을 해야 하고, 한창 혈기왕성한 나이에 부모, 형제와 친구 그리고 사회로부터 격리되어 지내야 하는 시간은 결코 쉽지 않다. 그래서 그 힘듦과 고통을 견디지 못하여 사고가 생기는 경우를 종종 접하곤 한다. 여자친구의 변심으로 자살을 하는 경우도 있고, 탈영을 하는 경우도 있는가 하면, 누군가의 괴롭힘에 대한 보복으로 총기사고를 내는 경우도 있다. 참 안타까운 일이지만 실제 우리 사회에서 일어나는 현상들이다.

그렇다면 과연 여자친구의 변심 때문에 자살을 하는 것이 타당한 일인가? 그리고 군생활의 힘듦과 고통으로 인하여 탈영을 하는 것은 타당한 일인가? 또한 누군가의 괴롭힘에 총으로 대응하는 것이 정당한 일인가? 만약 여자친구의 변심이 자살하는 것에 대한 타당한 이유라면 수많은 젊은이들은 첫 번째 여자친구와 무조건 결혼을 해야 하며, 군생활의 힘듦과 고통이 탈영을 하는 것에 대한 타당한 이유라면 탈영을 하지 않고 제대하는 수많은 병사들은 그들이 겪었던 군생활이 지상낙원과 같은 행복이 가득했던 시간이었어야 하며, 누군가의 괴롭힘에 총으로 대응하는 것이 타당하다면 군대에서는 상상하기조차 싫은 끔찍한 일들이 무수히 벌어지게 될 것이다.

그렇다면 이러한 현상이 나타나는 근원적인 이유는 무엇일까? 그것은 바로 관점의 차이 때문이다. 이러한 일을 경험한 사람들은 시간이 지난 후에도 자신이 행한 행동을 정당화할 수 있을까? 아마도 시간이 지나면 그때와는 다른 관점에서 그 일을 살펴보게 될 것이다. 우리는 어떤 일을 경험할 때 자신의 관점에서만 생각하게 되면 자신이 느끼는 그때의 감정에 따라 어처구니없는 결과를 저지르게 될 것이다. 우리가 어떤 일을 하고 어떤 경험을 하는 것보다 더 중요한 것은 그러한 경험을 어떠한 차원에서 조망할 수 있는지, 즉 관점의 넓이와 깊이다. 지금 대한민국 곳곳에서 일어나는 슈퍼갑질의 경우도 비슷하다. 오로지 자신의 관점에서 그때의 감정으로 상대방에게 잊을 수 없는 상처를 준다. 그러고도 반성의 태도는커녕 오히려 자신의 행위를 정당화하려고 한다. 슈퍼갑질뿐만 아니라 자신을 무시했다고 해서 살인명부를 만들어 사람을 죽이는 끔찍한 일도 있었다.

지금 우리 사회는 온통 자신의 관점에서만 상황을 경험하고 자신의 감정으로만 일을 처리하려고 한다. 서비스 현장도 비슷하다. 서비스 현장의 관점에서만 고객을 바라보다 보면 그 고객은 진상 고객이 되어 버리고, 또한 고객은 자신의 관점에서만 서비스 현장을 경험하니 자신을 무시하는 서비스 현장이라고 한다. 어차피 서로가 함께 가야 할 동반자임에도 불구하고 불편한 마음을 가지고 간다면 행복이라는 것은 서로에게서 점점 더 멀어져 갈 것이다. 고객은 나뿐만 아니라 수십 명, 수백 명의 많은 사람을 응대해야 하는 서비스 담당자의 관점에서 서비스 현장의 상황을 이해하고, 서비스 담당자들은 고객의 관점에서 그들을 대한다면 행복은 그리 멀지 않은 가까운 곳에 있을 것이다.

우리 사회는 지금 서로의 관점을 이해하려는 유연한 사고(Flexible Thinking)가 필요한 것 같다. 부모는 자식의 관점을, 자식은 부모의 관점을, 그리고 남편은 아내의 관점에서, 아내는 남편의 관점에서 서로를 이해하려고 할 때 가정이 더욱 행복해질 수 있듯이 상대의 관점에서 현재의 상황을 경험하는 훈련이 필요한 것 같다. 드라마 속에 등장하는 멋진 주인공에게만 관심과 애정을 가질 것이 아니라 현실 속에서 만나는 다른 사람의 관점에서 그들을 이해하려고 한다면 좀 더 행복한 사회가 될 것이다.

6
9

또 하나의 감정

얼마 전 지방에 강의를 갔다가 중간에 시간이 남아서 무엇을 할까 고민하다 오랜만에 영화를 보기로 마음을 정하였다. 그래서 스마트폰으로 최신영화를 검색하고 그중에 관객순위 1위 영화를 선택하였다. 마침 시간도 맞고 관객순위 1위라는 평가에 주저 없이 관람하였다. 그러나 다른 사람들의 평가와는 달리 나에게는 영화 내용이 그다지 만족스럽지 못했다. 그래서 주변 사람들에게 그 영화를 별로 권하지 않게 되었다. 이처럼 우리가 경험하는 일들의 결과에는 감정이 남게 된다. 즉, 경험 이전에는 감정이라는 것이 있을 수 없다. 본인이 직접적으로 경험하게 되는 직접적 경험은 당연한 것이고, 다른 사람의 경험을 통하여 어떤 감정을 갖게 되는 간접적 경험도 우리가 경험하는 범주에 포함된다. 가령 어떤 물건을 구매하려 하거나 혹은 영화 관람을 하려고 할 때 주변 사람들의 반응을 들어보거나 사용자 후기를 살펴보는 것들이 바로 간접적 경험에 포함되는 것이다. 중요한 것은 경험의 결과인 감정이 그다음의 행동에 영향을 준다는 것이다. 마케팅을 할 때에도 경험하는 사람들에게 좋은 인상을 주려고 신경을 쓰는 이유가 바로 이러한 인간의 심리요인에 의한 것이다. 즉, 되도록이면 경험하는 사람들에게 긍정적인 정서적 감정을 주려고 노력하고 부정적인 정서적 감정은 해결하려고 노력한다.

여기서 또 한 가지 중요한 것은 우리가 어떤 경험을 하였음에도 불구하고 거기에 대한 별다른 정서적 감정이 들지 않아서 그 경험에 대한 기억이 나지 않는 경우다. 수없이 많은 식당에 다녔지만 그중에 기억나는 식당들은 긍정적인 정서적 감정의 기억이 있는 식당이거나 혹은 부정적인 정서적 감정으로 기억되는 식당들이며, 나머지는 별다른 기억이 나지 않는다. 이처럼 경험을 하였지만 그에 대한 별다른 정서적 감정 없이 기억이 잘 나지 않는 상태를 중립적인 정서적 감정상태라고 한다.

필자는 이러한 인간의 정서적 감정의 분류들을 서비스 장면에 적용하면서 긍정적인 정서적 감정 상태를 만족, 부정적인 정서적 감정상태를 불만족, 그리고 중립적인 정서적 감정상태를 무(無)불만으로 명명하여 사용하고 있다. 사람들이 어떤 경험을 통하여 갖게 되는 긍정적인 정서적 감정상태를 만족, 부정적인 감정상태를 불만족, 그리고 중립적인 정서적 감정상태를 무(無)불만으로 분류하여 비추어 볼 때 많은 기업이나 조직들이 현실적인 측면에서 신경을 쓰고 노력하는 부분은 바로 부정적인 정서적 감정상태인 불만족의 해소인 것 같다. 그 이유는 고객들의 불만의 목소리가 크면 클수록 서비스 대응이 신속해지고 서비스 질(質)도 높아지기 때문이다. 아마도 부정적인 정서적 감정상태인 불만족이 불매운동과 같은 집단행동을 야기할 수 있을 것이라고 생각하기 때문인 것 같다. 이러한 이유에서 지금 대한민국의 기업이나 조직들은 고객이 갖고 있는 부정적인 감정상태인 불만 해소에 초점을 두고 많은 활동을 전개하고 있다. 물론 고객의 불만을 해소하는 것은 필요하고, 당연히 해결해야 할 일이지만, 여기서 중요한 것은 부정적인 정서적 감정상태인 불만족의 제거가 자동적으로 긍정적인 정서적 감정상태로 전환되는 것은 아니라는 것이다.

이미 오래전에 브래드번(Bradburn)이라는 심리학자의 장기적인 연구를 통해서 긍정적인 정서적 상태와 부정적인 정서적 상태는 서로 독립적인 관계를 지닌다는 사실이 입증되었다. 많은 기업과 조직들은 사람들이 갖고 있는 불만을 없애면 그것이 곧 만족이 될 것이라 생각하고, 또 불만을 이야기하지 않으면 만족한 상태라고 착각하는 것 같다. 불만이 없는 것은 만족하는 것이 아니라 중립적인 정서적 감정상태인 무(無)불만 이라는 것을 간과하고 있다는 것이 고객만족도 조사에서 나타난다. 즉, 불만을 제기하지 않은 모든 것을 만족이라고 표기하며 생각하고 있다. 병(病)이 없는 것과 건강한 것은 다른 이야기다. 가정생활에 불만이 없다고 행복한 것은 아니듯이 불만을 해소하고 불만에만 관심을 기울이는 것이 능사는 아니다. 수많은 노력에 대한 결과들이 상대방은 전혀 기억하지 못하는 무(無)불만이 되고, 그러한 현상들이 점점 많아질수록 노력하는 사람들은 더 피곤해지고 지쳐 갈 것이다. 만약 자신의 노력에 대하여 상대방이 불만을 표현한다면 잘못된 점을 고치려고 고민하겠지만, 노력에 대하여 아무런 기억을 못한다면 그것만큼 허탈한 것이 없을 것이다.

서비스 현장도 마찬가지다. 서비스 현장을 찾는 수많은 고객들이 불만을 토로하지 않는 것은 정말 다행스러운 일이지만 그것이 만족이 아니라 아침부터 저녁까지 열심히 노력한 서비스 담당자의 흔적조차 기억하지 못하는 무(無)불만일 수도 있다는 것을 명심해야 한다. 서비스에 대한 무(無)불만이 진정한 만족으로 전환될 때 좀 더 활기차고 생기 넘치는 서비스 현장이 될 것이다. 무(無)불만은 사람의 또 하나의 감정이다.

매직워드

어린 시절 성장기에 충분한 영양섭취를 하는 것만큼 중요한 것이 바로 마음의 양식을 넓히는 것이다. 그중에 특히 도움이 되는 것이 동화책이다. 동화(童話)란 어린이들을 위하여 만들어진 내용으로서 주로 권선징악이나 역경을 이겨 내는 미래의 희망과 꿈에 대한 글들이 많다. 그래서 그런 내용을 통하여 다른 사람을 배려하면서 조금 더 조화롭고 아름답게 살아갈 수 있도록 도움을 주려는 것이 바로 동화책이다. 지금은 구하기도 쉽고 많이 비싸지도 않지만, 과거 가난했던 시절에는 동화책 전집의 가격이 만만치 않았다. 그 시절 돈 없고 가난했던 가정의 아이들은 동화책의 혜택을 받지 못하여서 정서적·도덕적 발달상에 결핍이 생겼을 수도 있겠지만 다행히 그것을 대체해 준 것이 있었다. 그것은 바로 할머니나 선생님의 재미난 옛날이야기였다. 어린 시절 할머니나 선생님의 이야기를 들으며 미래에 대한 수많은 상상을 하기도 하고, 어떤 경우에는 웃음과 울음의 감정을 충분히 순수하게 경험하기도 하였다.

지금은 고인이 되신 은사님께서 수업시간에 이러한 이야기를 하셨다. 울릉도에 자동차가 없었던 시절, 그곳에서 태어나고 자란 아이들에게 자동차라는 주제로 시험문제를 출제하는 것은 불공평하다고 하셨다(지금은 다르지만 그 옛날에는 울릉도에 차가 없었다고 한다). 그렇다고 자동차에 대한 내용을 가르치는 것을 포기하는 것은 교육이 아니라고 하셨다. 자동차에 대한 교육을 위한 가장 최선의 방법은 직접 현장학습을 시키는 것이다. 그래서 옛날에는 시골에 사는 학생들이 도회지로 견학을 오는 것이 단순한 여행이 아니라 새로운 문화와 문물을 경험하기 위한 엄청난 기회였다.

은사님은 학생들에게 현장학습을 시키지 않고도 그들에게 태어나서 한 번도 경험해 보지 못한 자동차에 대한 설명을 하는 방법에 대해 질문하셨다. 여러 학생이 그 질문에 답했고, 그중에서도 나는 상대방이 이해할 수 있도록 설명하는 것이 중요하다고 말했다. 그러자 은사님께서 그것이 바로 교육이라고 이야기하였던 기억이 난다.

교육이란 많은 지식을 가지고 있다고 가능한 것이 아니라 자신이 갖고 있는 지식을 상대방이 이해할 수 있도록 만드는 것이 중요하다고 생각한다. "아는 것과 가르치는 것은 전혀 다르다."라는 말이 있다. 그 이유는 사람마다 세상을 바라보는 관점이 다르고 상황이나 환경에 대한 정보를 받아들이는 통로가 다르기 때문이다. 세상을 바라보는 관점이 다르다는 것은 인간의 경험이 주관적이라는 것을 의미하며, 상황이나 환경에 대한 정보를 받아들이는 통로가 다르다는 것은 오감(五感)을 머릿속으로 표상(representation) 하는 것이 개인마다 다르다는 의미다. 같은 상황에 대한 장면을 어떤 사람은 시각적으로 상상하는 반면, 어떤 사람은 소리와 같은 청각적인 것으로 떠올리며, 또 어떤 사람은 촉각, 후각, 미각 같은 신체감각으로 떠올리는 경우가 있다. 따라서 가장 좋은 설명 방법은 오감(五感)을 다 사용하는 방법이다. 그것을 바로 오감학습법이라고 하는데, 하나의 현상이나 주제 혹은 사물에 대한 설명을 오감을 사용함으로써 상대방이 그 내용을 머릿속으로 생생하게 체험하게 만드는 교수법이다.

NLP 심리학에서는 이러한 오감을 사용하여 설명하는 방법을 간접적 표현(indirect suggestion)이라고 한다. 주로 상대방을 설득하거나 혹은 저항을 감소시키기 위한 방법 중에 하나다. 왜냐하면 사람들은 자신의 관점으로만 세상을 보려는 주관적 경험을 하고 있기 때문에 어떤 설명을 이해하지 못하고 거부하거나 저항하는 원인이 된다. 이러한 주관적 경험을 객관적으로 반추시켜서 자신의 경험의 문을 좀 더 개방적으로 만드는 방법이 바로 간접적 표현이다.

서비스도 비슷하다. 고객에게 제품이나 상품의 전문적인 특징을 설명하는 것은 마치 자동차를 태어나서 한 번도 경험하지 못한 아이들에게 자동차의 편리함과 유용성을 설명하는 것과 비슷하다고 할 수 있다. 서비스 담당자로서 제품이나 상품에 대한 설명을 고객이 저항이나 거부감 없이 편안하게 받아들이게 하는 것이 필요하다. 마치 그 옛날 동화책을 접할 수 없었던 아이들에게 할머니나 선생님의 이야기가 절실히 필요하듯이 서비스 현장을 찾는 고객들에게는 서비스 담당자들의 이야기와 같은 설명이 필요하다. 그것이 바로 고객의 마음을 움직이는 매직워드(Magic Word)다.

본성 서비스

"달려라 달려, 로보트야~ 날아라 날아, 태권브이." 〈태권브이〉라는 만화영화 주제가의 도입 부분이다. 〈태권브이〉는 아마도 우리나라 최초로 로봇을 주제로 한 만화영화일 것이다. 그 시절의 로봇은 주로 자신의 무기로 악당을 물리치는 내용으로 전개되었기 때문에 로봇은 지구의 평화 혹은 악의 무리를 물리치는 데 사용하는 일종의 무기나 군대 같은 존재로 인식되었다.

2016년 3월 알파고라는 인공지능 프로그램과 세기의 프로바둑 기사 이세돌의 격돌은 온 세계의 관심을 받았고, 그 결과에 세상은 놀라고 흥분하였다. 인공지능이 인간을 상대로 그렇게 쉽게 승리하리라고는 생각하지 못하였을 뿐만 아니라 그 대상이 이세돌이었기에 더욱더 그런 결과를 예상하지 못하였다. 뜻밖의 결과에 세상의 관심은 온통 인공지능 로봇의 진화에 쏠리기 시작하였다. 불가능하게 여겨졌던 무인자동차 기술의 실현은 눈앞으로 다가왔고, 병을 진단하고 심지어는 수술을 할 수 있는 기술도 이미 진행되고 있다. 또한 그림과 같은 창의적인 분야에서까지 인공지능 로봇이 활약을 하고 있으니 그야말로 인간의 능력이 무색할 정도가 되어 버렸다. 이전에 가졌던 상상들이 하나둘 현실로 나타나는 것을 보면서 기술발전에 놀랍기도 하지만, 한편으로는 SF 영화에서 나오듯 로봇이 인간을 지배할지도 모른다는 두려움이 들기도 한다.

하기야 20여 년 전부터 필자는 인공지능의 진화보다도 사람들의 단순함을 지적하였다. 사람의 생각은 언어로 구성된다. 하지만 대부분의 사람들이 하루에 사용하는 어휘의 수는 과연 얼마나 될까? 그리고 어제와 다른 단어와 문장을 사용하고 있는가? 아마도 거의 대부분 어제와 비슷한 단어와 문장을 사용함으로써 자신의 사고를 경직시키고 있는지도 모르겠다. 자신을 성찰하는 글을 적는 것은 고사하고 책이나 신문을 읽고서 사람들과 교감하는 일도 점점 줄어드는 것 같다. 지하철에서는 모두가 스마트폰에 자신의 의식을 집중시키며, 버스 승차 시에도 버스기사와 눈을 마주치고 인사를 하는 것이 아니라 모두가 하나같이 카드 단말기에 카드를 대고 승차하는 모습을 지켜보고 있으면 사람이 아닌 기계들이 움직이는 듯하다. 할인매장의 계산대에서 전화를 걸면서도 계산이 가능한 사람들의 모습을 보면서 우리가 만나는 사람들은 더 이상 사람이 아닐 수도 있다는 생각이 든다.

이어짐은 사람들이 서로를 알아주고, 서로의 말을 들어주고, 서로를 가치 있는 존재로 여겨 줄 때 생기는 에너지다. 이어진 느낌이 생기려면 상호작용을 할 수 있어야 한다. 그러나 우리 주변을 돌아보면 안타깝게도 이러한 이어짐에 대한 노력을 하지 않으려고 하는 것 같다. 오스트리아 태생의 철학자 마틴 부버(Martin Buber)는 '나-그것 관계'와 '나-너 관계'의 차이에 대해 다음과 같이 설명하였다.

> '나-그것 관계'는 물건처럼 대하는 사람들과 거래를 할 때 우리가 맺는 관계를 의미한다. 우리에게 그들은 오직 어떤 것을 제공하기 위해 혹은 어떤 일을 해 주기 위해 존재하는 사람들이다.

이와는 달리 '나-너 관계'에는 인간적 유대감과 공감이 있다. 사람들이 가장 두려워하는 감정 중 하나가 바로 고립감이다. 여기서 말하는 고립이라는 것은 환경적인 고립도 포함되지만 더 중요한 것은 심리적인 고립감이다. 우리는 어떤 측면에서는 스스로 관계 속에서 고립을 하면서 살아가는지도 모르겠다. 사람은 기본적으로 사랑과 소속에 대한 욕구가 있다. 그 속에서 자신의 존재를 확인하며 자신을 실현하려고 노력한다. 이러한 사랑과 소속의 욕구를 점점 멀리하고 스스로를 고립시키는 순간 우리가 하는 모든 행위는 사람이 아니라 기계가 하는 것처럼 되어 버린다.

산업기술의 발전은 놀랍도록 성장하였다. 이러한 성장은 이제 단순한 기술의 발전을 넘어 우리의 생활 속으로 들어올 것이고, 사람이 하는 일을 인공지능을 가진 로봇이 하게 될 것이다. 인공지능 로봇이 대체하는 일들은 사랑과 소속감 없이도 가능한 기계적인 인간의 일이기 때문이다. 미래학자들은 우리가 현재 하는 일들 중에 많은 부분을 로봇이 대체할 것이라고 한다. 그래서 앞으로 없어질 직업들이 생겨날 거라고 한다. 물론 그 말에 공감은 하지만 좀 다르게 해석하고 싶다. 없어지는 직업이 생기는 것이 아니라 사람들과의 상호작용을 하는 동안 애정과 영혼이 없이 일을 하는 사람들이 사라지는 것이다. 사람에게는 상황에 대하여 느끼는 감정도 있지만 다른 사람과 진정으로 교류하고자 하는 영혼도 있다. 이것이 바로 인간만이 가지고 있는 본성(本性)이다. 서비스 업종이 없어지는 것이 아니라 애정과 영혼이 없는 서비스는 점차 사라지게 될 것이다. 인공지능을 가지고 있는 로봇이 생겨날수록 인간의 애정과 영혼을 갈구하는 본성(本性) 서비스가 요구될 것이다.

스승의 가르침

형형색색으로 물드는 단풍을 보면 그 절정의 아름다움에 감탄을 하곤 한다. 그래서 사람들은 교통체증의 수고를 감내하고 단풍의 아름다움을 좀 더 가까이서 보고 느끼고자 산으로 나선다. "버려야 할 것이 무엇인지 아는 순간부터 나무는 가장 아름답게 불탄다."라는 어느 시인의 단풍에 대한 비유처럼, 단풍은 그동안 지내온 시간의 끝자락에서 자신의 모든 것을 내려놓는 순간 그 아름다움을 드러낸다. 춥고 긴 겨울 그리고 그 겨울을 이어서 달려온 봄과 여름……. 그 기간 동안의 모든 순간순간 사연들을 다 끌어안고 나무는 단풍으로 아름다움을 표현한다. 모든 그 사연을 내치지 않고 다 끌어안았기에, 결실의 계절 가을에 비로소 형형색색의 단풍으로 그것들을 표현할 수 있었을 것이다.

단풍이란 날씨의 변화로 인하여 식물의 잎이 변하는 현상이다. 즉, 각 계절의 변화를 경험하고 그것을 받아들이고 견디지 않으면 형형색색의 아름다운 단풍은 있을 수가 없다. 우리네 인생도 비슷하다. 주변의 모든 것은 항상 변한다. 어제와 똑같은 오늘은 있을 수 없고, 오늘과 다른 내일이 존재할 수밖에 없다. 그래서 인생을 무상(無常)이라고 한다. 항상 같은 것은 있을 수도, 존재할 수도 없다. 하지만 사람들은 때때로 현재의 상태가 그대로 유지되길 바란다. 그래서 지금의 상황과 조금이라도 다른 일들이 일어나는 것을 싫어하거나 힘들어하곤 한다. 또 어떤 경우에는 변화를 전혀 생각하지 않고 모든 것을 같은 것으로 인식하며 살아가는 경우도 있다. 그렇지만 실상은 그렇게 되지 않는다. 세상 모든 것은 항상 변한다. 중요한 것은 변화에 잘 적응하고 나아가서 자신이 원하는 방향으로 만들어 간다면, 인생이 보다 풍요로워지고 성숙되어 가지만 변화에 저항하거나 혹은 적응하지 못하면 성장과 성숙은 멈추어 버린다.

우리가 살아가는 매순간은 매번 처음이다. 이러한 처음의 순간이 기대되고 설레기도 하지만 두렵고 불안할 때도 있다. 설렐 때에는 앞으로 내딛는 발걸음이 경쾌하고 걸음걸음마다 자신이 있지만, 두렵고 불안할 때에는 주저하게 된다. 현재의 상태가 설렐 때에는 앞으로 전개될 일들을 희망으로 그리지만, 두렵고 무서울 때에는 캄캄한 어두움으로 다가온다. 사람에게는 미래가 두렵고 불안할 때 지나온 길을 되돌아가려는 속성이 있다. 이를 심리학에서는 퇴행(regression)이라고 한다. 이것은 살아가는 과정에서 큰 위험이나 심한 갈등을 겪을 때 그동안 이루어 놓은 심리적 성숙의 발달을 일부러 상실하고 과거의 낮은 발달단계로 마음의 상태가 후퇴하는 심리적 방어기제의 하나다. 즉, 과거의 안정되었던 경험으로 돌아가서 현재의 고통과 미래의 불안을 해소하려고 하는 자기 방어기제인 것이다.

그러나 과거를 되돌아보는 것과 과거에 머무르는 것은 다르다. 과거에 머물려는 마음은 더 이상 상처를 받지 않기 위해 변화를 거부하는 미성숙한 태도이지만, 과거를 되돌아보는 것은 과거를 통하여 현재의 상태를 이해하고 의미를 찾으려는 일종의 자기성찰이다. 과거는 돌이킬 수 없는 사실이지만 동시에 살아가야 할 미래를 배울 수 있는 유일한 스승이다. 그러므로 과거는 그 경험을 통하여 현재의 상황을 반추하고 미래를 계획하는 것을 도와주는 멘토와 같은 역할을 하여야 한다. 변화시킬 가능성이 1%만 있더라도 우리는 도전해 볼 만한 가치가 있다. 하지만 변화시킬 가능성이 0%라면 그 도전은 무모한 도전이다. 과거는 변화시킬 가능성이 0%다. 그러므로 과거를 변화시키기 위하여 에너지를 쏟는 것은 무모한 행동이다. 과거의 경험은 인생의 의미를 찾을 수 있는 유일한 성찰의 대상이다. 그러한 성찰의 단계를 통해서만 현재의 상태를 이해하고 의미를 찾을 수 있다. 우리는 현재의 상태를 이해하고 긍정적인 의미를 부여할 때 비로소 원하는 미래의 방향을 향하여 나아갈 수 있다. 현재의 상태를 이해하고 긍정적인 의미를 부여하는 힘은 과거에 머무르는 것이 아니라 과거를 성찰할 때 생긴다.

한치 앞도 모르는 것이 바로 인생이다. 알 수 없는 인생을 살아가는 데 필요한 것이 스승의 가르침이다. 과거는 현재의 내가 존재하도록 만들어 준 유일한 스승이다. 하지만 그러한 스승은 내가 과거의 감정에 머물러 있을 때 나타나는 것이 아니라 과거의 경험을 성찰하고 그것을 통하여 현재를 이해하고 의미를 부여할 때 나타난다. 알 수 없는 인생의 길을 살아가는 데 든든한 스승이 있다는 것은 참 감사한 일이다. 우리는 누구나 훌륭한 스승을 곁에 두고 살고 있고, 그래서 내일이라는 시간이 살아 볼 만한 것 같다.

오려 내기

인간이 가진 뛰어난 능력 중 하나가 바로 창조활동의 영역이다. 이러한 창조활동의 영역을 우리는 예술이라고 부른다. 인간은 인간만이 가진 상상이라는 탁월한 능력을 현실로 표현하면서 인간 문명의 발전을 만들어 왔다. 이러한 예술과 관련된 활동들은 인류 발달의 관점에서 대단히 중요한 기능을 한다. 그래서 전인교육을 중요시하게 된 20세기부터는 예술과 관련된 교육을 더욱 중요시하게 되었다. 특히 예술에 독특한 재질이 있는 소수의 어린이를 선발하여 그들의 재능을 계발하는 전문적 천재교육이 아니라, 모든 어린이들의 창조적 활동을 계발하고 심미감을 육성하기 위한 교육을 강조하였다. 왜냐하면 예술교육은 예술 그 자체의 가치만으로도 중요하지만, 예술과 관련된 활동은 아이들의 창의성, 사회성, 정서 함양에 도움을 주며, 특히 인지 발달에 중요한 역할을 하기 때문이다.

예술적 감각을 훈련시키기 위한 방법으로 음악과 미술을 통한 교육이 중심이 되었고, 그중에서도 필자가 생각하기에 간단하면서도 효과적으로 창의적인 영역을 계발시키는 훈련방법이 바로 가위로 색종이를 오려서 자신이 원하는 모양을 만드는 활동이라고 생각한다. 다양한 크기와 모양 그리고 다채로운 색상의 색종이를 자신이 원하는 모양으로 오려 내어 그 형상을 만들어 내려면 우선 자신이 표현하고자 하는 결과물의 모습을 상상하여야 한다. 그리고 오로지 머릿속으로 자신이 원하는 것을 또렷하게 상상하면서 필요 없는 부분을 오려 내야 한다. 색종이 오리기 활동을 하면서 얻게 되는 교훈은 색종이를 오려 낼 때, 도려져 나가는 부분이 아까운 것이 아니라 오려서 상상했던 모양이 드러나는 것에 창조에 대한 희열감을 얻게 된다. 즉, 무엇인가를 얻기 위해서는 불필요한 부분을 오려 내야만 얻을 수 있다는 것이다.

우리네 인생도 비슷하다. 자신이 원하는 결과를 얻기 위해서는 자신이 원하는 것을 오려 내는 창조적 활동을 해야 한다. 그렇게 하기 위해서는 우선 자신이 원하는 것이 무엇인지 구체적으로 알아야 한다. 예를 들어, 자동차를 구입할 때 이미 원하는 자동차 모델과 색상이 구체적으로 정해져 있다면 아마도 어디를 가더라도 자신이 구입하려는 자동차만 눈에 들어올 것이다. M사의 빨간색 자동차를 사야겠다고 마음을 먹는 순간부터 거리 곳곳에서 M사의 빨간색 자동차들만 눈에 띄게 된다. 이 자동차들은 어디에 숨어 있다가 갑자기 한꺼번에 나타나는 것이 아니라 항상 우리 주변에 돌아다니고 있었다. 다만 그것이 어떤 의미를 갖기 전까지는 우리 스스로 그에 대한 정보가 의식 세계로 들어오는 것을 차단하고 있었기 때문에 우리는 주변에 있던 M사의 빨간색 자동차에 대한 존재를 인식하지 못하였던 것뿐이다.

이처럼 사람이란 존재는 자신이 의미를 부여하는 것을 의식하게 되고, 또 인식한다. 만약 불안이나 두려움 혹은 실패 등과 같은 부정적인 것에 대하여 의미를 부여하게 되면 자신의 주변에 불안이나 두려움 그리고 실패 등과 같은 부정적인 현상만이 존재하는 것처럼 느껴지게 된다. 심리상담을 하거나 교육을 할 때 만나게 되는 부정적이고 비관적인 사람들의 공통점은, 그들의 삶에는 온통 부정적이고 비관적인 일들만 가득해서 비관적이고 부정적으로 될 수밖에 없다고 말한다는 것이다. 물론 그 상황이 안타깝지만 더욱 안타까운 것은 그 상황에서 희망을 찾아내지 못한다는 것이다. 가령, 바닥에 가로 세로 3미터가 되는 가상의 공간을 두고 두 발을 딛고 서 있으면 서 있는 것에 대한 별다른 두려움이 없을 것이다. 그러나 3미터의 가상공간이 기둥이 되어서 3층, 5층, 10층, 20층 높이로 점점 솟아오르고 있다는 것을 생각하는 순간 두려워지게 될 것이다. 3미터라는 넉넉한 공간에 있음에도 불구하고 높이 올라갈수록 두려움은 더욱 커질 것이다. 그것은 현재 자신이 서 있는 공간에 의미를 두는 것이 아니라 떨어지는 것에 의미를 두었기 때문이다. 결국 사람은 긍정적이든 부정적이든 자신이 의미를 부여하는 것을 현실로 인식할 수밖에 없게 된다. 이처럼 주어진 상황이나 환경에 두려움이나 불안이라는 의미를 부여하는 사람은 자신의 주변이 온통 불안이나 두려움으로 가득할 것이고, 반면 즐거움과 희망으로 의미를 부여하는 사람은 희망과 즐거움으로 가득할 것이다.

인생의 색종이에는 기쁨과 슬픔, 희망과 절망, 설렘과 두려움, 행복과 불행 같은 모든 것이 담겨져 있다. 살아가면서 이러한 인생의 색종이에서 어떤 모양으로 오려 내기를 할지 그것은 우리 스스로가 해야 할 일이다.

행복

소속감과 적응

우리는 태어나면서부터 관계를 맺고 살아가야만 한다. 가족이라는 가장 기본적인 단위에서부터 학교, 조직, 동호회와 같은 단계로 관계의 범위를 넓혀 간다. 태어나면서 결정되는 부모와 자식처럼 본인의 선택과 관계없는 경우도 있지만, 거의 모든 관계는 본인의 선택과 연관되어 있다. 특히 결혼이나 직장의 경우에는 본인의 선택이 더욱 절대적이다. 자신이 중요시하는 가치, 선호하는 조건, 기대감 등과 같은 심리적 부분에서부터 경제적 조건 같은 현실적 상황에 대해서까지 다방면으로 검토를 하여 선택하게 된다. 특히 결혼이나 직장에 대한 결정은 다른 관계보다 더 중요하기 때문에 신중하게 선택해야 한다.

요즘은 취업이 힘든 시기여서 그런지 신입사원 교육을 하러 가면 대부분 합격의 기쁨과 설렘의 분위기가 강의실을 채우고 있다. 더군다나 공무원의 경우에는 정년이 보장되기 때문에 경쟁률이 일반기업을 뛰어넘고 학력이나 학벌의 과도한 경쟁이 대단하다는 것을 언론 보도를 통하여 접하곤 한다. 얼마 전 9급 신임공무원 연수 교육과정에서 강의를 한 적이 있다. 여타 신입 교육과정처럼 기쁨과 설렘이 가득하였지만, 몇몇 사람들은 교육 내내 불만의 표정이 가득하였다. 그래서 쉬는 시간에 그들에게 관심 어린 질문을 하였는데, 돌아온 대답은 가히 충격적이었다. 불만의 원인이 교육과정이 아니라 자신들이 받게 될 연봉, 즉 월급이 너무도 박하다는 것이었다. 공무원이 되기 이전에도 연봉이 얼마인지 알았을 텐데 시험을 통과하고 신임 공무원으로 임용된 후에도 자신의 선택에 대한 불만을 가지는 모습을 보고 그 개인에 대한 걱정보다도 그가 속하게 될 조직에 대한 걱정이 앞섰다. 기쁨과 설렘을 갖고 시작하여도 힘든 일들이 많은 것이 조직생활인데, 시작부터 불만을 안고 출발하는 것은 마치 절대 원치 않았던, 강제로 하게 된 결혼생활에서 행복한 가정을 꿈꾸는 것과 같은 것이다. 머릿속에는 '어떻게 하면 좀 더 행복한 가정을 만들 것인가' 하는 생각이 아니라 온통 '결혼생활에서 어떻게 하면 벗어날 것인가' 하는 부정적인 감정만 가득할 것이다.

어떤 측면에서는 연봉이 상대적으로 적다는 것을 알고 시험에 응시하였고 신임 연수과정에 참여하였기에 특별한 변수가 생기지 않는 경우를 제외하고는 회사를 그만두기보다는 불평불만을 하면서 정년까지 다니게 될지도 모른다. 누구의 강요도 아닌 자신의 순수한 의지로 선택한 조직생활을 불만을 가지고 시작한다는 것은 개인과 조직 모두에게 불행한 일이다.

이 경우가 아니더라도 신입사원 기간이 지나고 대리나 과장으로 승진하면서 입사 때의 기쁨과 설렘은 온데간데없이 불평불만이 쌓여 간다. 자신이 선택한 조직생활에 불평불만이 쌓여 가는 이유는 여러 가지가 있겠지만, 참여하는 태도의 심리학적 측면에서 그 원인을 찾을 수 있다. 사람이 자신이 속한 조직에 참여하는 방식은 두 가지가 있다. 하나는 소속감(being)이고 나머지 하나는 적응(adaptation)이다. 소속감은 자신이 선택한 조직의 일원으로서 어떤 역할과 기능을 수행할 것인가를 자발적이고 주도적으로 참여하려는 태도다. 소속감은 조직구성원의 일원으로서 조직에 기여하려는 것에 가치를 두고 자부심을 갖는다. 반면 적응은 조직의 규범과 규율, 자신에게 할당된 목표를 달성하려는 피동적이고 수동적인 참여 태도다. 적응하려는 태도는 최소한의 요구인 규범과 규율 그리고 자신에게 할당된 목표를 수행할 때 월급이라는 보상이 나오기 때문에 조직구성원의 일원이라는 마음보다도 자신에게 보상받는 월급에 많은 가치를 둔다.

소속감은 서로에 대한 관심과 애정이다. 하지만 적응은 생존을 위한 행위일 뿐이다. 소속감은 미래에 대한 희망을 꿈꾸지만, 적응은 주어진 상황에서 자신에 대한 생각만 할 뿐이다. 소속감은 마음과 정신적 교류가 있을 때 가능한 것이지만, 적응은 의무와 같은 형식적인 것에 불과하다. 소속감은 자신이 원하는 삶을 살아가기 위한 행보이지만, 적응은 단지 생존하기 위한 수단에 불과하다. 소속감은 나 자신뿐만 아니라 다른 사람을 배려하는 성숙된 마음에서 생겨나지만, 적응은 오로지 자신만을 생각하는 이기적이고 미성숙된 마음에서 생겨난다. 소속감은 때로는 희생도 감수할 수 있는 자발성을 부여하지만, 적응은 최소한의 보여지는 행동만 형식적으로 하게 할 뿐이다. 소속감은 삶의 활력이 되고 행복을 만들어 가는 원동력이 되지만, 적응은 되풀이되는 지루함과 우울감의 근원이 된다. 소속감은 어제보다 다른 뭔가를 만들어 가려는 창의성을 일깨우지만, 적응은 변화를 싫어하는 정체감을 준다.

우리는 자신이 처한 가정, 직장에서 소속감을 가지고 살아가는지 아니면 단지 적응을 하려고 살아가는지 다시 한 번 돌이켜 보아야 할 것이다.

존재의 이유

얼마 전 우연찮게 한 TV 예능프로그램을 시청하게 되었다. 여러 명의 MC들과 출연진들이 이야기를 나누는 방식이었다. 토론 프로그램은 아니고 과거사부터 현재 연예인으로서의 활동 그리고 앞으로의 포부 등과 같은, 주로 개인사에 대한 이야기를 나누었다. 그중에 눈길을 끌었던 장면은 남매 아이돌 가수의 어린 시절 이야기였다.

초등학교 저학년 시절 오빠가 여동생과 함께 학원버스를 내리면 거기서부터 집까지 가는 길은 가파른 계단을 올라가야만 했다. 그런데 여동생은 학원버스가 도착할 무렵에는 항상 자고 있었고, 학원 선생님이나 누군가가 동생을 깨우려고 하면 오빠는 놔 두라고 하고는 자고 있는 동생을 업고서 가파른 계단을 걸어올라 집으로 갔다고 한다. 동생은 업힌 오빠의 등이 따스하고 편안해서 일부러 자는 척하면서 업혀 갔다고 한다. 초등학교 저학년 오빠는 동생이 잠이 든 척한다는 것을 알면서도 매일같이 동생을 업고서 계단을 올랐다고 한다. 동생이 미취학 아동이라고는 하지만 초등학교 저학년이 그런 동생을 업고서 가파른 계단을 올라간다는 것은 대단히 어려운 일이다. 그것도 한두 번도 아닌 매일 그렇게 하였다는 것은 가슴이 뭉클할 정도로 감동적인 일이기도 하다. 그래서 MC들이 너도나도 질문을 한다. "아니 어떻게 그 어린 나이에 동생을 업고서 계단을 올라갈 수 있었어요? 그것도 한두 번도 아니고……. 더군다나 동생이 자고 있지 않다는 것을 알면서도 어떻게 그렇게 할 수 있었나요?" 오빠의 대답은 너무도 간단했다. "동생을 업은 채로 집에 가면 엄마가 항상 착하다고 칭찬을 해 주고 인정을 해 주었어요. 그 말을 듣는 게 너무 좋아서 계속해서 하게 된 거예요."

참 간단하지만 의미심장한 이야기다. 자신의 행위를 누군가가 인정해 준다는 것은 자신에 대한 존재의 의미를 찾게 해 주는 것이다. 인본주의 심리학자 빅터 프랭클(Victor Frankl)은 "우리가 하는 어떤 일이나 행동은 능력이 전부가 아니다. 능력은 의미 있는 삶을 위한 필수조건이 아니다. 어떤 사람들은 일을 할 수 있어도 의미 있는 삶을 살지 못할 수 있고, 일을 할 수 없는 사람일지라도 자신의 삶에 의미를 부여할 수 있다."라고 하였다. 즉, 어떤 일을 하느냐 하는 것보다 그러한 일을 통하여 어떤 의미를 갖느냐가 더 중요한 것이다.

사람과 사람 사이에는 존재라는 물결이 흘러간다. 우리는 모두 직관적이다. 우리는 주위 사람들로부터 흘러 들어오는 자신에 대한 존재의 물결을 느끼며, 그러한 물결의 느낌을 통하여 자신의 일이나 행위에 대한 의미를 갖게 된다. 사회적으로 아무리 큰일을 하고 열심히 하여도 주위 사람, 특히 가까운 사람으로부터 흘러 들어오는 존재의 물결이 부정적이거나 혹은 없다면 그의 삶은 아무런 의미가 없게 될 것이다. 결국 사람과 사람 사이에 흘러가는 물결은 관심과 애정 그리고 배려다.

살아가면서 받는 상처는 멀리 있는 사람이 아닌 가까운 사람들에게서 받는다. 특히 배우자나 가족 그리고 직장 동료들이다. 얼마 전 교육과정에서 의사소통에 관한 실습을 시연하는 중에 50대 중

반의 남자가 눈물을 흘려 안타깝고 안쓰러운 마음이 들었던 적이 있었다. 그는 30여 년 가까이 오로지 가족을 위해서 열심히 살아왔는데 막상 은퇴(임금피크제)를 얼마 남겨 두지 않은 상황에 와 보니 아무것도 남은 것이 없는 것 같다고 하였다. 도대체 자신이 무엇을 위하여 이렇게 아등바등 살아왔는지 그저 허망할 뿐이라고 하면서 허탈해하였다. "'수고했습니다, 감사합니다.'라는 배우자와 자녀들의 진심 어린 말이 그리우신 거죠? 그런 이야기를 듣지 못해 많이 섭섭하고 외로우셨겠습니다."라고 이야기해 주었을 때 그는 눈물을 보였다. 함께한 동료들도 같이 흐느꼈다. 마음이 아팠다. 긴 시간 가정과 직장에서 열심히 살았지만 사람과 사람 사이에 흐르는 존재의 물결, 즉 관심과 애정 그리고 배려를 느끼지 못하고 살아왔던 것이다. 사람의 경험은 모두 주관적이다. 누구나 그러한 자신의 주관적 경험을 다른 사람으로부터 존중받고 이해받고 싶어 한다. 살인을 저지른 살인범조차도 자신이 그럴 수밖에 없었던 상황을 이해받고 싶어 한다. 하물며 30여 년의 직장생활을 성실히 해 온 사람은 얼마나 존중받고 이해받고 싶어 하겠는가? 요즘 강의를 다니다 보면 임금피크제 때문에 고민하는 회사가 많이 있다. 임금피크제라는 제도보다 더 걱정스러운 것은 그 제도를 통하여 많은 사람들이 곧 은퇴라는 상실에 직면해야 한다는 사실이다.

인생은 성취만큼이나 상실로써 점철될 수 있다. 상실 속에서 중요한 의미를 발견할 수 있고, 그렇게 될 때 상실은 또 다른 성취를 위한 유용한 유산이 된다. 이러한 의미의 발견은 사람과 사람 사이에 흐르는 물결인 관심과 애정 그리고 배려에서부터 그 힘이 생겨난다. 이러한 과정이 우리의 존재 이유다.

용감한 실패

차디찬 겨울을 견뎌 내고 봄이 찾아오면 그 인고의 대가로 꽃이 핀다. 이런 봄날이면 꼭 유명 관광지가 아니더라도 상춘객(賞春客)들의 모습을 여기저기서 볼 수 있다. 그중에서도 겨울과는 달리 유독 봄날에 눈에 띄는 것이 바로 자전거 하이킹이다. 겨우내 움츠린 기운을 뒤로하고 화사한 꽃들이 만개한 길가를 자전거를 타고 힘차게 달리는 기분은 봄날의 또 다른 즐거움일 것이다. 필자도 어린 시절 자전거를 많이 즐겼었다. 특히 여름방학에는 매일 새벽마다 자전거 하이킹을 하였다. 방학이기에 좀 더 잠을 자고 싶고 게으름도 피우고 싶었지만 새벽 일찍 일어나서 상쾌한 공기를 가르며 자전거를 타고 달릴 때에는 스스로 대견함과 뿌듯함을 느꼈다. 그리고 동이 틀 무렵 함께 달리는 자전거가 마치 가장 친한 친구처럼 소중하게 느껴져서 항상 깨끗하고 소중하게 다루었다. 비록 어린 청소년 시기였지만 자전거와 함께 달리면 이런저런 생각도 참 많이 했었고, 그러한 경험이 지금도 삶에서 좋은 추억으로 자리매김하고 있다.

그런데 자전거를 타는 즐거움을 얻으려면 일정의 고통을 견디고 넘어서야만 한다. 두발자전거를 한 번에 잘 타는 경우는 없다. 자전거를 배우려면 반드시 넘어져야 한다. 넘어지고 다시 타고 넘어지고 다시 타는 과정을 반복해야만 자전거를 탈 수 있게 된다. 만약 넘어지는 것이 너무 두렵고 무서워서 포기해 버리면 자전거는 한낱 고철 덩어리에 불과하게 되고, 자전거를 타고 상쾌한 공기를 가르며 달리는 즐거움을 영영 누릴 수 없게 된다.

우리네 인생도 비슷하다. 모든 성공은 실패라는 것을 넘어설 때 얻게 되는 것이다. 꼭 대단하고 커다란 성공이 아니더라도 실패를 딛고 나서야 앞으로 갈 수 있는 것이 인생이다. 학창시절 자신의 기대와는 달리 시험 점수가 형편없이 나온 경우, 대학 입시나 입사 시험에 불합격 통보를 받는 경우, 연인과 결별을 하거나 승진이 누락되는 경우, 실직을 하거나 퇴사를 하는 경우, 혹은 하던 사업이 망하게 되는 경우처럼 실패라는 것은 그 경중을 떠나서 인생을 살아가면서 직면해야만 하는 하나의 과정이다.

우리가 주목해야 하는 것은 실패라는 결과를 무기력한 반응으로 받아들이는 사람이 있는가 하면, 반대로 성취지향적인 반응으로 받아들이는 사람이 있다는 것이다. 실패라는 똑같은 현상에 대한 두 가지의 반응은 바로 자기 자신에 대하여 갖는 태도에 따라 달라진다. 실패라는 현상을 무기력한 반응으로 대하는 사람들의 공통점은 자신을 똑똑해 보이는 사람(looking smart type)으로 생각한다는 것이다. 즉, 자신은 실패를 하지 않아야만 하며, 그래서 실패하는 일은 시도하지 않고 회피하려 한다. 이들은 실패에 직면하는 즉시 자신이 가지고 있는 능력을 불신하기 시작한다. 설상가상으로 이들은 그전에 훌륭히 해 냈던 성공의 경험조차도 실패에 압도당하고 만다. 그래서 실패의 두려움을 회피하려고 스스로 똑똑해 보이는 사람처럼 행동하게 되고 새로운 일에 대한 도전을 스스로 포기하게 되고, 새로운 일에 대한 도전이 없기에 당연히 실패라는 것에 직면하지 않아도 된다. 결국 실패하는 것을 포기함과 동시에 새로운 도전을 통하여 얻게 되는 성공도 영원히 그들 앞에서 사라지게 된다.

이와는 반대로 실패라는 현상을 성취지향적인 반응으로 받아들이는 사람이 있다. 이러한 사람들은 실패를 통하여 무엇인가를 배우려고 하는 태도(learning type)를 가지고 있다. 이들에게 실패란 도전의 순간이고 새로운 성공을 위한 디딤돌이다. 이들은 실패를 부끄럽고 수치스러운 결과가 아닌 부족함을 깨닫고 도약하는 기회로 받아들이고, 끊임없이 자신을 성찰하고 정진한다. 실패를 통하여 성공을 만들고 그 성공으로 또 다른 실패에 직면하는 과정을 반복한다. 마치 성공과 실패를 분리된 것이 아닌 연속된 과정으로 받아들인다.

삶은 직선(linear)처럼 곧게 뻗어 있는 것이 아니라 나선형(loops)처럼 끊임없이 굽이쳐 흘러가는 것이다. 그래서 직선처럼 끝이 명확하고 선명하게 보이는 것이 아니라 보일듯 말듯 굽이굽이 흘러간다. 밤이 없는 하루가 없고 궂은 날이 없는 일 년이 없듯이, 우리네 인생도 모든 것이 다 어우러져야 한다. 실패는 언제나 존재하는 하나의 과정일 뿐이다. 실패를 직면할 때 힘들고 고통스럽고, 때로는 슬프고 외롭지만 그 시기를 박차고 지나가면 또 다른 성공을 맞이할 수 있다. 상처와 슬픔이 없는 인생이 어디 있으랴. 단지 우리 앞에 다가올 실패를 두려워만 할 것이 아니라 용감하게 부딪혀 보자.

어둠만이 별빛을 아름답게 만든다

대한민국에서 가장 산세가 아름다운 곳이 바로 강원도다. 도심과 달리 산세가 깊을 뿐 아니라 산속의 어둠도 일찍 내린다. 밤이 되어 창문 너머로 바라본 하늘은 칠흑 같은 어둠뿐이었다. 어디가 산인지 하늘인지 그 경계선도 제대로 구별되지 않는 캄캄한 어둠 속에서 오직 볼 수 있는 것은 밤하늘에 뿌려진 듯 펼쳐진 별빛뿐이었다. 밝기도 다르고 크기도 제각각인 별들이 수놓인 밤하늘을 보고 있으면 마치 그 입체감과 생생함에 한편의 3D 영화를 감상하는 듯하였다.

햇살이 가득한 낮에는 모습을 전혀 드러내지 않고 있다가 이렇게 캄캄한 밤이 되어서야 비로소 빛을 발하는 밤하늘에 펼쳐진 수많은 별들을 보고 있는 동안 문득 우리네 삶도 비슷하다는 생각이 들었다. 10여 년 전에 유행했던 가요가 있었다. 그 가요의 제목은 '알 수 없는 인생'이었다. 필자가 좋아했던 이유는 가수에 대한 호감도 있었지만 노랫말이 참 마음에 와닿았기 때문이었다. "언제쯤 사랑을 다 알까요. 언제쯤 세상을 다 알까요. 얼마나 살아 봐야 알까요."라는 가사로 시작되는 이 노래를 들었던 그때도, 10년이 훌쩍 지나버린 지금도 여전히 알 수 없는 것이 인생이다. 정말 "얼마나 더 살아 봐야 알까요"라는 노랫말이 지금도 와닿는다. "알 수 없는 인생이라 더욱 아름답죠."라고 끝나는 노래의 가사에서 문득 인생이라는 것을 다른 측면에서 바라보게 된다.

흔히들 '내년에는 어떻게 되어 있을까?' 혹은 '5년 후에는, 10년

후에는?'의 심정으로 미래를 조용히 생각한다. 사실 생각한다는 표현보다는 걱정과 두려움이라는 표현이 좀 더 정확할지도 모른다. 요즘 은퇴를 앞두고 있는 사람들을 대상으로 하는 강의를 이전보다 많이 하게 된다. 또한 은퇴를 이미 해 버린 지인들과의 만남도 훨씬 많아졌다. 대부분의 사람은 그동안 열심히 하였으니 좀 쉬면서 어떤 일을 할지 구상할 거라고 한다. 공통적으로 어떻게 사는 것이 좀 더 자신에게 의미 있고 행복한 일인가에 대한 생각보다도 또 무슨 일을 하면서 지내야 하는가에 대한 고민이 여전히 남아 있다.

무엇을 한다는 것보다 더 중요한 것은 그것을 어떻게 하느냐에 따라 결과가 전혀 다르게 나타난다. 무엇을 한다는 것은 그냥 그 일을 해야만 하는 당위성에 의한 것이기에 자신이 하는 행위에 대하여 별다른 의미를 가질 수 없지만, 그 무엇을 어떻게 할 것인가 생각하는 것은 그 일을 통하여 자신에게 의미 있고 행복한 결과를 얻기 위한 성찰을 하겠다는 철학이 기저에 놓여 있다. 자신이 하는 일이나 직장생활을 통하여 행복하지 않다고 이야기하는 많은 사람들의 공통점은 현재 일을 하는 것에 대한 당위성만 있을 뿐 그 일을 어떻게 할 것인가에 대한 의미와 가치를 부여하지 못해서다.

앞으로 대한민국의 평균 수명은 100세다. 그러나 점점 많은 사람들이 여러 가지 이유로 조금씩 일찍 퇴직하고 있다. 어떤 사람들은 자발적으로 퇴사를 하고 또 어떤 사람들은 어쩔 수 없이 그만두지만, 회사를 그만두었다는 결과는 마찬가지다. 이전과는 다르게 갑자기 늘어난 시간을 어떻게 보낼 것인가에 대한 현실적 문제에 직면해야 한다. 무엇을 하면서 생계를 유지할 것인가와 같은 일차적인 생존의 문제에서부터 어떻게 남은 인생에 대한 의미를 만들어 갈 것인가에 대한 철학적인 부분까지 모든 것을 고민해야 한다. 즉, 일과 인생의 의미를 함께 만들어 가야만 하는 새로운 국면에 직면해 있는 것이다. 그 이유는 수명이 늘어나면서 일차적 직업의 마감인 은퇴 후에 시간이 많아졌기 때문이다.

2막의 인생은 일에 대한 성공만으로 만족이라는 정서적 감정을 충족시킬 수 없다는 것을 증명하는 장(場)이 될 것이다. 실제로 실리콘밸리에서 성공한 사람들이 은퇴 후에 겪는 고립감, 의기소침, 우울증, 이상 증세들은 일반적인 삶을 살아가고 있는 사람들의 상식으로는 이해되지 않는다. 하고 싶은 것은 무엇이든 할 수 있는 돈과 시간이 있는 사람들이 어째서 그러한 심리적 고통을 겪는 것일까? 그것은 바로 자신이 하는 일도 중요하지만 그 일을 통하여 어떤 의미도 발견하지 못했기 때문이다. 의미가 없다는 것은 미래에 대한 희망과 설렘이 없다는 것이다. 중요한 것은 경제적으로 성공하였든 아직도 경제적인 문제로 허덕이든 간에 미래에 대한 희망과 설렘이 없으면 심리적 고통에서 벗어나지 못한다는 것이다. 우리는 자신의 삶의 순간들을 두려운 위기로만 받아들일 것이 아니라 좀 더 희망차고 설레는 미래를 만들어 가기 위한 탐구의 자세로 미주할 필요가 있다. 캄캄한 어둠만이 별빛의 아름다움을 만들어 내듯 두렵고 고통스러운 현실일수록 희망의 미래를 찾아야만 한다. 알 수 없는 상황에서 희망이라는 빛을 밝힐 수 있기에 인생은 더욱 아름다운 것이다.

어린이들을 위하여 동심(童心)을 바탕으로 만든 노래가 동요(童謠)다. 대중매체에 24시간 노출된 오늘날과는 다르게 과거의 어린 시절에는 대중가요보다 동요를 더 많이 접하였다. 특히 여러 동요들 중에 기억에 남는 노래가 '비행기'라는 동요다. "떴다 떴다 비행기 날아라 날아라 하늘 높이 날아라 우리 비행기. 내가 만든 비행기 날아라 날아라 멀리 멀리 날아라 우리 비행기……." 대략 이런 가사로 불렀던 그 시절의 동요는 비단 노래뿐만 아니라 피리(리코더)를 배우고 연주할 때 가장 많이 사용한 곡인 것 같다. 그런데 이 익숙한 동요가 우리나라 노래가 아닌 외국 곡에 가사를 입혀서 만든 동요라는 사실을 성인이 되어서야 알게 되었다. 이유야 어찌되었건 간에 '비행기'라는 동요를 자주 불렀고 그것이 기억에 많이 남는 이유 중 하나는 간결하고 따라 부르기 쉬었던 멜로디와 그 가사와 어울렸던 종이비행기가 있었기 때문이다.

특히 종이비행기를 만드는 것은 그 시절 딱지를 만들기 전에 배워야 했던 가장 기초적인 창작활동이었던 것 같다. 평평한 종이를 접고 접다 보면 어느새 완성된 종이비행기, 그리고 거기서 그치지 않고 그 종이비행기를 공중을 향해 가볍게 던져 버리면 하늘을 향해 이리저리 흩날리며 비행하는 모습에 즐거워했었던 기억이 새록새록 떠오른다.

특히 좀 더 멋지고 좀 더 멀리 오랫동안 날릴 방법을 터득하기 위하여 종이의 재질과 접는 방법을 고민하고 다른 사람의 작품을 관찰하고 시도하였던 기억도 난다. 비행기 앞을 뾰족하게 만들어

보기도 하고 뭉툭하게 만들어서 던져 보기도 하였다. 누가 만든 비행기가 더 오랫동안 하늘에 머무는지 그리고 더 멀리 날아가는지 내기를 하기 위하여 더 많은 고민과 시도를 하였던 그 시절이었다.

그런데 이러한 종이비행기가 이제는 동네 뒷동산에서 또래 친구들이 모여서 하는 놀이를 넘어 세계인들이 함께 모여서 하는 국제대회가 되었다는 것을 알고는 깜짝 놀랐었다. 동네 놀이에 불과했던 종이비행기가 인터넷의 발달로 인하여 전 세계인들이 정보를 교류하고 한곳에 모여서 하는 국제적 게임이 된 것을 보면서 삶의 무상(無常)함을 느낀다. 이러한 무상함 속에서도 공통된 점이 있다. 그것은 1초라도 더 하늘에 머물러 있게, 그리고 1미터라도 더 멀리 날리고 싶은 마음이다. 세계적으로 공식적, 비공식적 기록을 합하여도 20초 이상 종이비행기를 날리는 사람이 다섯 명뿐이라는 사실은 더욱 놀랍다. 하기야 동네 놀이 수준으로 하였던 시절에는 시간 측정보다도 상대방과의 비교가 더 중요하였으니 몇 초를 비행하였는지는 그다지 중요하지 않았을지도 모른다. 어찌되었건 20초 이상 비행기를 날릴 수 있는 사람이 전 세계에 다섯 명뿐이라는 사실은 그러한 기록을 남기기가 얼마나 어려운 것인지 짐작하게 한다. 그중에는 한국인도 포함되어 있다니 놀랍기도 하고 자랑스럽기도 하다.

그들이 말하기를, 종이비행기는 단순한 종이 접기가 아닌 과학이란다. 그래서 1초를 더 비행할 수 있게 만드는 데 1년이라는 노력의 시간이 필요하다고 한다. 그 말을 듣는 순간 종이비행기를 만들고 날리는 과정이 우리 삶과 비슷하다고 생각이 들었다. 종이를 접어서 비행기 모양을 만들고 허공을 향하여 오랫동안 비행하고 멀리 날아가기를 바라면서 던져 보지만, 바로 눈앞에서 그리고 나의 손을 떠나자마자 땅에 떨어져 버리는 종이비행기에 실망한다. 그러나 포기하지는 않는다. 다시 종이를 접어서 이전과는 다르게 만들어 보고, 다른 각도와 방향으로 날리고 또 날려 본다. 그러한 수많은 시행착오를 통하여 처음보다는 더 높이, 더 멀리 날릴 수 있게 된다. 시간으로는 불과 몇 초 차이이고 공간적으로는 겨우 몇 센티미터 차이겠지만 막상 그것을 경험하는 사람에게는 엄청난 변화이고 성취다. 왜냐하면 종이비행기의 그 자그마한 차이는 한두 번의 시도로 얻을 수 있고 유지할 수 있는 성과가 아니기 때문이다. 수없이 많은 노력과 시도들이 차이를 만들었기에 그 자그마한 차이가 엄청나고 값진 성과인 것이다. 세계적인 선수들도 1초를 더 비행하고 1미터를 더 멀리 날리기 위해서 1년의 시간을 노력한다고 한다. 그들은 그것을 가능하게 만드는 힘을 꿈에 대한 희망과 도전이라고 한다. 꿈에 대한 희망과 도전을 심리학적 표현으로 하자면 의지(willpower)다. 의지란 자신의 노력에 대한 변화의 결과가 눈앞에 나타나지 않아도 그것을 이루기 위해 희망을 가지고 끊임없이 노력하는 힘이다. 왜냐하면 시도하지 않은 사람의 눈에 보이는 조그마한 변화는 사실상 인생에서는 엄청난 성과이기 때문이다. 그래서 의지는 우리 삶에서 성취를 위한 가장 중요한 원동력이라고 할 수 있다.

의지는 인생이라는 종이비행기를 하늘 높이 더 멀리 날리는 힘이다. '날아라 날아라 하늘 높이 멀리 날아라!'

그대의 어깨가 무거워 보여

"집으로 들어가는 길인가요? 그대의 어깨가 무거워 보여……." 이 노랫말을 처음 접한 것은 몇 해 전 대학원 졸업생들과 함께한 회식자리에서 누군가 흥을 돋우겠다며 불렀던 노래에서였던 것으로 기억된다. 요란한 음악소리와 함께 흥겨운 리듬을 타고 흘러나온 가사의 내용을 상담심리학적 관점에서 오랫동안 음미해 보았다. '집으로 돌아가는 길인가요?'와 같은 상대방의 상황에 대한 물음과 '그대의 어깨가 무거워 보여.'라는 신체적 상태에 대한 물음은 그냥 자신의 궁금증을 해소하기 위해 하는 질문이 아니요 의례적이고 관례적인 물음은 더욱더 아니다. 상대방의 상황과 신체적 상태에 대한 질문은 그야말로 상대방에 대한 관심이다.

상담심리학을 전공하는 학생들에게 심리상담에서 제일 중요시해야 하는 것은 상대방을 향한, 상대방을 위한 그리고 상대방에 대한 관심이라고 강조한다. 여기서 관심과 간섭은 상대방을 향하는 것이지만 그 기저에 있는 의도는 전혀 다르다. 관심은 오로지 상대방을 향한 그리고 상대방을 위한 감정이입이지만, 간섭은 자신의 기준에 의한 상대방에 대한 평가이며, 상대방의 행동에 대한 옳고 그름에 대한 피드백이다. 관심은 상대방을 위한 행동이지만, 간섭은 자신의 기준을 관철시키려는 행동이다.

현대인들은 가정과 직장 그리고 학교에서 관심과 간섭을 혼동하여 사용하는 경우가 종종 있는 것 같다. '자식을 위해서 하는 말과 행동' '부하직원을 위해서 하는 피드백' '학생이 잘되라고 하는 행동' 등은 표면적으로는 상대방을 위한 것일지는 모르겠지만 궁극적으로는 자신의 입장에서 자신이 가지고 있는 기준을 관철시키고 그에 따라 상대방을 변화시키려는 극히 이기적인 행동이다. 관심은 상대방과의 화합을 촉진하고 친밀감을 형성하지만 간섭은 상대방과의 거리감이 생기게 하고, 심한 경우에는 다툼의 원인이 된다. 어떤 부모 혹은 직장 상사들은 요즘 젊은 사람에게 관심을 가지는 것이 화가 되어 돌아오기 때문에 관심을 주지 않는 것이 다툼을 방지하는 방법이라고 이야기하는 경우도 있다. 관심을 주지 않는 것은 상대방과의 다툼을 방지할 수 있을지는 몰라도 정작 관심과 간섭의 차이를 이해하지 못하는 우매한 행동에 불과하다. 그래서 가정과 학교 그리고 직장에서 갈등과 다툼을 피하기 위해 상대방에 대한 관심(그들이 말하는)을 삼가는 경우가 생기게 된다.

그래서인지 어느새 우리 사회에서는 무관심이 관심보다 더 환영받는 분위기가 되어 버렸다. 그러한 행위들이 오히려 상대방을 존중하는 것이고 서로 간의 마찰을 방지하는 최선책이라고 생각한다. 이러한 무관심이라는 사회적 분위기와 맞물려 지금 대한민국은 자살이라는 현상에 직면해 있다. 무관심이 자살이라는 현상과 직접적인 관계가 있다고 증명하기는 어렵지만, 지금 대한민국에서는 하루에 37명이 스스로 목숨을 끊는다고 한다. 이러한 수치는 하루에 교통사고로 사망하는 사람의 3배에 달하는 어마어마한 수치다. 지금까지는 자살이라는 것을 삶에 대한 의지가 약해서 혹은 누군가로부터 배신당했거나 경제적으로 파산해서 등과 같은 개인적 이유에 초점을 두고 접근하였지만, 이제는 좀 더 다른 관점에서 이러한 문제들을 다루어야 할 필요가 있다.

프랑스의 사회학자 에밀 뒤르켐(Emile Durkheim)은 자살을 사회적 사실의 관점으로 접근해야 한다고 주장한다. 즉, 한 개인의 문제를 떠나서 사회나 국가가 한 사람 한 사람을 구하려는 노력을 복합적으로 해야 한다는 것이다. 이러한 주장은 가정이나 학교 그리고 직장에서 일어나는 자살을 한 개인의 문제가 아닌 공통체적 관점에서 이해하고 그 예방방법을 강구해야 한다는 것이다.

다른 의미로 설명하자면 이제는 관심이라는 우리의 행위가 개인 대 개인 간에 이루어지는 행위가 아닌 사회 대 개인 혹은 국가 대 개인이라는 큰 차원에서 조망하고 다루어져야 한다는 것이다. 우리는 관심이 상대방의 감정을 상하게 하고 다툼의 원인이 되는 간섭이 되기 때문에 무관심이 보다 평안한 사회를 만드는 방법이라는 생각이 팽배해진 사회에 살고 있다. 지나친 간섭으로 인한 다툼이 자살로 이어지는 경우도 있으나 어느 누구의 관심도 없는 절망적인 삶 속에서 이루어지는 자살이 증가하고 있다.

사람은 기본적으로 자신의 현재 심리상태를 존중받고 이해받고 싶어 하는 욕구가 있다. 그러한 심리상태를 말로 표현하지 않는다고 하여 이해받고 싶어 하는 욕구가 없는 것이 아니다. 이미 표현하고 있다. 자신을 이해해 달라고……. 다른 사람의 어깨가 무거워 보이거나 혹은 자신의 어깨가 무거울 때에는 잠시 어깨를 가볍게 해 주어야 한다. 그것이 사람에 대한 진정한 관심이다.

참으로 관심이 절실히 필요한 사회다.

즐거움의 힘

학부모들의 고민 중 하나는 자녀들이 좋아하는 컴퓨터와 스마트폰 게임에 대한 것이다. 게임이 학업에 미치는 악영향에 대한 걱정도 있지만 어떤 경우에는 중독으로 이어져서 생활이 엉망이 되는 것을 염려하는 부분도 있다. 특히 요즘 컴퓨터 게임은 현실감이 한층 더해지도록 연출을 하였기에, 심한 경우에는 현실을 게임으로 착각하여 범죄로 이어지기도 한다. 이러한 컴퓨터나 스마트폰 게임뿐만 아니라 인기 연예인 중에는 도박을 하다 하루아침에 자신의 인기와 명성을 날리는 경우도 있다. 그중에서는 한두 번의 실수로 자숙 기간을 가지다가 또 다시 도박을 하여 영영 연예계로 복귀하지 못하는 안타까운 경우도 있다. 일반인의 관점에서 보면 그러한 일이 안타깝기도 하지만 자신이 가지고 있는 인기와 경제적 여유를 도박으로 잃어버리는 것을 이해하기 어려운 측면도 있다.

학생들이 컴퓨터나 스마트폰 게임에 빠져서 생활이 엉망이 되는 것이나 일부 연예인이 도박에 빠져서 모든 것을 탕진하는 것은 중독(addiction)이다. 중독되는 것들의 공통점은 재미가 있다는 것이다. 재미있기에 중독되는 것이고, 재미있는 것들은 힘든 법이 없다. 그냥 재미나는 일이다. 심리학적 관점에서 보자면 그것은 일종의 쾌락(pleasure)이다. 음식, 휴식에 대한 생물학적 욕구나 외부로부터의 보상과 같은 외적 욕구가 충족될 때 느끼는 정서적 감정이 쾌락이다. 그래서 음식에 너무 집착하게 되면 음식에 대한 중독에 빠지게 되어 비만이 되고, 알코올에 빠지면 알코올중독으로 이어지게 된다. 또 휴식을 지나치게 추구하다 보면 게을러지고 세상 모든 일들과 단절하는 현상이 나타난다. 이러한 쾌락은 유쾌한 심리상태이지만 심리적 성장이나 발달로 이어지지 않을 뿐만 아니라 쾌락을 지속하기 위해 반복적인 경험을 하려는 욕구, 즉 중독으로 이어질 수 있다.

재미있는 것을 추구하는 쾌락과는 다르게 즐거움(enjoyment)은 추구하는 목표의 달성, 기대의 충족, 자신이 경험하는 심리적 체험이나 창의적 성과에 의해서 경험되는 긍정 정서를 의미한다. 이러한 즐거움은 그 자체로 성취감과 생동감을 주며 그 영향이 지속적일 뿐만 아니라 인간의 가능성과 잠재력을 확장시켜 새로운 것을 창조하는 데 기여한다. 예를 들면, 두꺼운 책을 읽고 단 한 줄의 깨달음을 얻게 되는 것도 즐거움이고, 힘든 직장생활이지만 그 어려움 속에서도 자신이 정해 놓은 목표를 달성하는 것도 즐거움이다. 즉, 모르는 것을 깨닫는 희열감이나 어려운 것을 극복하는 성취감 모두가 즐거움이다.

이러한 즐거움은 직면한 고통을 견디는 기적 같은 힘을 발휘한다. 신혼부부가 자신들의 집도 아닌 다른 사람 명의로 된 조그마한 집에서 살면서 여러 가지로 생활이 궁핍함에도 그 모든 힘든 점을 견디어 내는 것은 바로 신혼생활이 즐겁기 때문이다. 신혼생활이 즐거운 이유는 물론 사랑하는 사람과 함께해서이기도 하지만 근원적으로는 현재의 생활보다 미래의 생활이 더 나아질 것이라는 희망이 있기 때문이다. 이처럼 즐거움은 직면하고 있는 고통을 견디게 하는 고도로 성숙된 인간의 능력을 발현시키는 힘을 가지고 있다.

네 살짜리 아이들을 대상으로 한 마시멜로 실험에서도 아이들에게는 길게 느껴질 수 있는 15분이라는 시간 동안 마시멜로를 먹지 않고 견뎌 낸 아이들과 먹어 버린 아이들의 차이는 성품의 차이가 아니라 자신의 관점을 먹고 싶은 것을 참고 견뎌서 얻게 될 미래의 보상에 두고 있었는지, 아니면 눈앞의 마시멜로에만 관심을 가지고 있었는지에 따라 달라진다. 이처럼 즐거움이란 현재의 상태에서 얻게 되는 쾌락과는 달리 항상 미래에 대한 희망에 초점을 두고 있다. 그래서 미래에 대한 희망은 직면한 고통을 견디게 만드는 즐거움이라는 기적 같은 힘을 만들어 내는 것이다. 마치 우리가 여행을 가는 것보다 가기 전부터 설레는 것처럼 즐거움이란 다가올 미래에 대한 희망이 있을 때 생기게 된다.

어린 시절 소풍을 갈 때 무거운 배낭을 메고 꽤 먼 거리를 걸어가지만, 아이들에게 무거운 배낭은 짐이 아니며, 먼 거리의 소풍길은 힘든 여정이 아니다. 오히려 눈은 초롱초롱하고, 표정은 밝고 맑으며, 발걸음은 경쾌하고 가볍다. 도착해서 맛있는 것도 먹고 보물찾기도 할 생각이 현재를 즐겁게 만들기 때문이다. 이처럼 즐거움의 힘은 현재 우리가 직면하고 있는 어려움과 고통을 견디게 해 주는 지혜와 용기를 만들어 낸다. 삶이 즐거울 때 성공과 행복은 더 가까이 온다.

내 마음의 거울

자고로 우리네 가을은 풍요로움을 상징한다. 오곡백과가 풍성하여 말은 살찌고 하늘은 높다는 천고마비(天高馬肥)의 계절이 바로 가을이다. 또한 가을에는 산행을 하기 좋은 계절이기도 하다. 물론 계절마다 산행의 즐거움이 있지만, 특히 날씨가 선선해지고 단풍이 물들기 시작하는 가을은 사람들을 산으로 유혹하기에 충분하다.

산림이 울창한 산길을 걷는 데 있어서 사람들의 모습이 서로 다른 것처럼 산행에 대한 느낌도 각각 다르다. 목재상과 화가가 함께 산행을 한다고 가정해 보자. 목재상은 나무의 재질과 산림의 크기를 보고 산의 가치를 평가할 것이고, 화가는 산속의 풍경을 어떤 구도로 화폭에 담을지를 고민할 것이다. 목재상도 아니고 화가도 아닌 일반인 같으면 '공기 좋다.' 혹은 '어디까지 올라갈까?'와 같은 생각으로 산행을 할 것이다.

이처럼 같은 산을 거닐어도 사람에 따라 느끼는 것이 다른 것은 평소에 자신의 관심사나 늘 해 왔던 일과 연관이 있다. 평소에 꽃에 관심이 있었던 사람은 산행 중에 꽃이 눈에 들어올 것이고, 등산복이나 등산 장비에 관심이 있었던 사람은 산행 후에도 사람들의 복장이 기억에 남을 것이다. 이처럼 똑같이 산행을 하지만 우리가 경험하고 기억하는 반응들은 개인에 따라서 다르게 나타난다. 즉, 산에 따라서 우리의 반응이 다르게 나타나는 것이 아니라 우리의 마음에 따라서 산이 다르게 느껴지는 것이다.

이러한 마음의 틀을 프레임(frame)이라고 한다. 결국 우리는 세상과의 상호작용을 자신의 틀(frame) 속에서 바라보면서 살아간다. 세상은 그대로인데 우리는 각자가 가지고 있는 틀이 세상의 전부인 것처럼 생각하고 살아가고 있다. 마음이 울분과 화남, 증오와 좌절로 만들어진 틀 속에서 살아가는 사람은 세상이 온통 화나는 일과 증오스러운 일 그리고 자신을 좌절하게 만드는 일로만 보일 것이다. 이러한 사람들은 아름다운 꽃밭을 마주하고 있어도 아름다운 장면은 눈에 들어오지 않고 자신의 틀 속에 있는 것들만 보고 느낄 것이다.

사람은 보고 싶은 것만 보고 듣고 싶은 것만 듣게 된다는 말이 있다. 세상이 아름답게 느껴지는 사람은 마음의 틀이 아름다움으로 가득 차 있고, 세상에 대하여 불만이 가득한 사람은 마음의 틀이 불만으로 가득 차 있다.

물론 세상을 항상 아름답게만 바라보고 행복하게만 느껴야 하는 것은 아니다. 중요한 것은 자신의 선택에 달려 있다. 자신이 원하는 세상을 만들고 그러한 세상 속에서 살고 싶다면 자신만의 틀을 만들어야 한다. 이미 자신이 가지고 있는 틀이 마음에 들지 않는다면 그것을 다시 만들어야 한다. 그것을 심리학에서는 재구성(reframe)이라고 한다. 자신이 가지고 있는 마음의 틀을 재구성하기 위해서는 우선 자신을 성찰하여야 한다. 현재 자신이 살아가는 세상이 마음에 들지 않는다면 세상이 어떤 모습이길 원하는지 살펴보고 진술하여야 한다. 하지만 부정적인 틀 속에 살아가는 사람들은 자신이 원하는 모습을 진술하는 것이 어렵다. 현재 자신의 부정적 상황을 설명하고 그렇게 될 수밖에 없는 인과관계(cause and effect)를 합리화하는 데 모든 감정을 소비하기 때문이다. 이러한 사람들은 진정으로 자신이 원하는 모습을 찾아내지 못할뿐더러 설령 그러한 모습을 진술하더라도 그 결과에 대하여 의심하고 부정한다. 결국은 자신의 틀을 바꾸지 않고 그 속에서 벗어나지 않으려고 한다. 자신의 틀을 재구성한다는 것은 자신의 신념과 가치, 자신에 대한 정체성으로 형성된 습관을 바꾸는 것이다. 습관이란 무의식 수준에서 이루어지는 것이기 때문에 누군가가 지적하기 전에는 일상생활에서 인지하지 못한다. 설령 자신의 습관을 인지하였다 하더라도 결과가 달라지는 것은 아니다. 그래서 습관을 변화시키는 마음의 틀을 재구성하기 위해서는 의식적으로 자신을 성찰하여야 한다.

자신의 헤어스타일과 외모를 원하는 모습으로 변화시키기 위해서는 현재 자신이 어떤 모습인지 먼저 알아야 한다. 그 모습을 거울을 통해서 확인하고, 변화된 모습을 연출하듯이 우리의 마음도 마찬가지다. 마음의 틀을 재구성하기 위해서는 내 마음의 거울을 먼저 들여다보아야 한다. 세상은 늘 그 자리에 그대로 있다. 변하는 것과 변화시킬 수 있는 것은 우리 각자의 마음의 틀뿐이다.
마음의 거울을 통하여 자신의 틀을 바라보는 당신이 되었으면 한다.

HOW

장난감은 어린아이들에게 아주 중요한 물건이다. 단순한 놀이를 떠나서 장난감은 신체적·정서적 발달에 도움을 주며 어떤 장난감들은 조기교육에 많은 영향을 미친다. 특히 사회를 미리 체험하기 위한 도구로 장난감 소방차, 경찰차, 택시, 버스 등을 활용하여 놀이로 체험함으로써 간접적으로 사회생활을 학습하게 된다. 나아가 사회인으로서의 생활을 미리 교육시키기 위한 직업과 관련된 장난감도 많다. 군인, 경찰관, 소방관, 의사 등 직업별 특징을 살린 모양의 장난감을 활용하여 미래의 사회인으로 성장하는 데 도움을 주기도 한다. 나아가 몇 년 전부터는 사회의 다양한 직업을 직접 체험할 수 있는 어린이 직업체험 교실이 유행이다. 테마별로 다양한 직업의 세계를 보여 주고 그 직업을 직접 체험함으로써 각 직업이 가지고 있는 역할과 기능을 단순한 설명이 아닌 몸으로 이해하게 만든다. 물론 어린 나이에 직업의 역할과 기능을 이해하여 훗날 사회에 기여하기 위한 직업적 꿈을 키우는 것은 교육적 차원에서 아주 중요한 부분이다. 그래서 학교에 진학하면 어떤 직업을 선호하는가에 대한 질문을 한다. 더군다나 고등학교에 진학하면 직업을 좀 더 세분화하기 위하여 문과와 이과로 나누어서 진로지도를 한다. 그리고 대학에 들어가면 각 전공별로 할 수 있는 직업을 제시하여 준다. 비록 현실적인 측면에서 볼 때 전공을 통해 직업을 선택한다는 점이 다소 맞지 않는 부분이 있기는 하지만 한 개인이 자신이 원하는 직업을 선택하기 위해서 어떤 교육을 받아야 하는가에 대한 과정을 최소한 보여 주고 있다. 가령 전공과 관계없이 시험을 통과하면 되는 직업이 있는가 하면, 일정 기간의 전공 교육과정을 이수한 사람만이 시험에 합격하였을 때 할 수 있는 직업도 있다. 어떤 선택을 하든 직업이란 개인의 삶에서 대단히 중요하다. 생계를 위한 경제적인 측면에서도 중요하고, 그 직업을 통하여 정서적 안정과 행복을 갖는 심리적인 측면에서도 중요하다. 그래서 어릴 때부터 직업을 체험하고 그 직업을 선택하기 위하여 공부하고 노력한다. 지금도 공무원이 되기 위하여 고시원에서 공부를 하는 학생들도 있고, 교사나 의사가 되기 위하여 노력하는 사람도 있다. 여러 사람이 공통적으로 선호하는 직업은 경쟁률이 상상을 초월하지만, 선호하지 않고 기피하는 직업은 경쟁률은커녕 사람들이 없어서 그 직업의 영속성이 불안하다. 선택한 직업에서도 마찬가지로 선호하는 직종이나 부서는 경쟁률이 높지만, 기피하는 부서나 직종은 서로 회피하려고 한다. 학교나 사회 그리고 가정에서 모두 직업교육을 시킨다. 이러한 직업적 선택의 과열을 우려하는 학자들은 직업의 선택을 자신의 적성, 흥미도, 비전 등을 고려하여 선택해야 한다고 조언한다. 당연하고 맞는 말이다. 적성이나 흥미도 없고 그에 대한 비전도 없으면서 현실을 회피하기 위하여 혹은 경제적 이득을 위하여 선택하는 것은 개인적으로나 사회적으로 우리 모두에게 불행한 일이다. 이러한 불행의 사태를 예방하기 위하여 적성이나 흥미와 관련된 비전을 제시하는 내용이 공교육에서 더 많이 다루어져야 한다고 주장하는 사람도 있다.

전부 다 필요한 일이다. 하지만 우리 사회와 학교 그리고 가정이 간과하고 있는 것이 있다. 그것은 바로 '어떻게 살 것인가?'에 대한 답변이다. '무엇을 하며 살 것인가?'에 대한 직업적 선택도 물론 중요하지만 더 중요한 것은 의사나 교사 그리고 회사원으로 사는 것보다 어떤 의사, 어떤 교사 혹은 어떤 회사원으로 사는가 하는 것이다. 하지만 우리 사회는 어릴 때부터 무엇을 할 것인가에 대해 끊임없이 질문하고 교육하고 학습시킨다. 그것은 마치 사람을 도구로 활용하기 위해 훈련을 시키는 것과 마찬가지다. 물론 사회는 여러 분야에서 자신이 맡은 일을 전문적으로 해 나감으로써 조화와 균형을 이룬다. 그렇게 되기 위해서는 군인은 군인으로서, 의사는 의사로서, 교사나 경찰은 교사나 경찰로서 자신이 맡은 일을 수행해 나갈 역량이 학습되어 있어야 한다. 다양한 분야에서 직업별로 요구되는 역량이 전문적으로 숙련되어 발현되는 것은 사회적 균형과 성장에는 도움이 될지 모르지만 사회의 성숙과 행복에는 도움이 되지 않는다. 행복이란 무엇을 하느냐보다 어떻게 하느냐에 따라 달라진다. '무엇을 할 것인가'에 대해서는 지식이 필요하지만 '어떻게 할 것인가' 하는 문제를 풀려면 지혜가 있어야 한다. 과도한 지식을 주입시키고 검증하기보다는 좀 더 현명하고 행복하게 살 수 있는 지혜를 가르치는 교육이 가정과 학교 그리고 직장과 사회에 넘쳐 났으면 한다.

'무엇을 하며 살 것인가'보다 '어떻게 하면서 살 것인가'. HOW!

편
만들기

어떤 상황에서도 나를 믿어 주고 지지해 주는 것이 바로 편(便)이다. 편이란 어떤 일이 발생하였을 때 그 일에 대한 옳고 그름을 논하기 전에 무조건적으로 그 사람을 따르는 것이다. 그 이유는 내 편이기 때문이다.

미국 메이저리그 경기를 보면 벤치클리어링 장면을 종종 볼 수 있다. 경기 중 그라운드 위에서 상대편 선수와 자신의 팀에 속한 선수가 싸움을 하게 되면 일단 그 일의 잘잘못과는 상관없이 벤치에 있던 선수 모두가 그라운드로 가서 동료 선수를 위해 싸운다. 물론 싸움이 끝난 후에는 심판의 판결에 따라 자신이 속한 팀의 선수의 잘못으로 벌금이나 처벌을 받게 될지라도 그 순간은 무조건 같은 팀 선수 편을 든다. 그 이유는 그냥 편이기 때문이다.

이처럼 편은 도덕적으로나 윤리적으로, 더 나아가서는 법적으로 문제가 될 수도 있지만, 자신을 전적으로 믿어 주고 지지해 주기 때문에 심리적으로 엄청난 안정감을 갖게 된다. 나를 사랑하는 사람들, 나를 믿어 주고 지지해 주는 사람들이 팔만 뻗으면 닿을 곳에 있다면 심리적으로 참으로 평화롭겠지만 지금 대한민국에서는 자신을 지지해 주는 편들이 점차 사라지고 있는 것 같다. 혼밥, 혼술을 즐기는 '나 홀로 족'이 점차 늘어나고, 이러한 현상이 또 하나의 문화로 확산되는 것을 보면 편이 점차 줄어드는 것을 방증하는 것 같다. 자신을 진정으로 사랑하고 생각해 주는, 같은 편에 서 있는 사람은 자신이 발을 헛디뎌 넘어지더라도 손가락질하거나 비난하지 않고 오히려 다친 곳을 걱정해 주면서 다시금 일어설 수 있도록 용기와 지지를 보낸다.

우리의 인생은 완벽하지 않다. 아니, 절대로 완벽할 수 없다. 사회적 지위나 학력, 학벌을 막론하고 모든 사람은 살아가면서 어려움에 직면하고 때로는 힘들어한다. 완벽할 수 없다는 의미는 우리 모두에게는 취약성이 있다는 것이다. 이러한 취약성은 기력과 면역력이 약해질 때 걸리는 감기와 같아서 심리적으로 불안정할 때 주로 나타난다. 취약성을 긴 시간 끌어안고 있으면 수치심이 되고, 그것을 해결하지 않은 채 내버려 두면 자아존중감이 낮아지게 되며, 결국 무기력감과 우울증에 빠져서 생산적인 활동이 어려워진다. 취약성을 견디고 이겨 내는 힘이 바로 용기다. 즉, 취약성이 있음에도 불구하고 세상을 향해 나아가려는 강한 의지다. 이러한 용기를 얻기 위해서는 주위 사람의 도움을 받아야 한다. 자신이 처한 상황을 비판하거나 비난하지 않으면서 자신의 존재 가치를 깨닫도록 도와줄 사람들이 필요하다. 그것이 바로 편이다.

우리는 인생이라는 경기장에서 내쫓길 때가 있다. 직장에서의 은퇴나 실직, 사업의 실패, 사람들과의 결별 등 수많은 상실의 슬픔이라는 취약성을 경험한다. 사람이 취약해지기 시작하면 두려움이라는 감정에 발목을 잡혀 한 발짝도 앞으로 나아가지 못하게 된다. 이러한 상실의 슬픔을 경험할 때 손을 내밀어 일으켜 줄 사람이 있어야 한다. 상실의 슬픔이라는 취약성에 노출되었을 때에는 그러한 상황을 안심시켜 주고 존재의 가치를 깨닫도록 해 주는 누군가의 도움이 절실히 필요하다.

서점에 진열된 많은 자기계발 서적에서는 모든 문제의 근원이 자신에 있고, 스스로 이러한 그것을 해결해야 한다고 강조하고 있다. 틀린 말은 아니지만 맞는 말은 더욱더 아니다. 모든 문제를 스스로 해결해야 한다면 우리는 사회라는 체제를 만들 필요도 없고, 가정이라는 울타리와 가족이라는 관계는 더욱 필요 없을 것이다.

우리가 살아가야 하는 이유는 내일이 있기 때문이다. 그래서 앞으로 나아가야 한다. 힘들어도 앞으로 나아갈 수 있는 용기를 내기 위해서는 주변 사람들의 도움이 있어야 한다. 사회는 취약성에 노출되어 있는 사람을 혼자 내버려 두지 않는 따뜻한 시스템을 만들어 주어야 하며, 직장이나 학교에서는 함께하는 동료나 친구의 관계를 더욱 돈독히 할 수 있게 해 주어야 하며, 가정에서는 무엇보다도 소중한 것이 가족이라는 것을 알 수 있도록 사랑이 넘치도록 해야 한다. 그러나 안타깝게도 우리 사회는 취약성에 노출된 실직자나 은퇴자에 대해 무관심하고, 직장이나 학교에서는 관계보다도 경쟁으로 서로를 견제하게 만들며, 가정은 가족의 사랑이 아닌 생활을 위한 공간으로 남아 있다. 그래서인지 사회 전체가 미래에 대한 희망보다 서로에 대한 원망이 가득한지도 모르겠다.

지금 대한민국 사회에는 이런 말을 해 주는 사람이 필요한 것 같다. "우리는 늘 함께야. 실패하더라도 함께 실패하는 거야. 그러니 걱정 마. 나는 언제나 너의 편이니까."

지혜라는 선글라스

> 눈이 부시게 푸르른 날은
> 그리운 사람을 그리워하자
> 저기 저기 저, 가을 꽃 자리
> 초록이 지쳐 단풍 드는데……

미당(未堂) 서정주 시인의 글이다. 초록이 지쳐 단풍이 가득한 계절이다. 어린 시절 초록이 지쳐 단풍이 생긴다는 시적 표현에 감동받았었지만, 사실 눈이 부시게 푸르른 날이라는 말이 그 시절에는 그다지 와닿지 않았었다. 특히 구름 한 점 없는 푸른 하늘에서 내뿜는 강한 자외선 앞에서는 눈이 부신 것을 넘어서 오랜 시간 눈을 뜨고 있기가 힘들 때도 있다.

특히 운전을 하거나 야외활동을 할 때에는 푸르고 맑은 날씨가 오히려 불편함을 주기도 한다. 그래서 선글라스를 착용한다. 한때 선글라스를 연예인이나 멋쟁이들의 전유물인 것처럼 여겼던 시절도 있었지만 지금은 많이 대중화되었다. 아마도 눈 건강의 중요성을 많은 사람이 느끼고 실천하고 있기 때문일 것이다. 대부분의 사람이 사용하는 선글라스의 색깔은 검은색이나 갈색이다. 물론 파란색이나 초록색의 선글라스를 착용하는 사람도 있기는 하지만 대부분 무난한 검정이나 갈색을 선호한다.

그런데 단순한 멋을 부리기 위한 차원을 넘어서 눈을 보호하기 위한 선글라스는 용도에 따라서 색이 다르다. 자외선이 강한 날씨에는 검은색이나 갈색이 효과적이고, 운전이나 낚시 등 오랜 시간 한곳에 집중해야 할 때에는 초록색이 도움이 된다고 한다. 흐리고 비가 오는 날에는 선글라스가 오히려 방해가 된다고들 생각한다. 더군다나 어두운 밤에는 더욱더 그렇다. 하지만 노란색 선글라스는 흐리고 비가 오거나 어두운 밤에 시야를 더욱 밝고 또렷하게 해주는 기능을 한다. 그리고 붉은색의 선글라스는 사격이나 양궁처럼 어떤 목표물을 또렷하게 봐야 하는 상황에서 도움이 된다고 하니, 이처럼 선글라스는 단순히 자외선으로부터 눈을 보호하는 것뿐만 아니라 각각의 목적에 따른 효과를 높이기 위한 기능적 측면도 있다. 즉, 상황이나 환경에 맞는 선글라스를 착용함으로써 눈을 보호하는 동시에 그 상황이나 환경에서 최상의 기능을 발휘하는 데 도움이 된다.

우리 삶도 비슷하다. 눈이 부시게 푸르른 날씨처럼 행복과 즐거움이 가득한 순간들도 있고, 칠흑같이 어두운 날씨처럼 고통과 절망적인 시간들도 있다. 생사고락(生死苦樂)이라는 말이 있듯이 삶과 죽음 그리고 고통과 즐거움은 우리가 살아가면서 피할 수도 없고 피해서도 안 되는 현상들이다. 살아가면서 어떻게 생각하고 행동해야 하는지, 죽음을 어떻게 받아들이고 마무리해야 하는지, 즐겁고 행복한 순간에는 어떻게 행동해야 하는지, 또 고통과 절망이 가득한 시간은 어떻게 견디고 그 속에서 무엇을 깨달아야 하는지에 대한 답을 찾아야 한다. 이 모든 것은 현실이고, 직면해야 하는 숙제다. 그래서 삶의 지혜가 필요하다.

눈이 부시게 맑은 날 자외선을 차단하기 위해서 착용한 검은색 선글라스를 흐리고 캄캄한 밤길에 쓰고 다니면 오히려 방해가 된다. 또 어두움 속에서 선명하게 보기 위해 쓰는 노란색 선글라스를 맑은 날 착용하면 눈에 해를 끼친다. 상황에 맞는 선글라스를 착용해야 하듯이 우리도 주어진 상황이나 환경에 맞는 지혜를 가져야 한다. 날씨를 탓하지 않고, 주어진 날씨에서 어떻게 행동해야 하는지 파악하여 기능을 더 잘 수행하기 위해 선글라스를 착용하듯이, 우리도 주어진 상황이나 환경을 문제로만 받아들일 것이 아니라 그 속에서 추구하고자 하는 목적을 성취하기 위한 태도를 가져야 한다. 그것이 바로 지혜다. 다시 말해 어떠한 상황에서도 의미 있는 것들을 찾아 내려는 태도다. 성공이라는 자만에 빠져서 한순간에 실패를 경험하거나 고통과 절망 속에서 희망을 찾지 못하는 모든 경우는 다 지혜가 부족해서다. 눈이 부신 맑은 날에는 검은색 선글라스로 눈을 보호하듯이 행복과 즐거움이 가득할 때에는 절제하고 배려하는 마음이 필요하고, 캄캄한 어둠 속에서 또 다른 밝음을 보여 주는 노란색 선글라스처럼 고통과 절망 속에서도 희망의 내일을 찾는 지혜가 필요하다. 지혜는 곧 우리 마음의 선글라스다.

인생은 보는 만큼 알게 된다. 중요한 것은 무엇을 보느냐가 아니라 어떻게 보느냐다. 지금 직면하고 있는 상황이나 환경을 보는 것이 중요한 것이 아니라 어떻게 볼 것인가 하는 것이 중요하다. 눈은 마음의 창이라고 하지 않던가. 맑고 또렷하게 사물을 바라보기 위하여 상황에 맞는 선글라스가 필요하듯이 우리 마음에도 필요하다, 지혜라는 선글라스가!

달콤한 인생 (La dolce vita)

가을의 흔적은 아직도 이곳저곳에 남아 있건만 어느새 차가운 바람은 서둘러 우리 곁에 다가와 있다. 이제 머지않아 추운 겨울을 준비해야 한다. 군인들은 혹독한 추위를 대비한 병영생활을 준비할 것이고, 관공서에서는 산불이나 폭설을 대비하는 월동준비를 할 것이다. 그리고 사람들은 좀 더 두터운 겨울옷을 구입하거나 아니면 작년에 입었던 옷들을 옷장에서 꺼내어 추위를 맞을 준비를 할 것이다.

긴 겨울을 견디기 위해서 가을에 거두어들인 배추나 무로 김치와 깍두기 그리고 동치미를 담았던 조상들의 지혜는 참으로 대단하다. 아무튼 겨울이라는 계절은 다른 어떤 계절보다 준비할 것이 많은 것 같다. 추위라는 것은 신체적으로나 심리적으로 사람을 위축시키기 때문에 겨울에는 추위를 막아 주는 것들이 필요하다.

두툼한 옷이나 난방시설도 필요하지만, 특히 따끈한 음식을 유난히 찾게 되는 계절이 겨울이다. 김이 모락모락 올라오는 국밥이 생각나고 얼어붙은 손을 녹여 주는 따뜻한 하얀 찐빵도 떠오른다. 그중에서도 하얀 옹심이가 들어간 달콤한 단팥죽이나 호박죽은 겨울의 별미다. 지금의 세대는 잘 모르겠지만 난방이 제대로 되지 않았던 과거에는 따뜻하다 못해 뜨거운 아랫목에 앉아서 먹는 단팥죽과 호박죽이 겨울을 행복하게 나게 해 주는 대표적인 음식이었다. 먹을 것이 풍족하지 않았던 시절에 단팥죽과 호박죽이 주는 달콤함은 지금의 초콜릿이나 사탕보다 더 달고 깊은 맛이었던 것 같다.

그런데 일반적으로 죽에 단맛을 더하기 위해서는 설탕을 넣어야 한다고 생각하지만 그렇게 되면 오히려 단맛에 깊이가 없다고 한다. 죽의 단맛을 내기 위해서는 설탕도 들어가야겠지만 단맛과는 거리가 먼 소금을 넣어야 단맛에 깊이가 더해진다고 한다. 짠맛이 단맛의 깊이를 더해 준다는 화학적 원리를 우리 조상들이 어떻게 터득했는지 모르겠지만 단맛만으로는 맛에 깊이를 더할 수가 없다.

우리의 인생도 비슷하다. 누구나가 행복하고 즐겁고 유쾌하고 풍요로운 것을 기대하고 그린다. 하지만 이러한 것들은 고통이나 좌절과 같은 상처를 치유하고 넘어설 때 얻는 결과물이다. 수없이 많은 이력서와 면접에서의 탈락을 경험한 후 얻게 되는 취업은 더 큰 기쁨과 행복이 될 것이다. 끝이 보이지 않을 것 같은 사업의 거듭된 실패 후에 성공하면 더 보람되고 큰 성취감을 갖게 될 것이다.

얼마 전, 마지막 사법시험에서 수석으로 합격한 사람이 열 번의 실패 끝에 합격하였다. 그것도 수석이었다. 열 번의 실패 끝에 얻어 낸 결과가 수석합격이라는 결과로 나왔으니 그 행복과 보람은 이루 말할 수 없을 것이다. 소금의 짠맛이 있어야 단맛을 더욱 깊게 만들듯이, 우리네 인생도 고통과 좌절이라는 상처를 견디고 이겨 낼 때 행복과 기쁨을 더욱 값지게 얻게 되는 것 같다.

겨울은 유난히 모임이 많은 계절이다. 송년모임이나 신년모임 그리고 성탄절 등 오랜만에 만나는 모임에서 모두 자신만의 멋을 한껏 부린다. 특히 반지나 목걸이와 같은 액세서리는 모임에서 자신을 돋보이게 만드는 장신구다. 그중에서도 동양의 보석이라고 불리는 진주는 사람들이 선호하는 보석 중 하나다. 사람들이 귀하게 여기는 영롱하고 아름다운 진주는 원석을 캐서 세공을 거쳐 만들어지는 다른 보석과는 달리, 조개 속으로 외부의 물질이 침입하였을 때 스스로 보호하기 위하여 탄산칼슘과 단백질을 분비하는 과정을 통해서 만들어진다. 결국 상처를 통해서 아름다운 진주가 탄생하는 것이다. 그래서 진주를 조개의 눈물이라고 부르는 모양이다. 사람들이 자신을 꾸미기 위하여 사용하는 향수는 성분과 종류에 따라 가격이 천차만별이다. 가장 값비싼 향수의 원료가 되는 용연향은 향유고래가 음식물을 섭취하다가 생긴 상처를 치료하는 과정에서 생기는 것으로 토해 내면 역한 냄새가 난다고 한다. 하지만 그 배설물이 수년간 바닷물의 염분과 햇볕을 받아 귀한 향수의 원료가 된다고 한다. 이처럼 우리에게 아름다운 향을 주는 매력적인 향수는 역한 냄새가 나는 고래의 상처를 통하여 얻게 된다.

달콤함은 그 이면의 씁쓸한 것이 있어야 비로소 느낄 수 있다. 고통은 견디기가 힘들다. 그리고 상처는 아프다. 하지만 고통과 상처 없는 인생은 없다. 누구나 고통과 상처를 직면해야 한다. 하지만 직면한 고통과 상처를 조금만 더 견디고 참아 내면 보석보다 찬란한 내일을 만들 수 있다. 그것이 달콤한 인생(La dolce vita)이다. 우리의 달콤한 인생을 위하여!

바람

견디기 힘들 정도의 겨울 추위를 흔히들 칼바람이라고 표현한다. 추위가 추운 것으로 끝나는 것이 아니라 그만큼 고통을 준다는 의미에서 그렇게 부르는 것 같다. 앙상한 가지에 매달려 있는 잎새들은 지나가는 가을의 끝을 어떻게든 지키려고 애써 보지만 동장군 앞에서는 낙엽이 되어 흩어져 간다. 동장군은 가을의 흔적들을 저만치 밀어내기 위하여 차갑고 거센 바람(Wind)으로 나타나서 겨울이라는 계절의 성곽에 입성한다.

겨울은 다른 계절에 비하여 바람이 많이 분다. 아니 바람이 많다기보다 바람에 민감해지는 계절이다. 추위에 더해지는 바람은 더없이 고통스럽고 견디기 힘들다. 혹독한 추위라도 바람이 없으면 그나마 견딜 수 있지만 그 추위에 바람까지 불어 오면 체감으로 느끼는 추위는 배가 된다. 그래서 겨울에는 온도계로 측정한 추위와는 별개로 바람을 계산한 체감온도가 실제 추위라고 이야기한다.

혹독한 추위의 겨울이 과거와 비교하여 고통스럽지 않고 생활에 큰 지장을 주지 않는 이유는 날씨의 변화보다도 실내 난방과 겨울옷들 때문이다. 지금이야 겨울이라는 계절이 생활하는 데 큰 불편함이 없지만 난방과 옷가지가 변변치 않았던 시절의 겨울은 견디기 힘든 기간이었다. 그러나 이처럼 생활하기가 힘들었던 겨울임에도 불구하고 어린아이들에게는 겨울에만 즐길 수 있는 놀이들이 있었다. 겨울 추위에 꽁꽁 얼어붙은 강가에서 썰매를 타기도 하고, 그 얼음 위에서 팽이치기도 한다. 아마도 놀이 자체가 겨울 추위를 이겨 내는 요인이 된 것 같다. 특히 겨울을 더욱 춥게 만드는 바람이 부는 날에는 어른들이 만들어 준 연을 하늘 높이 날리는 놀이를 한다. 일부러 바람이 더 많이 부는 높은 언덕을 찾아서 연을 날린다. 아무리 멋지고 튼튼하게 만든 연이라도 바람이 불지 않으면 아무 소용이 없다. 연을 하늘 높이 그리고 멀리 날리려면 바람을 이용하여야 한다. 아마도 하늘 높이 날아 올라가는 연을 보면서 추위도 함께 날려 보내는 효과가 있었던 모양이다. 추운 겨울을 더욱 춥게 만드는 바람이 불 때 그 추위에 몸을 웅크리고 앉아 있는 것이 아니라 오히려 그 바람을 이용하여 하늘 높이 저 멀리 날아 올라가는 연을 보면서 추위를 견디고 즐기는 놀이는 인생의 또 다른 의미를 생각하게 만든다.

우리의 삶도 비슷하다. 누구나 살아가면서 시련과 고통이라는 바람을 직면해야 한다. 즉, 시련과 고통을 직면하지 않고 살아갈 수는 없다. 중요한 것은 시련과 고통이라는 바람을 견디고 넘어서는 지혜가 필요하다는 것이다. 우리는 살아가면서 부딪히는 여러 가지 상황이나 환경과 같은 조건에서 자유롭지 못하다. 추운 겨울을 더욱 춥게 만드는 바람을 제어하지 못하듯이 우리 앞에 펼쳐지는 시련과 난관이라는 조건은 어찌할 수가 없다. 그러나 추운 겨울에도 바람을 이용하여 연을 날리는 놀이를 하며 추위를 즐기듯이, 시련과 난관이라는 조건 속에서 자유로운 선택은 할 수 있다. 그러므로 우리는 상황이나 환경이라는 조건에서 자유롭지는 않지만 그렇다고 하여 그 조건들이 우리를 제한하지는 못한다. '직장에서 해고된다.' '현재 일하는 부서가 없어진다.' '월급이 20% 삭감된다.' '현재의 직급에서 해임된다.' 이러한 상황이나 환경은 누구나 직면하기 싫어하고 두려워하는 일이다. 하지만 살아가면서 그러한 상황에 처할 수 있다. 아니, 모든 사람은 아니지만 누군가에게는 다가올 현실이다. 우리는 이러한 현실적 조건들에서 자유로울 수 없다. 하지만 그러한 현실이 우리를 제한하는 것은 아니다. 우리가 비록 그러한 현실적 조건 속에 있다고 하더라도 여전히 선택할 수 있는 권한은 우리 스스로에게 있기 때문이다.

"직장에서 해고되고 나면 당신에게 일어날 수 있는 열 가지 긍정적인 사실들을 열거해 보세요." "현재 일하는 부서가 없어졌을 때 당신에게 일어날 수 있는 열 가지 긍정적인 사실들을 열거해 보세요." 필자가 진행하는 교육프로그램 과정에서 참가자 자신들이 처해 있는 상황에 대하여 이러한 질문에 답하는 활동을 하였다. 참가자들은 절망과 고통이라는 조건에서도 긍정적인 사실들을 발견해 내는 어마어마한 경험을 스스로 하게 되었다.

불어오는 바람을 막을 수는 없다. 하지만 그 바람을 이용하여 바다를 항해하는 배는 만들 수 있다. 우리가 살아가면서 직면해야 하는 두려워하고 걱정하는 현실의 조건에서는 자유로울 수 없지만 그러한 조건 속에서도 선택할 수 있는 권한은 우리 스스로에게 있다. "동네 꼬마 녀석들 언덕에 올라 추운 줄도 모르고 연을 날리고 있네."라는 가사의 〈연〉이라는 노래가 생각이 난다. 바람이 있어야 연을 날리듯, 우리 인생에도 시련과 고통이라는 바람이 있어야 행복과 성공도 존재한다.

에필로그

상처받은 사람의 마음을 치유하기 위한 학문이 상담심리학이다. 가정과 직장에서, 그리고 사람과의 관계 속에서 받게 되는 상처들을 치유하고 그 치유를 통하여 삶에 대한 희망을 가질 수 있도록 하는 방법에 대한 연구와 실제를 다루는 심리학의 한 영역이다. 과거와는 다르게 우리들이 살아가는 모습은 다양하다. 그러한 삶의 다양함만큼이나 사람을 치유하는 상담심리학의 방법 또한 다양하게 전개되고 있다.

그중에서도 식물을 가꾸고 꽃을 피우며 열매를 맺는 과정을 경험하게 함으로써 마음의 상처를 치유하고 회복하는 분야가 있다. 실내공간에서 심리상담을 하는 것이 아니라 스스로 식물을 가꾸면서 치유되고 회복되는 과정을 스스로 경험하게 하는 것이다. 이처럼 식물과 꽃 그리고 열매는 사람의 아픈 마음을 치유하는 놀라운 능력을 가지고 있다. 이러한 놀라운 치유능력이 발현되는 이유 중 하나가 바로 살아 있는 생물과의 교감 때문이다.

만약 화려한 조화(造花)를 가꾼다면 그 결과는 전혀 다르게 나타날 것이다. 조화는 아무리 화려하게 보여도 살아 있는 것이 아니기 때문이다. 현대를 살아가는 사람이 가정과 직장 그리고 사회생활에서 만나는 관계들은 어떤 측면에서는 살아 있는 사람을 만나는 것이 아니라 화려하게 보이지만 생명력이 없는 조화를 만나는 관계일지도 모른다. 그래서 만나면 만날수록, 시간이 지나면 시간이 지날수록 무기력해지고 우울해지는 원인이 될 수도 있다. 식물을 가꾸면서 마음의 상처가 치유되고 회복되는 이유는 살아 있는 식물과의 교감이 가능하기 때문이다.

지금 대한민국은 사람과의 관계를 벗어나는 것은 생각할 수 없는 관계중심의 시대다. 이러한 관계중심의 시대를 산업적인 측면에서는 서비스산업 시대라고 한다. 모든 장면에서 서비스라는 단어를 사용하고 있다. 그만큼 사람과의 관계가 중요시되는 시대다. 더 중요한 것은 사람과의 관계는 생동감이 느껴지는 교감이 이루어질 때 비로소 바르게 이루어진다는 것이다. 서비스는 살아있어야 한다. 그 장면이 백화점, 병원, 관공서, 학교 등 어떤 장소에서든 서비스는 살아있어야 한다.

산업은 경제적 가치를 창출하는 기능을 하는 것이 아니라 사회를 활성화시키는 원동력이 되어야 한다. 지금은 서비스산업의 시대다. 서비스를 통하여 사회가 한층 더 성장하고 성숙하는 계기가 되기를 바란다.

저자 소개

손정필(孫正弼)

한국산업개발연구원(KID)에서 기업교육개발 관련 연구원으로 근무를 하였고, 평택대학교 상담대학원 전임교수를 역임하였다. 현재 기업체와 공공기관에서 교육컨설팅 및 강의를 하고 있으며, 의료전문 신문에 칼럼을 연재하고, 평택대학교에서 상담심리학을 가르치고 있다. 또한 팟빵에서 '손정필의 감정수업'과 '손정필의 관계수업'이라는 제목으로 방송을 하면서 이야기 치료사(Story Therapist: ST)로 활동하고 있다.

이메일: jpshon@gmail.com

4차 산업혁명시대를 위한

서비스 심리학

Successful Service with NLP

2018년 8월 30일 1판 1쇄 발행
2021년 4월 20일 1판 2쇄 발행

지은이 • 손 정 필
펴낸이 • 김 진 환
펴낸곳 • (주) 학지사
04031 서울특별시 마포구 양화로 15길 20 마인드윌드빌딩 5층
대표전화 • 02) 330-5114 팩스 • 02) 324-2345
등록번호 • 제313-2006-000265호
홈페이지 • http://www.hakjisa.co.kr
페이스북 • https://www.facebook.com/hakjisabook

ISBN 978-89-997-1590-7 03180

정가 **14,000원**

이 도서의 국립중앙도서관 출판시도서목록(CIP)은 서지정보유통지원시스템 홈페이지(http://seoji.nl.go.kr)와 국가자료공동목록시스템(http://www.nl.go.kr/kolisnet)에서 이용하실 수 있습니다.
(CIP제어번호: CIP2018022583)